Praktische Rhetorik

für Studierende

Von

Dr. Elke-Maria Clauss

und

Dr. Lucia M. Licher

R. Oldenbourg Verlag München Wien

Die Deutsche Bibliothek - CIP-Einheitsaufnahme

Clauss, Elke-Maria:
Praktische Rhetorik für Studierende / von Elke-Maria Clauss und
Lucia M. Licher. - München ; Wien : Oldenbourg, 1997
  ISBN 3-486-24009-9

© 1997 R. Oldenbourg Verlag
Rosenheimer Straße 145, D-81671 München
Telefon: (089) 45051-0, Internet: http://www.oldenbourg.de

Gedruckt auf säure- und chlorfreiem Papier
Gesamtherstellung: Huber KG, Dießen

ISBN 3-486-24009-9

Inhaltsverzeichnis

1 Zur Einführung

1.1 Vorwort

Universitäten, so könnte man meinen, sind Orte des Gesprächs, des Gedankenaustauschs, der Diskussion. Denn sie sind ja besondere gesellschaftliche Orte: Hier reflektieren Menschen gemeinsam – als Forschende, Lehrende, Studierende – über die Welt, in der wir leben. Fragen werden gestellt, die viele angehen, und Antworten dazu gesucht. Probleme aus den verschiedensten Bereichen werden bearbeitet und Lösungen dazu gefunden und erprobt. Es kann eine spannende Angelegenheit sein, an diesem Miteinander im Nachdenken teilzuhaben.

Und dennoch: Die Mehrheit der Studierenden bleibt stiller Teilhaber am wissenschaftlichen Leben. Die schweigende Anwesenheit in Seminaren wird der Beteiligung am Gespräch vorgezogen. Viele fürchten oder meiden es, eigene Gedankenarbeit in Gestalt von Thesen oder Referaten in die Diskussion mit anderen hineinzutragen. Manchmal werden Sprechstundenbesuche, besonders häufig aber mündliche Prüfungen als ganz und gar undurchsichtige Gesprächssituationen betrachtet, denen sich Studierende auf Gedeih und Verderb auszuliefern haben.

In diese Situation hinein haben wir dieses Buch geschrieben. Wir denken, es ist ein großer Verlust für das Universitätsleben, daß es nicht mehr Studierenden gelingt, aktiv mit ihren Interessen, Erfahrungen und Ideen daran teilzunehmen. Leider muß man zugleich sagen, daß die Universitäten weitgehend eine diesbezügliche Förderung der Studierenden versäumen. Trotzdem ist Mutlosigkeit nicht angebracht. Und gewiß ist es weder nötig noch hilfreich, wenn sich Studierende ihre rhetorische Unsicherheit als persönliche Unzulänglichkeit zurechnen oder gar glauben, daß sie nicht mitreden können und daß ihr Bemühen überflüssig sei.

Freilich: Im Unterschied zur Schule wird in hochschulischen Veranstaltungen mündliche Beteiligung nicht benotet. Da mag sich mancher erleichtert zurücklehnen. Doch gibt es nicht viel mehr Gründe, das Wort zu ergreifen? Jede Anstrengung, sich im Umgang mit dem gesprochenen Wort zu schulen, schließt die Welt ein Stück weiter auf. Denn Menschen leben in der Sprache. Durch Sprache sehen sie die Welt, in der sie leben, und treten in Gemeinschaft mit anderen. Mit jedem

Beitrag zu einer lebendigeren Gesprächskultur an Universitäten wirkt man also daran mit, daß die Wissenschaften ihren Sitz im Leben der Gesellschaft bewußt einnehmen.

Rhetorische Kompetenz ist insofern ein unverzichtbarer Bestandteil der von Studierenden angestrebten Professionalität. Sie ist nur über Praxis zu gewinnen und kann zudem – da Lernen nie bloße Informationsaufnahme bedeutet – als der beste Lernhelfer überhaupt bezeichnet werden. Es verhält sich ja so: Zu selbständigem wissenschaftlichen Denken gelangen Menschen nicht nach dem Modell des Nürnberger Trichters, indem sie passiv-stumm ihre Zeit absitzen und sich 'von oben' Wissen in den Kopf einfüllen lassen. Das Reden, das Ausdrücken eigener Gedanken, der Austausch mit anderen, Frage und Antwort sind unverzichtbar.

In wissenschaftlichen Gesprächen geht es um Mitteilung im ursprünglichen Wortsinne, darum, Gedanken miteinander zu teilen, zu verstehen. Dazu braucht es nicht nur ein Interesse am Thema, sondern auch die Wahrnehmung des Gegenübers. Vor allem jedoch die Fähigkeit, so zu kommunizieren, daß die Gesprächsbeteiligten zueinander den Anschluß finden. Aus diesem Grunde kommt, wer sich angemessen und erfolgreich in der Universität und den Wissenschaften bewegen will, nicht aus ohne Rhetorik. Sie vermittelt, wie Menschen möglichst wirkungsvoll und passend in Bezug auf ihre Anliegen und die jeweilige Situation kommunizieren können.

Was bedeutet das? Die Frage, was die Rhetorik oder Redekunst eigentlich sei, begleitet sie seit ihren Anfängen in der Antike. Der Philosoph Platon beispielsweise verurteilt sie als Schmeichelkunst. Anstatt mit wahren Worten ihr Gegenüber zu überzeugen, wolle sie mit schönen Lügen überreden oder manipulieren. Ihrem Selbstverständnis nach ist jedoch die antike Rhetorik keineswegs eine Schule der Demagogen, sondern eine Schule der Demokratie. Für Quintilian beschränkt sich die „bene dicendi scientia", die Wissenschaft von der Beredsamkeit, nicht darauf, Anleitungen zur äußeren Sprachgestaltung und überzeugendem Auftreten in der Öffentlichkeit zu geben. Erziehung und Bildung sind für den guten Redner unentbehrlich, denn die Verwirklichung der guten Rede bedeutet zugleich die Verwirklichung des Guten in der Person des Redners. Das heißt, er überprüft sein Verhalten von einem ethischen Standpunkt her und kann diese Werte auch in der Volksversammlung darstellen. Kurz: Ein unmoralischer Dummkopf kann kein guter Redner sein.

Wie steht es aber um die Möglichkeit der raffinierten Täuschung? Kann nicht ein Heuchler sich rhetorischer Kniffe bedienen, um wahrhaftig zu erscheinen? Dann, so antwortet Cicero, sei er ein Schaupieler und kein Redner. Der Schaupieler aber sei leicht zu erkennen am Auseinanderfallen von Sein und Scheinen: Er entlarve sich selbst. Cicero lebte nicht im Medien-Zeitalter, möchte man einwenden? Und doch läßt sich seine Behauptung von ihren Voraussetzungen her verstehen: Der gute Redner, sagt er, bewährt sich erst im Prozeß von Rede und Gegenrede mit seinem Gegenüber. Niemand ist im Alleinbesitz der Wahrheit, sondern was sie sei, wird im kommunikativen Miteinander bestimmt. Damit erwartet also die Rhetorik nicht nur vom Redner, sondern auch von den Zuhörern geistige Selbständigkeit und sprachliche Selbstverantwortung.

Daran läßt sich auch heute anknüpfen. Wenn man die Wissenschaft als Kommunikationsgemeinschaft auf der Suche nach intersubjektiver – im Konsens mit anderen gefundener – Wahrheit begreift, erhält die Rhetorik eine zentrale Rolle. Der Rückblick auf die Tradition zeigt zugleich, daß sprachliches Handeln stets ethischen Grundsätzen des menschlichen Umgangs verpflichtet bleibt. Die Diskussion, welche Normen einer nicht-manipulatorischen Redekultur zu empfehlen wären, kann hier nicht geführt werden. Es läßt sich aber mit dem Sozialwissenschaftler Philippe Breton feststellen: Not täte, stets sowohl die Zwecke als auch die Mittel der Rede einer ethischen Prüfung zu unterziehen. Auch wenn die Zwecke 'gut', also mit Hochwertbegriffen wie 'Demokratie', 'Emanzipation' oder 'wissenschaftlicher Fortschritt' versehen sind, rechtfertigen sie jedes Mittel? Und auch wenn heute 'Techniken des Überredens' etwa als 'marktgängig', 'effizient' oder 'mehrheitsfähig' empfohlen werden, rechtfertigt das die Ideen, die damit verbreitet werden sollen? Wohl kaum. Darum werden wir gelegentlich daran erinnern. Im weiteren löst sich dieses Buch jedoch vom umfassenden Anspruch der antiken Rhetorik und konzentriert sich auf das berechtigte pragmatische Interesse der Leserinnen und Leser, sich im Labyrinth des universitären Systems zurechtzufinden: auf praktische Rhetorik.

Die praktische Rhetorik unterscheidet sich vom Forschungsgebiet Rhetorik in den Sprach- und Literaturwissenschaften. Sie vertritt kein Forschungsanliegen, sondern dient der methodischen Vermittlung von Erfahrungswissen, das zur Verfeinerung des alltäglichen sprachlichen Handelns geeignet ist. Wenn es also in diesem Buch um Sprache, Sprechen und Gespräch an der Universität geht, dann aus einer solchen praxisbezogenen Perspektive. Als ein Leitfaden für die individuelle rhetorische Schulung stellt es Beschreibungen, Erklärungen, Orientierungshilfen und Übungen zusammen. Mit dieser Hilfe können Studierende die Institution Universität und die besondere Kommunikationsweise der Wissenschaften besser verstehen. Sie können lernen, in den für sie bedeutsamen Situationen bewußter zu handeln und in vielerlei Hinsicht ihre sprachlichen Fähigkeiten schulen.

Da Sprache und Denken untrennbar miteinander verbunden sind, bedeutet dies zugleich, sich im Denken zu üben. Die fachliche Qualifikation allerdings, die im Studium erworben werden soll, läßt sich durch wie auch immer rhetorisch geschicktes Verhalten nicht ersetzen. Auch elegant formuliert verwandelt sich Ahnungslosigkeit nicht in Kompetenz. Und umgekehrt: Selbst der klügste Gedanke findet keinen Weg in die Welt, wenn er nicht in einer Form angeboten wird, die es für andere attraktiv erscheinen läßt, ihn aufzugreifen. Wie sehr man auch Vernunft, Wahrheit oder Recht auf seiner Seite glaubt, ohne ein gewisses Maß an sprachlicher Werbung läßt sich davon kein anderer überzeugen. Doch wir können sehr viel dazu beitragen, Gehör zu finden. Diese Möglichkeiten werden hier schrittweise von Kapitel zu Kapitel aufgeblättert.

Das Kapitel 1.2 *(Empfehlungen zum Selbststudium)* gibt Ihnen Hinweise, wie Sie mit diesem Buch umgehen können. Dabei beschränken wir uns meist darauf, das individuelle Reflektieren, Beobachten und Üben anzuleiten. Zwar kann dieser Leitfaden auch als Lehrbuch in Rhetorik-Kursen für Studierende Verwendung finden, ersetzen kann die Lektüre die Teilnahme an solchen Kursen nicht. Denn natürlich hat das Bemühen um Sprache, Sprechen und Gespräch in der direkten Begegnung andere Möglichkeiten als die indirekte Vermittlung über das Buch. Davon handelt auch Kapitel 1.3 *(Die Verfertigung der Gedanken),* das aufzeigen will, welche Möglichkeit das Sprechen vor und mit anderen Menschen für die Schulung selbständigen Denkens darstellt.

Das 2. Kapitel *(Das Universitätsmilieu)* erklärt die Besonderheiten der Kommunikation an der Universität, soweit sie für Studierende von Bedeutung sind. Es erläutert den Sinn und die Eigentümlichkeiten der wissenschaftlichen Sprachkonventionen, soweit sie die mündliche Kommunikation betreffen. Und manchmal versuchen wir, verbreitete und irreführende Alltagsmeinungen über die Universität, die Wissenschaft sowie den Zusammenhang von Sprache und Lernen geradezurücken. Da sowohl die einzelnen Fachwissenschaften als auch Universitäten ein je eigenes Gepräge haben, machen wir Ihnen Vorschläge, wie Sie sich vom spezifischen sprachlich-sozialen Charakter Ihres Faches und Ihrer Universität ein Bild machen können. Im weiteren beobachten wir dann die Grundsituationen des Studentendaseins an der Universität: Lehrveranstaltungen, Sprechstunden, Prüfungen und Gremien der hochschulischen Selbstverwaltung.

Ab dem 3. Kapitel *(Die wirkungsvolle Rede)* beginnt die Schulung der Redekunst im engeren Sinne. Dabei haben wir die Kapitel so benannt, daß sie zugleich die wichtigsten fünf Aspekte zur rhetorisch sinnvollen Vorbereitung auf eine Gesprächssituation aufzeigen:

3.1 *Erscheinung und Kontakt*

Hier geht es um Körpersprache, Gestik, Mimik, Stimmführung, Kleidung, Bewegung im Raum, Sitzordnungen und andere Momente, die den Gesamteindruck einer Person und ihrer Position in einer Interaktionssituation bestimmen.

3.2 *Sich Durchblick verschaffen*

Angesprochen werden Formen des aktiven Zuhörens. Es geht um Orientierungsverhalten in Diskussionen, um die Kunst des Fragens, die Auffassung und Nachformulierung von Thesen, um Wege, in ein Gespräch strukturierend und lenkend einzugreifen, kurz: um verschiedene Möglichkeiten, einen Gesprächsverlauf mitzubestimmen.

3.3 *Zur Sache kommen*

Hier rücken wir die Situation des wissenschaftlichen Referats oder Vortrags in den Mittelpunkt. Man findet Erläuterungen und Übungen zum Aufbau von Manuskripten für den mündlichen Vortrag, zur Schulung der Ausdrucksfähigkeit und anderen wichtigen Seiten solcher Interaktion.

3.4 *Verhandeln*

Hier werden weitere Möglichkeiten der Aktivität in Gesprächssituationen thematisiert, Argumentationen in wissenschaftlichen Gesprächen werden ebenso untersucht wie die Aufgaben bei der Moderation von Diskussionen.

3.5 *Das letzte Wort*

Und schließlich geht es um Krieg und Frieden, also um Konflikte in Gesprächen, Kritik und Diplomatie, kurz: das besondere Repertoire des geschickten
sozialen und sprachlichen Verhaltens.

Das 3. Kapitel enthält den größten Teil des Übungsprogramms mit Anregungen
zur Selbst-Schulung für die Leserinnen und Leser. Das 4. Kapitel (*Gefühl und
Konvention*) ergänzt dann Erläuterungen, Hinweise und Übungen zu drei speziellen Aspekten, die für Kommunikationssituationen in der universitären Öffentlichkeit von Bedeutung sein können:

Der erste Teil fragt nach besonderen Momenten der gesellschaftlichen Etikette, die im Feld der Universität für die Wirkung einer Rede von Bedeutung sein
können. Der zweite Teil wirft einen Blick darauf, wie unter Umständen Sprach-
und Kommunikationsverhalten beeinflußt wird vom Geschlecht der Beteiligten.
Und der dritte Teil fragt danach, wie sich mit Unsicherheiten oder Sprechängsten
umgehen läßt. Viele Verunsicherungen – selbst wenn sie individuell als drama-
tisch erlebt werden – lösen sich allerdings erfahrungsgemäß bereits auf, wenn man
die Spielregeln der Situationen, in denen man sich bewegt, besser versteht und mit
Sorgfalt und Geduld an seiner sprachlichen Kompetenz arbeitet.

Wir hoffen, daß dieses Buch Studierende ermutigt, sich aktiv und selbständig
in das wissenschaftliche und universitäre Leben einzumischen. Und wir verbinden
es mit der Hoffnung, daß es nicht nur den einzelnen von Nutzen ist, sondern auch
zur Entstehung einer lebendigeren Gesprächskultur im Elfenbeinturm der Wissenschaften beitragen kann.

1.2 Empfehlungen zum Selbstudium

Gute Rednerinnen und Redner fallen nicht vom Himmel. Sie müssen heranwach-
sen. Das bedeutet: Nicht nur Kinder erlernen sicheres sprachliches Handeln in
langwierigen Prozessen, sondern auch Erwachsene müssen es sich in jedem unbekannten Handlungsfeld neu aneignen. Dieses Buch kann ein Wegbegleiter bei einem solchen Lernprozeß im Raum der Wissenschaft sein. Allerdings verhält es
sich mit der Redekunst wie mit dem Tanzen: Verhaltenssicherheit läßt sich nicht

gewinnen, indem man bloß Bücher darüber liest. Man braucht vor allem Übung. Darum sprechen wir hier Empfehlungen aus für Leserinnen und Leser, die ihre Beschäftigung mit praktischer Rhetorik selbständig und möglichst geeignet für ihre Person gestalten möchten.

Das bedeutet, wir gehen davon aus, daß es keine Rezepte für das Erlernen sprachlicher Handlungssicherheit gibt, sondern daß es in einem solchen Lernprozeß um zweierlei geht: Einmal darum, die je individuellen Möglichkeiten und Fähigkeiten herauszufinden, zu nutzen und zu schulen. Und das heißt eben nicht, in sprachliche Formeln wie in fremde Kleider zu schlüpfen, sondern jenen Stil herauszufinden, der zu einer Persönlichkeit paßt und in dem sie sich wohlfühlt. Zum zweiten geht es darum, Einsichten zu gewinnen über das Handlungsfeld, in dem man sich bewegt, und über die Wirkungsweise der Sprache, durch die wir mit anderen Menschen in Kontakt treten und unsere Beziehungen im Kleinen wie im Großen prägen. Beides, der Blick auf das Individuelle und jener auf das Allgemeine, gehören zusammen wie die zwei Seiten einer Medaille: Denn Sprache geschieht zwischen Menschen, zwischen Ich und Du. Nur dann verbindet sie wie eine Brücke des Verstehens, wenn sie auf beiden Seiten verankert werden kann.

Für das Lernen im Bereich der praktischen Rhetorik ergibt sich aus dieser Einsicht eine grundlegende Haltung zu Sprache und Kommunikation: Sie wird als soziales Geschehen im gesellschaftlichen Lebenszusammenhang aufgefaßt. Das meint: Weder kann es darum gehen, es akkurat dem Gegenüber Recht zu machen – ohnehin eine Unmöglichkeit! –, noch darum, einzig um den Tellerrand des Ich und dessen Wünsche nach Geltung zu kreisen. Es heißt zu bedenken, daß wir für das, was wir sprachlich in die Welt tragen, vor uns und anderen verantwortlich sind. Auch manche, die dies und jenes 'nur mal so' gesagt haben und verwundert fragen, warum ihr Gegenüber das unbedacht Dahergeredete für bare Münze genommen hat, sind davon nicht ausgeschlossen. Glaubwürdigkeit – so unmodern das klingen mag – bildet den Kern jeder Verständigung.

Damit interessiert sich praktische Rhetorik, so wie sie hier verstanden wird, für Kommunikation im Ernstfall. Der spielerische Umgang mit Sprache ist dadurch keineswegs herabgewürdigt. Im Gegenteil: Er wird als unverzichtbar und bedeutsam angesehen, weil er erst ermöglicht, das reiche Spektrum der Wortwelten kennenzulernen und daraus die geignetste Form für einen Anlaß auszuwählen. Gute Rednerinnen und Redner sprechen nicht irgendetwas irgendwie. Sie sprechen auch nicht das einzige Eine, weil ihnen 'sonst nichts einfällt', sondern sie wählen aus ihrem Repertoire der Möglichkeiten das, was ihnen für Situation und Anliegen am passendsten erscheint. Sie nehmen wahr, was sie tun. Somit beginnt jedes Lernen in diesem Bereich mit Aufmerksamkeit für Sprache und Kommunikation im menschlichen Miteinander.

Welchem Aspekt in diesem Feld Sie sich zuallererst zuwenden, ist dabei von eher geringer Bedeutung. Darum ist dieses Buch so strukturiert, daß Sie es entweder von vorn bis hinten durcharbeiten oder aber mitten hineingreifen können. Den Titeln der einzelnen Kapitel bzw. dem Vorwort lassen sich die behandelten Themen entnehmen, und so können Sie auch damit beginnen, sich auf eine konkrete Situation vorzubereiten (z.B. eine Sprechstunde, eine Prüfung; Kap. 2.3), einen bestimmten Aspekt Ihrer Ausdrucksmöglichkeiten schulen (z.B. Fragen stellen, Kap. 3.2) oder nachschauen, wie Sie mit Sprechangst umgehen können (Kap. 4.3). Da wir einen solchen selektiven Gebrauch mitbedacht haben, ergeben sich von Kapitel zu Kapitel gelegentliche Wiederholungen.

Die Lernhilfen, die dieses Buch anbietet, sind von unterschiedlicher Art. Es finden sich Beschreibungen, Erklärungen, Orientierungs- bzw. Beobachtungshilfen und Anleitungen zur Übung. Ein großer Teil des Textes besteht aus Erklärungen zu Aspekten, die für gelungene Verständigung von Bedeutung sind. Sie betreffen beispielsweise die Besonderheiten der Kommunikation in der Universität als einer Institution allgemein oder in verschiedenen Situationen. Diese Erklärungen wollen darauf aufmerksam machen, daß, warum und welche 'Regeln' im jeweiligen Handlungsfeld gelten. Diese Regeln können einen funktionalen und/oder konventionellen Ursprung haben, den man kennen sollte. Denn – gleichgültig, ob wir sie nun gutheißen oder nicht – erst wer die allgemeinen Verhaltens-Prinzipien, die in einem Bereich gelten, kennt und ihre Bedeutung versteht, kann dort als Könner auftreten. Dabei wäre dann ein Könner jener, der sich auskennt, also das Gegenstück zum Dilettanten. Um es anschaulich zu sagen: Ein rhetorischer Dilettant verhält sich an der Universität wie daheim am Kamin oder in der Kneipe um die Ecke. Er nimmt z.B. nicht wahr, daß zu simple Aussagen über die Welt im Sinne von Stammtischparolen in einem Seminargespräch meist deplaziert wirken. Bei einem rhetorischen Könner dagegen – weil er gewahr ist, was er tut – wirkt sein Handeln so, als könne es gar nicht anders sein: Es wirkt 'natürlich' und am Platze.

Wenn wir versuchen, Regeln der Kommunikation an der Universität und in den Wissenschaften zu verdeutlichen, dann nicht, weil wir glauben, daß sich damit alle Situationen, denen man begegnet, erschöpfend erklären lassen. Regeln sind keine Situationsbeschreibungen, sondern sie formulieren eine 'Logik', von der man annimmt, daß sie einer Anzahl von Fallbeispielen zugrundeliegt, die ein gemeinsames Muster aufweisen. Wie das Sprichwort sagt: Die Ausnahme bestätigt die Regel. Regelannahmen sind Abstraktionen. Damit Sie als Leserinnen und Leser die konkreten Räume, in denen Sie sich bewegen, genauer untersuchen können, geben wir Ihnen als zweite Art der Lernhilfe verschiedene Beobachtungs- bzw. Orientierungshilfen. Dieses Buch richtet sich ja an Studierende sehr unterschiedlicher Fächer und Universitäten. Aber jede Universität, jedes wissenschaftliche Fach und jeder Fachbereich hat einen individuellen Charakter. Er wird vom fachwissenschaftlichen Gebiet und den Personen, die es verkörpern, ebenso geprägt wie von der Geschichte und dem Selbstverständnis der jeweiligen Universität. Unsere Anleitungen sollen Ihnen also helfen, selbständig Ihr ganz konkretes eigenes Handlungsfeld zu beobachten und sich darin zu orientieren.

Begreiflicherweise hat eine Universität, die auf eine jahrhundertealte Geschichte zurückblicken kann, ein anderes Fundament als eine, die erst vor einigen Jahrzehnten gegründet wurde. Nicht selten beeinflußt das ihre Mitglieder. Auch das Umfeld einer eher kleineren oder großen Stadt, die regionale Verankerung und Mentalität, ob ost- oder westdeutsche Universitätsgeschichte, das alles sind bedenkenswerte Einflüsse. Sei es, daß man sich auf den Status der Universität und des Faches vom Standpunkt eines traditionell guten Namens beruft, auf den dort verkörperten 'reformerischen Geist' oder auf die international anerkannte innovative Leistung in besonderen Forschungsgebieten. Wenn es um Sprache in der Universität geht, spielen immer auch Momente der Repräsentation des Forschungsgebietes, des Faches oder der Institution eine Rolle. Es ist also lohnenswert, sich von der eigentümlichen Selbstbeschreibung Ihrer Universität und Ihres Fachbereiches ein Bild zu machen.

Bekanntermaßen hat darüber hinaus jedes Fach einen eigenen Sprachcode. Er stellt einerseits das besondere Handwerkszeug dar, um den Weltausschnitt, den das Fach befragt, möglichst präzise zu beschreiben. Zugleich bestimmt er aber auch die Beziehungen innerhalb des Faches – der verschiedenen Forschungsrichtungen – und nach außen zur Gesellschaft hin. Er berücksichtigt – sei dies nun

Wissenschaftlern und Studierenden bewußt oder nicht – Stilnormen, die sich im historischen Prozeß herausgebildet haben. Die in Deutschland gepflegte Wissenschaftssprache unterscheidet sich z.B. von der angloamerikanischen. Annäherungen gibt es dann am ehesten in jenen Fächern, in denen als Wissenschaftssprache das Englische vorherrscht. Welcher Stil erwartet wird, ist aber nicht nur abhängig von der nationalen und fachbezogenen Kultur. Es ist auch eine Frage des Status einer Person in der Institution. Während man beispielsweise von Anfängern wünscht, daß sie ihre Fähigkeit zu wissenschaftlicher Objektivität akzentuieren, wird es Professoren, die ihre Befähigung zu wissenschaftlicher Nüchternheit bereits seit langem unter Beweis gestellt haben, auch zugebilligt, daß sie sich essayistisch – anekdotisch, anschaulich, berührt vom Gegenstand – äußern. Das gilt dann eventuell sogar als besonders souverän. Auch auf solche Beobachtungen also, daß eben die Regeln der wissenschaftlichen Kommunikation zwar allgemein, aber keineswegs für alle gleich sind, sollte man ein paar Gedanken verwenden.

Besonders relevant für die Leserinnen und Leser dieses Buches wird es jedoch sein, sich die fachlichen Unterschiede vor Augen zu führen und sich Kenntnisse über die Eigenart der Sprachkonventionen in dem Fach oder den Fächern, die sie studieren, anzueignen. Daß es der Nüchternheit des naturwissenschaftlich-analytischen Sprachstils widerspricht, wenn Biologen in Fachgesprächen nur von der Schönheit einer Rose schwärmen oder Physiker vom raffinierten Mechanismus einer Apparatur, wissen auch Außenstehende. Von den Studierenden der Fächer erwartet man jedoch, daß sie sich ein differenziertes Verständnis der Fachsprache – und damit des fachlichen Gedankengebäudes – anzueignen wissen. Unsere Beobachtungshilfen sollen es Ihnen erleichtern, sich in diesem Bemühen zielgerichtet zu orientieren.

Vorsicht geboten ist jedoch bei allen diesen Verstehensbemühungen insofern, daß man stets beherzigen sollte: Solcher Art Skizzen von Strukturen, Situationen, Sprachcodes etc. bleiben Vereinfachungen, man könnte sagen: Landkarten. Und eine Karte ist nicht das Terrain selbst. Auf lebendige Kommunikation kann man sich vorbereiten, aber ihr tatsächlicher Verlauf läßt sich nicht vorhersehen. Es ist also sinnvoll, wenn man bei der Beschäftigung mit praktischer Rhetorik stets darauf achtet, daß Handlungssicherheit nicht mit der Illusion zu verwechseln ist, man könne Situationen durch und durch kontrollieren oder 'perfekt beherrschen'. Verläßliche Handlungssicherheit und Selbstvertrauen stützen sich auf Erfahrungswissen um die eigene Person: Man hat erlebt, daß man in der Lage ist, 'kompetent zu improvisieren', also beweglich und dennoch angemessen auf konkretes Geschehen zu reagieren. Aus diesem Grunde läßt sich aus jeder Erfahrung – erfreulich oder nicht – vieles lernen. Gute Rednerinnen und Redner jedenfalls wachsen zuallererst an ihren Erfahrungen.

Das bedeutet ganz besonders eines: Sie nehmen sie ernst. Und darum nutzen sie auch die Möglichkeit der Übung, um Erfahrungen zu sammeln und Gewohnheiten umzustellen oder neue zu gewinnen. Die Übung hat den Vorteil eines Spiels, das sich mit Fähigkeiten befaßt, die im 'wirklichen Leben' sehr von Nutzen sind, aber den Spielern die Folgen des Ernstfalles erspart. In diesem Sinne sind die Übungen dieses Buches angelegt. Sie sind zur Leistungsmessung weder gedacht noch geeignet, sondern geben schlicht und nur Anleitungen, wie man sich selbst in den sprachlichen Verhaltensmöglichkeiten und ihrem Auffinden üben kann oder sein Repertoire über das Gewohnte hinaus erweitert.

Übung ist unverzichtbar, um Beobachtung, Ausdruck und Beweglichkeit im sprachlichen Verhalten zu schulen. Denn es verhält sich mit dem Reden ähnlich wie mit dem Autofahren: Man muß die Grundtechniken routiniert beherrschen, um sich voll und ganz auf die Besonderheiten der Situation konzentrieren und darin reagieren zu können. Stellen Sie sich vor, Sie müßten während des Fahrens noch überlegen: „Wie funktioniert das Blinklicht? Wo ist die Bremse? Wie war noch mal das Vorfahrtszeichen?" Eine solide Kenntnis der Verkehrsregeln kann im universitär-wissenschaftlichen Alltag zusammen mit einer gewissen Routine in kommunikativer Orientierung nicht nur Unsicherheitsgefühle, sondern auch manche Karambolage vermeiden helfen. Vor allem aber ist der selbstverständliche Gebrauch der eigenen rhetorischen Kompetenz ein wichtiges Fundament, damit Sie Ihre ganze Neugier und Konzentration auf die Inhalte, die neue Welt Ihres Faches richten können.

Wenn Sie sich um eine solche Basiskompetenz bemühen, kann es besonders förderlich sein, in einer Gruppe zu arbeiten. Erscheint Ihnen das als wünschenswert und möglich, dann versuchen Sie, Kommilitonen für das Anliegen zu gewinnen, sich in praktischer Rhetorik zu üben. An manchen Hochschulen werden auch Seminare zur praktischen Rhetorik angeboten. Ob Sie sich aber allein oder in der Gruppe ein Lernprogramm erstellen, ein paar einfache Dinge über Lernprozesse sollten Sie wissen. Mindestens sollten Sie vorab Ihre Haltungen und Einstellungen zum Lernen überhaupt überprüfen und – falls nötig – korrigieren. Einige besonders – aber nicht nur – unter Studierenden verbreitete und wenig lernfreundliche Haltungen und Denkgewohnheiten zu dieser Frage führen wir hier an. Wir beschränken uns dabei auf die Frage des Umgangs einer Person mit sich selbst und benennen nur einige häufige Formen der Selbstbehinderung.

Die gewiß gravierendste Form, sich selbst am Lernen zu hindern, ist Vermeidungsverhalten. Wer sich nicht neuen, unbekannten Situationen aussetzt, kann dort auch keine Erfahrungen sammeln, also keine Sicherheit gewinnen. Vermeidungsverhalten wird oft begleitet von auf die eigene Person gemünzten Glaubenssätzen, die mit der Formel „Ich kann nicht …" beginnen. Nun, mindestens versuchen kann ein Mensch mancherlei, das läßt sich nicht bestreiten. Aber freilich ist es klug, nicht zu erwarten, daß man sich gleich im ersten Anlauf als herausragender Könner erweist. Dann ist die Entmutigung mehr oder weniger vorhersehbar.

Es gibt kein Lernen ohne 'Fehlerrisiko'. Zudem sind Unvollkommenheiten, 'Irrwege' und 'Fehler' auch nicht prinzipiell überflüssig in einem Lernprozeß, sondern sie können wichtiges Material darstellen, aus dem Erfahrung klüger wird. Voraussetzung ist allerdings, daß man sie zu nutzen weiß und sich nicht mit Selbstbeschämungen entmutigt. Wer sich angewöhnt hat, sich selbst in erster Linie mit Sätzen wie „Das schaffst du nie!" und „Du kannst ja nichts!" zuzusprechen, behindert sich in seinen Lernmöglichkeiten. Warum? Weil er sich mit diesen Postulaten den Blick für den Lernprozeß verstellt. Menschen verwenden Glaubenssätze dieser Art im allgemeinen wie Regeln: Sollten sie wider Erwarten Erfolg haben oder sogar andere ihnen den Erfolg bescheinigen, es läßt sich schon ein Haar in der Suppe finden und man sagt: „Das ist eben die Ausnahme." Daß sie scheitern müßten, bleibt ihre Regel. Punktum. Solche Personen ergreifen vor allem dadurch ihre Chance, ein ungenierter Lerner zu werden, daß sie sich umgehend von dieser Gewohnheit verabschieden.

So sinnvoll es ist, Strategien der Selbstverkleinerung zu den Akten zu legen, man sollte ebensowenig dem Gegenstück verfallen: dem Größenkult. Wer zutiefst – und meist heimlich – die Überzeugung pflegt, ein unerkanntes oder gar verkanntes Genie zu sein, kann nicht darauf rechnen, daß die Mitwelt sein Selbstbild bestätigt. Allenfalls mag sie ihm zugestehen, daß sie das Genie – wenn es denn da sei – tatsächlich als solches nicht zu erkennen vermag.

Eine weitere erwähnenswerte Neigung ist die mancher, grenzenlos zu eifern: Auch wenn es eine beglückende Erfahrung sein kann, Kompetenzen lernend zu erwerben und Erfolge zu haben: Verbissenheit und Hetze sind die falschen Helfer. Kluge Lerner erzwingen nichts, sie nehmen sich Zeit und bleiben mit ihren Zielvorstellungen im menschlichen Maß. Das läßt sich gerade auf so langwierige Lernprozesse wie den Weg zu rhetorischer Souveränität sehr gut übertragen. Wer stets auf eine erhoffte Perfektion schielt, die er oder sie anstrebt, der weiß seine Lernfortschritte nicht zu würdigen und zu genießen. Er knüpft nicht daran an, nutzt sie nicht als neu erworbene Ressourcen der Erfahrung und verhält sich stets, als müsse er bei jedem Schritt wieder mit Null beginnen. Dadurch behindert er genau das, was er so verbissen erreichen will: das Lernen.

In dieser Unachtsamkeit für den eigenen Lernprozeß gleichen die Verbissenen jenen, die Neuland des Lernens meist nach der Parole betreten: „Augen zu und durch!" Es wird einleuchten, daß jemand, der die Augen vor der Erfahrung verschließt, nicht viel daraus lernen kann. Ähnlich verhalten sich manche Menschen, die man als 'Macher' bezeichnen könnte. Mit für Außenstehende manchmal frappierender Sorglosigkeit gehen sie auch das vorher völlig Unbekannte an. Ob sie Erfahrung damit haben oder nicht, sie scheinen sich einfach alles zuzutrauen. „Wird schon werden!" sagen sie vielleicht, und irgendetwas wird dann ja auch. Es fragt sich bloß was. In den Wissenschaften und im Studium kommt es jedoch sehr wohl auf Qualität an, nicht nur auf Aktivismus. Es ist keinesfalls ein Beweis der Tüchtigkeit, daß jemand überall mitredet, ohne einen 'blassen Schimmer' zu haben, oder schnell-schnell eine Seminararbeit nach der anderen herunterschreibt. Bedächtigkeit kann hier durchaus eine Tugend sein. Und wer eher sorgfältig und überlegt an seine Aufgaben herangeht, sollte sich nicht darin verunsichern lassen.

Tatsächlich kann aber auch niemand – ob Studierender oder Wissenschaftler – so vollkommen sein, daß er über jede Kritik erhaben ist. Gewiß, Kritik kann boshaft oder demütigend formuliert sein. Das ist unangenehm und man protestiert zu Recht. Sie kann aber auch sehr hilfreich sein und ist auf jeden Fall für die Schulung eines wissenschaftlichen Geistes nicht entbehrlich. Denn erst, wenn man mittels der Kritik die eigenen Denkansätze aus der Perspektive von anderen sehen lernt, kann man z.B. Widersprüche und Sprünge in der eigenen Argumentation bemerken, weitere Aspekte der behandelten Frage entdecken, die man bisher übersehen hat, und daran arbeiten, seine Gedanken in solche Formulierungen zu setzen, daß sie anderen und nicht nur der eigenen Person begreiflich sind. Wer die Auffassung pflegt, Kritik sei per se ein Akt der Böswilligkeit und der Nichtanerkennung, greift ganz gewiß zu kurz und behindert sich selbst. Die kritische Auseinandersetzung mit den eigenen Positionen und jenen anderer stellt schließlich eine der wichtigsten Voraussetzungen dar, damit neue wissenschaftliche Ansätze und Einsichten entwickelt werden können. Kritik gehört im Raum der Wissenschaft zum täglich Brot des Berufes – und also auch zur Ausbildung im Studium.

Das bedeutet nicht, daß jeder, der kritisiert wird, bedenkenlos alles übernehmen muß, was ihm gesagt wird. Im Gegenteil. Das erwarten auch Lehrende gewöhnlich nicht von Studierenden. Sie erwarten aber, daß diese die Kritik nachvollziehen, sie überprüfen und daraus auswählen, was sie als wertvollen Hinweis für das Studium nutzen möchten und was nicht. Kritik erhalten heißt auch, daß man ernst genommen wird, daß sich jemand die Mühe gemacht hat, sich gründlich mit den Gedanken eines anderen zu befassen. Es wäre schön, wenn Studierende untereinander die kritische Begutachtung ihrer jeweiligen Produktionen und Gedanken als Hilfe auf Gegenseitigkeit mehr nutzen würden, als es zu beobachten ist. Wer Beachtung anderer für sich selbst in Anspruch nimmt, sollte auch mit seiner Aufmerksamkeit gegenüber Kommilitonen nicht geizen.

Um freilich die Gegenseitigkeit kritischer Aufmerksamkeit im wissenschaftlichen Gespräch – zwischen Lehrenden und Studierenden ebenso wie unter Studierenden – würdigen zu können, braucht es zwei Voraussetzungen: Zum ersten muß man sich selbst ernst nehmen. Und zum zweiten muß man sich eine Lerntheorie aus dem Kopf schlagen, die von vielen Studierenden gepflegt wird. Sie stellt Lernen als einen passiven Akt dar, bei dem Studierende sich nur stumm und ungerührt in ein Seminar setzen müssen in der Erwartung, daß ihnen die Lehrenden das benötigte Wissen eintrichtern, etwa nach dem Motto: „Alles Gute kommt von oben." Weder wissenschaftliche noch rhetorische Kompetenz ist so zu gewinnen. Lernen ohne Selbsttätigkeit gibt es nicht. Und eine solche Alltagstheorie, die nahelegt, daß das Lernen der Studierenden einzig von den Lehrenden abhängt, ist zwar in gewisser Weise bequem, aber vor allem ein Lernhindernis: Nur in einem Lernprozeß, in dem man alle gebotene Selbstverantwortung übernimmt, können auch Befähigungen im unabhängigen wissenschaftlichen Denken und Handeln angeeignet werden. Menschliche Reflexion – der Kern der Wissenschaften – ist immer auch Selbst-Reflexion, Selbst-Aufklärung über das Verhältnis von

Ich und Welt. Sie ist, wie es Immanuel Kant vor zweihundert Jahren formuliert hat, das Heraustreten aus Unmündigkeit.

Das bedeutet: Lernen ist weit mehr als Wissensaneignung, aber Wissensaneignung ist ein wichtiger Bereich. Um unter diesem Aspekt seine Lernprozesse möglichst sinnvoll zu organisieren, kann man beispielsweise seinen Lerntyp einzuschätzen versuchen. Wobei man dann den Unterscheidungen der Lernpsychologie folgen mag, die von visuellen, auditiven und motorischen Gedächtnis- oder Lerntypen spricht.

Menschen, die in diesem Sinne visuell ausgerichtet sind, nehmen Neues am leichtesten über das Auge wahr. Sie sind in hohem Maße auf Texte, Schaubilder oder sonstige graphische Darstellungen angewiesen. Lernende, die über das Sinnesorgan des Ohres – auditiv – besonders aufnahmebereit sind, eignen sich Wissen am besten durch Hören, Nachsprechen oder lautes Lesen an. Der motorische Lern- und Gedächtnistyp dagegen benutzt seinen Bewegungsapparat, um sich wichtige Informationen einzuprägen. Manche schreiben in diesem Fall alles Neue gern auf, unter Umständen sogar öfter, um es sich über den Bewegungsablauf anzueignen. Manche gehen auch herum. Solange man dabei niemanden stört, lohnt es sich meist, den eigenen Impulsen zu folgen. Mancher große Dichter, wie z.B. Friedrich Hölderlin, soll sich sein Werk Zeile für Zeile 'erwandert' haben.

Natürlich gibt es keine Lerntypen 'pur', sondern jeder Mensch hat eigene Gewichtungen. Beispielsweise kann sich jemand als visuell-motorischer Lerner einschätzen, der sich eine Sache am besten über Bildeindrücke und entsprechenden motorischen Mit- oder Nachvollzug aneignet. Solchen spezifischen 'Mischverhältnissen' sind keine Grenzen gesetzt und die Neigungen jeweils höchst individuell. Wenn man jedoch ein wenig auf die diesbezügliche persönliche Note achtet, könnte das helfen, die eigenen Lernprozesse genauer zu planen. Lernen ist lernbar und es ist sehr hilfreich dabei zu verstehen, warum man z.B. als stark auditiver Lerner eventuell lange braucht, um sich mit Fachliteratur in stiller Lektüre auseinanderzusetzen, während einem selbst die schwierigsten Theorien in einer Vorlesung nur so zugeflogen kommen.

Ein Lernprozeß, der auf Verfeinerung rhetorischer Kompetenzen zielt, läßt sich freilich nicht erklären als bloße Aufnahme von Informationen. Und gleich, ob es um Wissen, Beobachtung, Erfahrung oder Übung geht, immer ist die selbständige Verarbeitung des Gefundenen von zentraler Bedeutung. Es ist darum sinnvoll, daß man auch solche Alltagstheorien überprüft, die man sich über die eigene Person gebildet hat. Nach unserer Beobachtung besonders verbreitet ist dabei ein Selbst-Konzept, daß sich etwa in Behauptungen äußert wie: „Ich lerne nur unter Druck!" Nun, erfahrungsgemäß sind die Lernprozesse von Menschen keineswegs am fruchtbarsten und erfolgreichsten, wenn sie unter Zeitdruck, psychischem Druck oder anderen Zwängen ablaufen.

Meist ist es so: Jemand, der sein Selbst-Konzept derartig formuliert, beschreibt damit zweierlei, einmal eine Gewohnheit und zweitens, was er oder sie sich unter Lernen vorstellt. Mit großer Wahrscheinlichkeit hat diese Person nämlich die Gewohnheit, sich an Aufgaben erst dann heranzubegeben, wenn es höchste Zeit ist, beispielsweise eine Hausarbeit termingerecht abzugeben, oder wenn eine Autoritätsperson die zu erbringende Leistung nachdrücklich einfordert. In beiden Fällen wird dieser 'Druck' als eine Form von Hilfe angesehen, die dazu bewegt, sich endlich an den Schreibtisch zu bewegen. Da es schwerfällt, motiviert und eigenverantwortlich zu arbeiten, wird die Verantwortung für das eigene Lernen an andere oder an die Umstände delegiert. Diese fungieren dann als mehr oder weniger abstrakte Interessenten für die zu erbringende Leistung. Doch auch wer zu entsprechenden Strategien der Selbstverpflichtung neigt, sollte versuchen, das eigene Lernen so ernst zu nehmen, daß er ihm den notwendigen Raum im Alltag zubilligt.

Heikel ist die Selbsteinschätzung, man sei eben so ein 'Lerntyp', der Druck braucht, nämlich insofern, daß sie möglicherweise den Blick darauf verstellt, zu welchen Lernfortschritten und Leistungen man wirklich imstande wäre, wenn man auf diese einengende Sicht auf sich selbst verzichten würde. Hinzu kommt, daß damit nicht selten die Vorstellung einhergeht, Lernen sei prinzipiell schweißtreibend, unangenehm, anstrengend, kurz: ein freudloser Kraftakt, den man schnell hinter sich bringen sollte. Zwar legen viele heute auf körperliche Fitneß großen Wert und scheuen darauf bezogen weder Geld noch Mühe. Daß aber auch in punkto geistiger Fitneß die Parole „Jede Bewegung schwächt!" ein schlechter Rat ist, hat sich noch nicht überall herumgesprochen. Unsere Gesellschaft kultiviert die Illusion, alles Gute und Wohltuende sei 'locker und easy', d.h. anstrengungs- und vor allem gedankenlos zu erwerben. Darum wird oft die Arbeit des Lernens mit Blick auf die Freizeit- und Konsumkultur abgewertet.

Dazu läßt sich mancherlei sagen. Vor allem, daß geistige Kapazität, Sprachkompetenz und wissenschaftliches Denken weder in gedankenleerer Vergnüglichkeit zu gewinnen, noch konsumierbar oder käuflich sind. Zu Erkenntnis, zu neuen Erfahrungen mit erweiterter sprachlich-sozialer Handlungsfähigkeit zu kommen ist – nicht nur, aber auch – anstrengend. Es erfordert Disziplin, Konzentration, Strenge in der Beobachtung dessen, was man tut, aber auch Phantasie, Mut, Geduld, Elan und eine gute Portion Offenheit, um sich auf einen Prozeß einzulassen, von dem man nicht weiß, wie er verläuft und wohin er führt. So schön es ist, an Ziele zu gelangen, die man sich gesetzt hat, oder etwas geschaffen zu haben: Man muß auch die Bewegung dahin würdigen können, wenn man unterwegs guter Dinge bleiben will.

Der Begleiter, auf den man dabei nie verzichten sollte, ist die Geduld. Und für den Fall, daß Ihnen Mut und Geduld auszugehen scheinen und Sie dazu tendieren zu resignieren, erinnern Sie sich vielleicht an diese Empfehlungen. Es kann hilfreich sein, hin und wieder die eigene Lernhaltung zu überprüfen, denn aus bloß besserer Einsicht legt man auch 'schlechte Gewohnheiten' nicht ab. Man muß sie sich Stück für Stück abgewöhnen. Ebenso kann es sich lohnen, auch immer wieder ein besonderes Augenmerk auf die Motivation zu richten, die dahin geführt hat, einen Lernweg einzuschlagen. Denn die Motivation ist das Herz der Angelegenheit, der wichtigste Motor.

Eine mögliche Art der Motivation ist die außengeleitete. Manche richten den Blick schon auf die spätere Berufspraxis und die eventuelle Karriere. Andere denken an die Studienabschlußnote und studieren sehr prüfungsorientiert. Und wieder andere erhoffen sich, Lehrende oder Studierende zu beeindrucken und ein entsprechend hohes Maß an Anerkennung zu gewinnen, indem sie sich durch besondere Leistungen von anderen abheben. Solche vorwiegend von außen bestimmte Lernmotivation birgt mitunter die Gefahr in sich, daß sie im Verlauf des Studiums versandet. Manchmal kann sie auch dem Auffinden anderer Motive im Wege stehen.

Solcher Motive beispielsweise, die unser Verhältnis zu uns selbst und der Welt der Lerngegenstände – Themen und Inhalte – betreffen. Diese innengeleiteten Motive – der Wunsch nach verstehender Anteilnahme am Leben und nach der Entfaltung der eigenen Fähigkeiten – sind erfahrungsgemäß förderlicher für Lernprozesse als außengeleitete. Erkenntnis ohne Interesse gibt es nicht. Aber Interesse und Begeisterung für das eigene Tun kann die notwendige Ausdauer geben, auch wenn Hürden zu überwinden sind. In diesem Sinne hoffen wir, Sie zu ermutigen, diese Rhetorikschulung mit viel Neugier auf die Feinheiten menschlicher Kommunikation anzugehen, mit Freude an der schöpferischen Aufgabe, Gedanken in sprachliche Formen zu bringen, und mit dem Mut, diese Fähigkeit im Austausch mit anderen zu erproben und zu verfeinern.

Abschließend geben wir Ihnen noch zweierlei zu bedenken: Einen Ratschlag zu den 'Lernmethoden' und eine Reihe Fragen, die Ihnen – falls Sie es wünschen – helfen können, Ihre weiteren Lernschritte zu planen.

Unser Rat ist folgender. Ob Sie sich nun regelmäßig oder unregelmäßig, systematisch oder eher der Neigung folgend mit praktischer Rhetorik beschäftigen: Lassen Sie sich nicht davon verunsichern, daß andere Personen vielleicht anders vorgehen. Wichtig für Ihr Lernen ist nur, daß Sie selbst die – nach bisherigen oder noch zu machenden Erfahrungen – gewählte Methode als für sich geeignet erleben und das Empfinden haben, motiviert bei der Sache sein zu können. Wer motiviert arbeitet, muß die beliebte Frage nach der 'Effektivität' seines Lernens nicht unbedingt stellen. Bezogen auf praktische Rhetorik ist sie darüber hinaus eigentlich fehl am Platze, denn es gibt für etwas derart Individuelles und Komplexes wie das persönliche Wachstum in der Befähigung zu Selbstausdruck und zu kommunikativer Orientierung kein objektives Maß.

Aus diesem Grunde unterscheiden sich auch die Lernwege. Vielleicht gehören Sie zu den Menschen, die täglich pünktlich um acht Uhr morgens am Schreibtisch sitzen und ihr gesetztes Tagespensum absolvieren. Oder aber, Sie sehen die für Sie beste Arbeitsweise darin, sich hin und wieder ohne feste Plan- und Zielvorgaben damit zu befassen. Ganz gleich, welche Methode Sie wählen oder ob Sie mal so mal so vorgehen: Diese Methoden sind nur die äußere Form des Lernprozesses und lassen auf den inhaltlichen Kern nicht unbedingt schließen. Weder die systematisch-planerische noch die improvisierend-spontane Methode enthalten eine Erfolgsgarantie. Entscheidend ist also allein, daß Ihnen eine Form zusagt, denn *Sie* sind die Person, die in diesem Rahmen handeln will. Man sollte darum gegenüber möglicherweise auftretenden Ratgebern die Selbstverantwortung nicht aus der Hand geben und bedenken: Was dem einen nutzt, tut noch lange nicht jedem anderen gut.

Eine Beobachtung allerdings meint der Physiker und Philosoph Lichtenberg mit Blick aus seinem Göttinger Fenster verallgemeinern zu können. Jene nämlich,

die ihm den überaus positiven Einfluß von geistiger Nahrung auf Seele und Leib
der Studenten verrät:

> Kopf und Füße, so weit sie auch im physischen Verstand von einander liegen, so
> nah liegen sie sich doch im moralischen und psychologischen, Freude und Trau-
> rigkeit zeigen sich kaum so bald an der Nase, die doch kaum 3 Zoll von der Seele
> wegliegt, als in den Füßen, ich kan dieses täglich an meinem Fenster bemercken,
> wo ich deutlich an den Füßen der Studenten sehen kan ob sie aus einem *Collegio*
> kommen oder in eines zu gehen willens sind, Jenes an der platt auffallenden Sohle,
> die den Hunger der regierenden Seele verräth, Dieses an dem schmachtenden
> Schritt, wo Absatz und Zehen etwas langsamer nach einander auf zu liegen kom-
> men, der allemal ein Zeichen der kurz vorhergegangenen Sättigung ist.

Wenn Sie nun zur weiteren Orientierung in diesem Buch oder zur Erstellung eines
individuellen Lernplans kommen, geht es darum, zu entscheiden, welcher thematische Bereich Ihnen am sinnvollsten und attraktivsten für die weitere Arbeit erscheint. Sollten Sie darauf bezogen etwas ratlos sein, ist die nun folgende Übung
vielleicht hilfreich. Anregungen zu der Frage, 'was man lernen kann', gibt auch
das Register im Anhang. Dort sind die jeweiligen Kapitel aufgeführt, in denen die
mit Stichwort benannten Einzelaspekte behandelt werden.

> ➤ *ÜBUNG*
>
> *DER LERNPLAN*

Der folgende Fragenkatalog kann bei der Erstellung eines indiviuellen Lernplans
behilflich sein. Er enthält einige Musterbeispiele, wie Sie Ihre Selbstbefragung
beginnen und herausfinden können, welches Ihre dringlichsten Anliegen sind und
welche Schritte Sie im weiteren gehen möchten. Selbstverständlich läßt er sich
beliebig fortsetzen.

Beispielfragen:

- ~ Möchte ich besser verstehen, was die Besonderheiten der Kommunikation in
  der Universität sind und wie sie 'funktioniert'?

- ~ Geht es mir um einzelne Situationen oder darum, welche Regeln der Konvention wichtig sind und welcher Sinn darin liegt?

- ~ Oder will ich mich darüber versichern, wie ich in Situationen den 'richtigen
  Ton' treffe?

- ~ Geht es dabei eher um organisatorische Verständigung, um besondere Situationen wie Prüfung und Referat oder um die Wissenschaftssprache?

~ Oder geht es um besondere Gespräche, z.B. Bitten, die Auseinandersetzung mit oder Äußerung von Kritik usw.?

~ Liegt mein Interesse eher bei der Wahl der einzelnen Worte oder der sprachlichen Geste, die meinem Anliegen entspricht?

~ Geht es mir darum, daß ich mich überhaupt gern mehr in Seminargespräche 'einmischen' möchte oder darum, wie ich längere Beiträge sinnvoll aufbauen kann?

~ Oder bin ich eher prinzipiell verunsichert, wenn ich im öffentlichen Rahmen sprechen möchte oder soll?

~ Stelle ich mir vor, beispielsweise mit Fragen-Stellen im Seminar und kleineren Statements einen Anfang zu machen?

~ Oder möchte ich erst einmal wissen, wie man sich auch schon vom Auftreten her in größeren Gruppen bemerkbar macht?   ◄

1.3   Die Verfertigung der Gedanken

„Der Film hat bei mir so viele Gedanken ausgelöst," sagt einer zum anderen, „aber ich kann sie noch nicht in Worte fassen." Sind Gedachtes und Gesprochenes zweierlei? Gewöhnlich gehen wir davon aus. Die Gedanken, sagt man, kreisen im Kopf und die Worte liegen auf der Zunge, bis sie – geäußert – dem Gedanken Form geben und wir ihn in die Welt entlassen. Ist also Denken und Sprechen zweierlei? Die Antwort ist wahrscheinlich ja *und* nein.

Die Verknüpfung von Denken und Sprache beschäftigt die Forscher unterschiedlichster Disziplinen, Philosophen, Sprach- und Literaturwissenschaftler, Psychologen, Biologen und andere. Wie aber der menschliche Geist arbeitet und auch, inwiefern die je spezielle Struktur von Sprachen darauf einwirkt, ist eine offene Frage. Allerdings kann jeder beobachten, daß das menschliche Denken offensichtlich mit nicht ausgesprochenen Worten zu tun hat, daß es also einen Unterschied gibt zwischen dem Sprechen und der 'inneren Sprache'. Wer bewußt lügt, macht es sich z.B. zunutze, daß man andere nur hören, nicht aber in ihre Köpfe hineinsehen kann. Wie, wenn Gesprochenes und Gedachtes so geschieden sein können, sie dennoch miteinander zu einer 'gedankenvollen Äußerung', einer 'intelligenten Bemerkung' oder einer 'geistreichen Rede' verschmelzen können, ist im Grunde ungeklärt.

Daß jedoch die Sprache das stärkste Mittel ist, Gedanken auszudrücken, daran besteht kein Zweifel. Indem Menschen – zuerst als Kind, aber auch als Erwachsene – die Sprachen der Gemeinschaften lernen, in denen sie leben, entwickeln sie ein Verhältnis zur Welt. Man kann sagen: Die Sprache ist ein individuelles Allgemeines. Im Bezugsrahmen des allgemeinen historisch-lebendigen Sprachgebrauchs gibt ihr jeder einzelne eine eigene Prägung. Sie ist – wenn kommunikativ wirksam – zugleich ein Ausdruck von Individualität, also Medium der Mitteilung *und* Mittel der Verständigung mit anderen, also das mit ihnen Geteilte. Sozialer Zusammenhang und gemeinsames Planen und Handeln sind ohne Sprache unvorstellbar.

Wie aber steht es um das Denken? Oder: Muß ein Mensch überhaupt denken? Der wache, lebendige Mensch denkt, ob er will oder nicht. Meditierende Mystiker mögen da eine Ausnahme bilden, doch gewöhnlich begleitet uns der 'Gedankenfluß' – der bewußte und unbewußte Ablauf von Denkbildern – noch in den Liegestuhl im Urlaubsparadies. Auch der Tagträumer ist 'in Gedanken', nur kreisen sie nicht um den Ort, an dem er sich leiblich befindet. Und wer anderen auf die Füße tritt, ist nur in dem Sinne ein 'gedankenloser Mensch', daß seine Gedanken sich nicht damit befaßt haben, daß er andere verletzen kann: Es ist ihm nicht *bewußt* geworden.

Dieses bewußte Denken, das von sich selbst wissende Denken, macht Wissenschaft aus. Darin besteht ihr Bemühen um Erkenntnis. Denken wird so zu einer systematisch betriebenen Tätigkeit, mit der Menschen versuchen, die Welt, ihre Phänomene und vielfältigen Erscheinungsformen zu verstehen, ihnen Sinn zu geben und sich somit Klarheit – Bewußtheit – zu verschaffen. Der wissenschaftliche Weg der Erkenntnissuche ist eine besondere Form der 'Verfertigung von Gedanken'. Und damit ergibt sich, daß die Qualität jedes wissenschaftlichen Beitrags und jeder wissenschaftlichen Diskussion unter anderem bestimmt wird davon, ob und wie bewußt die Beteiligten Denken, Sprache, Sprechen und deren Verbindung miteinander handhaben.

Der damit naheliegenden Frage, wie sich *praktisch* eine produktive Verbindung von Denken und Sprechen herstellen läßt, ist der preußische Dichter Heinrich von Kleist nachgegangen. Zu diesem Zweck unterscheidet er in seinem

1805/06 entstandenen Aufsatz „Über die allmähliche Verfertigung der Gedanken beim Reden" zweierlei: Ein Reden, das bloße Wiedergabe bereits fertiger Gedanken ist, und solches, bei dem der Gedanke allererst durch das Aussprechen oder Gespräch zu Gehalt und Gestalt gelangt. Auf dem zweiten liegt sein besonderes Augenmerk und damit auf der Frage, wie ein entsprechendes Zugleich von Denken und Sprechen zu bewerkstelligen ist, beziehungsweise wie man sich überhaupt zu erkenntnistüchtigen Gedanken verhelfen kann.

Ein Leitsatz, den man im Zusammenhang mit diesem Thema gern zu hören bekommt, ist: „Erst denken, dann reden!" Das sei unbenommen in vielen Situationen eine kluge Verhaltensregel, meint Kleist, doch die Erfahrung lehre, daß sich auch eine andere sehr empfehlen könne: „Wenn du etwas wissen willst und es durch Meditation nicht finden kannst, so rate ich dir, mein lieber, sinnreicher Freund, mit dem nächsten Bekannten, der dir aufstößt, darüber zu sprechen. Es braucht nicht eben ein scharfdenkender Kopf zu sein, auch meine ich es nicht so, als ob du ihn darum befragen solltest: nein! Vielmehr sollst du es ihm selber allererst erzählen." Wie auch der Appetit beim Essen entstehe, so die Idee beim Reden. Und darum sei die beste Gelegenheit, um sich selbst über ein Problem Klarheit zu verschaffen, die, mit einem Menschen 'ins Unreine' zu sprechen.

Freilich: Einem solchen Sprecher kann es nicht an erster Stelle darum gehen, andere zu *belehren*. Vielmehr will er sich selbst etwas *erklären*, sich selbst dabei aufmerksam zuhören und genau beobachten. Das Aussprechen hat damit die Funktion, das gedanklich Flüchtige festzuhalten, ihm Gestalt zu geben und das vorher Unausgesprochene zu konkretisieren. Indem die ausgesprochenen Worte als ein nach außen Gebrachtes den 'inneren' Gedanken objektivieren, steht er nun greifbar im Raum. Er ist überprüfbar geworden für den Sprecher selbst und für andere.

Darin, daß man Gedanken sprachlich konkretisiert, das heißt sich selbst vor Augen oder Ohren führt, besteht also auf dem Wege der Gedankenproduktion ein bedeutsamer Schritt. Indem man den Gesprächspartner anspricht, wird man sich selbst ein Gegenüber. Und darum ist es nicht unbedingt erforderlich, daß dieser etwa fachliche Hilfestellung geben kann oder die 'richtigen' – weiterführenden – Fragen stellt. Vielmehr besteht seine Aufgabe vor allem anderen in der körperlichen und geistigen Anwesenheit, in der gestisch-mimischen oder gegebenenfalls verbalen Reaktion auf den Sprechenden hin. Denn, so erinnert Kleist: „Es liegt ein sonderbarer Quell der Begeisterung für denjenigen, der spricht, in einem menschlichen Antlitz, das ihm gegenübersteht; und ein Blick, der uns einen halbausgedrückten Gedanken schon als begriffen ankündigt, schenkt uns oft den Ausdruck für die ganze andere Hälfte desselben."

Als Wegbegleiter des Redners in Richtung Erkenntnis erhält sein Gegenüber damit einen entscheidenden Part: Für den Sprechenden, der nach Idee und Ausdruck sucht, spiegelt sich im Gesicht des anderen die eigene Hoffnung auf kommende Klarheit. Die Anteilnahme des Gegenübers spornt ihn an. Die Denktätigkeit wird zu einer gemeinsamen Aufgabe, erhält ein soziales Motiv. Das macht den, wie Kleist sagt, „sonderbaren Quell der Begeisterung" für den Sprecher aus und führt ihn zu jener Konzentration, inneren Anspannung und emotionalen Beteiligung, die ihm zur Vollendung des Gedankenganges nötig ist. Womit gesagt ist: Inneres Engagement und der kommunikative Bezug auf das Gegenüber bedürfen einander notwendig, weil menschliches Erkennen verwiesen ist auf Anbindung an die Gemeinschaft mit anderen.

Es bleibt die Frage, wie man sich dieses zeitliche Zugleich von Sprechen und Denken konkret vorstellen könnte. Kleist schreibt: „Aber weil ich doch irgendeine dunkle Vorstellung habe, die mit dem, was ich suche, von fern her in einiger Verbindung steht, so prägt, wenn ich nur dreist damit den Anfang mache, das Gemüt, während die Rede fortschreitet, in der Notwendigkeit, dem Anfang nun auch ein Ende zu finden, jene verworrene Vorstellung zur völligen Deutlichkeit aus, dergestalt, daß die Erkenntnis, zu meinem Erstaunen, mit der Periode fertig ist. Ich mische unartikulierte Töne ein, ziehe die Verbindungswörter in die Länge, gebrauche auch wohl eine Apposition, wo sie nicht nötig wäre, und bediene mich anderer, die Rede ausdehnender, Kunstgriffe, zur Fabrikation meiner Idee auf der Werkstätte der Vernunft, die gehörige Zeit zu gewinnen."

Kleist beschreibt hier den Prozeß der Gedanken- und Sprachfindung als den eines bewußten und quasi handwerklichen Tuns, als „Verfertigung", ja „Fabrikation" eines Gedankens, der im Verlauf der verbalen Artikulation mehr und mehr Gestalt gewinnt. Verschiedene Momente dieses Vorgangs sucht er präzise zu beschreiben und dabei herauszustellen, wie der 'stumme' Gedanke und die Sprache im Sprechen zusammenfinden: Wenn der Redner „unartikulierte Töne" in seine Rede mischt, berücksichtigt er, daß es Zeit braucht, damit sich die Fülle der Gedanken in die sprachliche Ordnung hineinbewegen kann bzw. aus dem

'Gedankenwust' die Linie eines Gedankenganges wird. Auch wohlbekannte Füll-
sel wie „äh", „ehm" usw. können hier als Überbrückung zwischen Denken und
Aussprache fungieren. Sie halten ja den Sprachfluß in Gang. Anders herum ermöglicht das erwähnte In-die-Länge-ziehen eines Wortes, kurzzeitig zu verweilen.
Der Sprecher kann im Geiste 'vorformulieren', sich ausruhen und die nötige Konzentration für die weiter anstehende Formulierungsarbeit sammeln.

Der Gebrauch von Appositionen kann viele Funktionen und Wirkungen haben. Man kann damit Zeit gewinnen, etwas hervorheben, sich besonders den Hörern zuwenden oder die Rede anschaulicher gestalten. Es macht rhetorisch einen
Unterschied, ob jemand von „Paris" spricht oder von „Paris, der Hauptstadt
Frankreichs". Mit der letzteren Formulierung fügt er durch die Apposition – „der
Hauptstadt Frankreichs" – der Nennung der Stadt Paris eine Erläuterung an. Vielleicht braucht er gerade einen Moment 'Bedenkzeit', bevor er seine Überlegungen
fortführen kann. Oder aber er möchte, je nach Zusammenhang, entweder der
„Hauptstadt" oder „Frankreich" ein besonderes Gewicht geben. Ebenso können
Appositionen dazu dienen, den Hörern unbekannte Informationen quasi beiläufig
mitzugeben oder aber die Rede anschaulicher werden zu lassen: Spricht der Redner von „Paris, der glanzvollen Metropole", dann wird sich die Vorstellung in der
Phantasie der Hörer nicht auf einen bunten Punkt auf der Landkarte beschränken,
sondern vor ihren Augen können der nächtlich erleuchtete Arc de Triomphe,
himmelstürmende Hochhäuser oder Ähnliches erscheinen.

Die von Kleist so angesprochenen Fertigkeiten der sprachlichen Gestaltung
handhabt im allgemeinen jeder Mensch. Die Wahl eines Wortes, die Entscheidung
für eine Formulierung *bewußt* und feinsinnig zu treffen, bedarf jedoch mancher
Übung. Deutlich werden kann hier, wie dienlich scheinbar unbedeutende Kleinig-
keiten bei der Wahl der Worte schließlich für die schrittweise Entwicklung eines
Gedankenweges sein können. 'Bewußtloses Drauflosreden' ist somit nicht gemeint, sondern vielmehr ein durch den Redner beobachteter Prozeß, in dem er sich
einerseits führt und sich andererseits für neu auftauchende Einfälle, scheinbare
Umwege, Exkurse zu Einzelaspekten und Anregungen durch das Gegenüber offen
hält. Das innere Engagement des Redners muß also auf jeden Fall mit seiner
handwerklichen Sprachfertigkeit gleichziehen. Das heißt, wer unbeteiligt Gedanken sprachlich zu produzieren sucht, wird nach Kleists Auffassung fast notwendig
scheitern. Denn nur, wenn jemand für sich *und* für die anderen spricht, können die

anderen ihn zu sich selbst, respektive zu klarem Bewußtsein – Erkennen – seiner Gedanken führen.

Woher aber, fragt Kleist nun weiter, kommt es, daß wir gerade diese und nicht jene Gedanken hervorbringen? Und warum führen sie manchmal zu ganz überraschenden Schlußfolgerungen? Er beobachtet: Zuallererst existiert eine „dunkle Vorstellung" im Kopf des Sprechers, eine mehr oder weniger klare Eindrucks- und Gedankenfülle. Diese bearbeitet der Sprecher, indem er sie Schritt für Schritt zu Worten und Sätzen anordnet – sich selbst zuschauend und in Bezug auf sein Gegenüber. Er sucht eine oder auch mehrere Formen, probiert möglicherweise unterschiedliche Perspektiven auf sein Problem aus und prüft, welche gesprochene Äußerung am besten seinen unausgesprochenen Ideen entspricht.

Doch nun kann ja – so lehrt die Erfahrung – dieses systematische gedankliche und sprachliche Tun durch die geringste Irritation in andere Bahnen gelenkt werden, z.B. dergestalt, daß ein plötzliches Aha-Erlebnis den Sprecher zu einem Schluß kommen läßt, der zunächst völlig außerhalb seines gedanklichen Horizonts lag: Die Einwirkung der Umgebung, des Gegenübers hat, so folgert Kleist, Einfluß auf den Redeverlauf genommen. Und auf solche Weise, mutmaßt er, könnte vielleicht sogar das Zustandekommen großer historischer Ereignisse wie das der Französischen Revolution erklärt werden. Der Bürger Mirabeau hat, so weiß er, auf der Versammlung der Volksvertreter im Jahre 1789 in Paris von einem Zeremonienmeister den Befehl des Königs entgegengenommen, man möge das Parlament auflösen. Das stellt er sich vor und kommentiert die Episode im Sinne seiner Idee:

Der Zeremonienmeister fragt, ob die Versammlung den Befehl des Königs vernommen habe. „*Ja*', antwortet Mirabeau, *'wir haben des Königs Befehl vernommen'* – ich bin gewiß, daß er bei diesem humanen Anfang noch nicht an die Bajonette dachte, mit welchen er schloß: *'ja, mein Herr'*, wiederholt er, *'wir haben ihn vernommen'* – man sieht, daß er gar nicht recht weiß, was er will. *'Doch was berechtigt Sie'* – fuhr er fort, und nun plötzlich geht ihm ein Quell ungeheurer Vorstellungen auf – *'uns hier Befehle anzudeuten? Wir sind die Repräsentanten der Nation.'* – Das war es, was er brauchte! *'Die Nation gibt keine Befehle und empfängt keine'* – um sich gleich auf den Gipfel der Vermessenheit zu schwingen. *'Und damit ich mich Ihnen ganz deutlich erkläre'* – und erst jetzo findet er, was den ganzen Widerstand, zu welchem seine Seele gerüstet dasteht, ausdrückt: *'so sagen Sie Ihrem Könige, daß wir unsere Plätze anders nicht, als auf die Gewalt der Bajonette verlassen werden.'* ... Vielleicht", schließt Kleist, „daß es auf diese Art zuletzt das Zucken einer Oberlippe war, oder ein zweideutiges Spiel an der Manschette, was in Frankreich den Umsturz der Ordnung der Dinge bewirkte."

Dieses Beispiel führt nicht nur die „allmähliche Verfertigung des Gedankens aus einem in der Not gesetzten Anfang" vor. Es will auch zeugen von der geschichtsbildenden Macht des Wortes und der Kraft der Rede, zu Ideen zu führen, wenn sie denn „ein wahrhaftes lautes Denken" darstellt. Daß freilich nicht jede Äußerung, jede Rede diese Bezeichnung verdient oder verdienen müßte, indem sich in ihr Denken und Sprechen aufs Schönste gleichzeitig entwickeln, ist selbstverständlich.

Prüfungen in öffentlichen Institutionen allerdings, so kritisiert Kleist, deren Sinn ja darin besteht, daß die Kandidaten ihren Erkenntnisstand entfalten, zeigen in typischer Weise, wie man genau das behindern kann: Die Prüflinge veräußern fremdes Wissen ohne innere Beteiligung, motiviert nicht durch ihr Erkenntnisinteresse, sondern allein durch das Ziel, positiv beurteilt zu werden. Und das Verhältnis von Prüfern und Geprüften, das eingezwängt ist in das formale Regelwerk der Institution, hat allzuwenig Spielraum, zum entwickelnden Gespräch zu werden. Darum reden die Prüfungsbeteiligten nicht selten aneinander und der Prüfling oft sogar an sich selbst vorbei. Was Kleist dazu veranlaßt, sogar von der „Unanständigkeit des ganzen Verfahrens" zu sprechen. Er schreibt:

„Vielleicht gibt es überhaupt keine schlechtere Gelegenheit, sich von einer vorteilhaften Seite zu zeigen, als grade ein öffentliches Examen. Abgerechnet, daß es schon widerwärtig und das Zartgefühl verletzend ist, und daß es reizt, sich stetig zu zeigen, wenn solch ein gelehrter Roßkamm uns nach den Kenntnissen sieht, um uns, je nachdem es fünf oder sechs sind, zu kaufen oder wieder abtreten zu lassen: es ist so schwer, auf ein menschliches Gemüt zu spielen und ihm seinen eigentümlichen Laut abzulocken, es verstimmt sich so leicht unter ungeschickten Händen, daß selbst der geübteste Menschenkenner, der in der Hebeammenkunst der Gedanken, wie Kant sie nennt, auf das meisterhafteste bewandert wäre, hier noch, wegen der Unbekanntschaft mit seinem Sechswöchner, Mißgriffe tun könnte."

Man muß die radikale Gegnerschaft des Dichters gegenüber Prüfungen nicht teilen, um aus seiner zugespitzten Darstellung Lehrreiches zu entnehmen. Denn die Wirkungszusammenhänge, die er benennt, lassen sich auch über das Exempel solcher Situationen hinaus beobachten: Jemand, der quasi mechanisch erlernte Aussagen von sich gibt, der fremde Gedanken zu Markte trägt, die er sich nicht zu eigen gemacht hat, überzeugt selten. Und er läuft dazu noch Gefahr, sein sogenanntes Wissen flugs wieder aus dem Gedächtnis zu verlieren. Das wissende Reden dagegen bezieht sich auf das Thema der Erkenntnissuche, den schrittweisen Gang der Problemlösung und auf seinen sozialen Zusammenhang gleichermaßen. Es versichert sich der drei zentralen Quellen, aus denen eine Rede Glaubwürdigkeit und Überzeugungskraft schöpfen kann: Wahrhaftigkeit im Sprechen, einsichtige Argumentation und Zugewandtheit zum Hörer. Gleich ob eine Rede vororganisiert oder spontan verwirklicht wird, das wissende Reden wirkt aus dem Bewußtsein der kommunikativen Gebundenheit der Sprache heraus.

Womit naheliegt, daß sich auch die Verschriftlichung von Gedanken als höchst hilfreich erweisen kann. Denn gleich ob man einen Brief, ein Tagebuch oder eine wissenschaftliche Arbeit verfaßt: Auch die schriftliche Formulierungsarbeit konkretisiert, präzisiert und systematisiert eine ungeordnete Gedankenfülle und führt dem Schreiber seine Gedanken vor Augen. Wer nicht nur 'herunterschreibt', sondern bewußt gestaltend das Gedachte bearbeitet, kann den schrittweisen Prozeß seiner Erkenntnis 'schwarz auf weiß' einsehen. Und wem es gelingt, den eigenen Text so anzuschauen, als sei es der eines Unbekannten, der kann sich nicht nur als sein eigenes Gegenüber auf dem Erkenntniswege begleiten: Er kann sich auch darin üben, seine jeweiligen Adressaten – sei es im Brief der ferne Freund oder im fachwissenschaftlichen Aufsatz der Leserkreis der Fachgelehrten – angemessen anzusprechen, also sich selbst verstehend verständlich machen.

Insofern kann auch die Verschriftlichung von Gedachtem im Sinne Kleists als eine allmähliche Verfertigung der Gedanken beim Schreiben betrachtet und entsprechend eingesetzt werden. Warum Georg Christoph Lichtenberg diese Qualität in seinen „Sudelbücher" genannten, tagebuchähnlichen Aufzeichnungen für erwähnenswert hielt: „Zur Aufweckung des in jedem Menschen schlafenden Systems ist das Schreiben vortrefflich, und jeder, der je geschrieben hat, wird gefunden haben, daß Schreiben immer etwas erweckt, was man vorher nicht deutlich erkannte, ob es gleich in uns lag."

2 Das Universitätsmilieu

Das Universitätsmilieu, also die Universität als Lebenswelt besonderer Art, läßt sich am besten verstehen, wenn man sie von drei Perspektiven her betrachtet: Indem man zurückschaut auf die *Geschichte*, aus der heraus sie sich entwickelt hat. Indem man ihre *Struktur* untersucht, das heißt die Weise, in der sie als Institution in der Gesellschaft arbeitet. Und indem man nach den Inhalten, Formen und Regeln fragt, die dort die *Interaktion* der Menschen prägen, nach den Zwecken, die sie verfolgen, und dem Sinn, den sie ihrem Tun beimessen. Dieses Allgemeine beeinflußt alle Teilbereiche, die konkreten Situationen, in denen wir uns bewegen, und auch das, was wir gefühlsmäßig als Atmosphäre der Universität erleben.

Ein Buch wie dieses kann hier nur Andeutungen geben, grobe Umrisse aufzeigen. Es muß sich darauf beschränken, die Aspekte zu behandeln, die für die mündliche Kommunikation im Alltag der Studierenden am wichtigsten sind. Wir denken jedoch, daß eine solche pragmatische Herangehensweise getragen sein sollte vom Wissen um die Begrenztheit ihres Blickwinkels. Im Alltag müssen sich Menschen eine vereinfachte Vorstellung von der Wirklichkeit machen, in der sie sich bewegen, um sich überhaupt für Handlungen entscheiden zu können. Das ist nicht nur berechtigt, sondern auch notwendig. Aber die alltagspraktische Weltsicht kann natürlich ein tiefgreifenderes Verständnis der komplexen Konstruktion des Lebens niemals ersetzen. Im Gegenteil: Praxis kann erst durch Rückgriff auf tiefere – theoretische – Einsichten sich selbst vervollkommnen, die losgelöst von Handlungszwängen gewonnen werden. Das gilt auch für den Alltag in der Universität.

Zur Entstehung der modernen akademischen Welt in der Gestalt, wie wir sie heute in Deutschland vorfinden, werden im 18. und 19. Jahrhundert wichtige Grundsteine gelegt. Bedeutende Anstöße geben die Aufklärungsbewegung und die Französische Revolution. Die von der Kirche zunehmend unabhängiger werdende Gesellschaft wertet die Philosophie auf, die vorher – so klagt Immanuel Kant – nur als „Magd" der „Gnädigen Frau" Theologie existierte. Der Aufstieg der Naturwissenschaften findet statt und ein neuer Begriff von Wissenschaft entsteht, in dem Beobachtung, Erfahrung, Experiment und mathematische Gleichung ihren Platz finden. Nun tritt auch erstmals die Forschung gleichberechtigt neben die

Lehre. Im Zuge der beginnenden Industrialisierung werden viele technische Hochschulen gegründet. Durch das Anwachsen der staatlichen Verwaltung gewinnt beispielsweise die Rechtswissenschaft an Bedeutung.

Im Jahre 1808 beruft der preußische König einen Mann zum Minister für Kultus und Unterricht, der heute als Gründervater der modernen deutschen Universität gilt: Wilhelm von Humboldt. Er verkörpert in seiner Epoche die Hoffnungen vieler Intellektueller darauf, daß in Deutschland eine Republik des Geistes, der Gebildeten entstehen könnte. Man wünscht sich eine Gesellschaft, in der die Vernunftideen – Freiheit, Gleichheit, Brüderlichkeit – herrschen. Darin erhielten die Universitäten die Aufgabe, als – so Humboldt – „Wacht- und Leuchtturm" die Bürger in diesem Sinne zu schulen. Darum sollen die Professoren nicht mehr wie vorher bloße „Brotgelehrte" sein, die schlechtbezahlt immer dasselbe Bücherwissen vortragen. Humboldt schwebt das Ideal der „Einheit von Forschung und Lehre" vor. Professoren, die selbständig Forschenden, und Studenten, die angeleitet Forschenden, sollen als eine Kommunikationsgemeinschaft im Dienst an der Wissenschaft zusammenwirken. Die Universitäten sollen sich selbst verwalten, um unabhängiger von der politischen Herrschaft der Landesherren einen Rahmen gewährleisten zu können, in dem unabhängiges Denken möglich ist.

Aber die Geschichte verläuft bekanntermaßen nicht als ein Prozeß kontinuierlicher Verbesserung der Menschenverhältnisse. Und auch die glänzendsten Ideen machen in der Praxis so manche Schwierigkeiten, sei es, daß sie auf große gesellschaftliche Widerstände stoßen, daß sich ihre Umsetzung als gar nicht so 'ideal' erweist, wie es die Erfinder dachten, oder beides. Auch heute ist es umstritten, ob denn die praktizierte universitäre Selbstverwaltung, die Verbindung von Forschung und Lehre oder das gewährte Maß an Forschungs-, Lehr- und Hörfreiheit den Aufgaben der Universität angemessen ist *und* wie diese Aufgaben denn in der Gegenwart bestimmt werden müssen.

Der Aufbruch der deutschen Gebildeten führt im 19. Jahrhundert dazu, daß zur Zeit der 1848er-Revolution Professoren und Studenten in der Demokratiebewegung eine große Rolle einnehmen und gemeinsam für die Freiheit der Wissenschaft kämpfen. Aber die Freiheit, die sie meinen, hat Grenzen: Unangenehm berührt von der aufkommenden „Studiersucht der unteren Klassen" versucht man diese mittels Studiengebühren von den Universitäten fernzuhalten. Und wenn damals eine Versammlung der deutschen Professoren beschließt, man müsse weiter

am Lateinischen als Unterrichtssprache festhalten, macht das deutlich, daß man
die Universität als geschlossene Gesellschaft in der Gesellschaft versteht. Das bedeutet mit heute befremdender Selbstverständlichkeit auch: Weiblichkeit ist an der
Universität nur zugelassen in der allegorischen Darstellung einer Alma Mater, der
nährenden Mutter.

Tatsächlich 'nährt' die Alma Mater bis ins 20. Jahrhundert hinein eben vor
allem Männer aus wohlhabenderen Schichten. In Deutschland billigt man erst
1918 Frauen die universitäre Bildung zu. Und trotz mancher Errungenschaften der
neuen Frauenbewegung seit den 70er-Jahren muß man sagen: Wissenschaft zu
treiben ist – je nach Fach mal mehr mal weniger – nach wie vor ein 'Männergeschäft'. Erst in der Folge der Studentenbewegung der späten 60er-Jahre setzen
sich auch staatliche Hilfen durch, die die Chancengleichheit von Studierenden aus
einkommensärmeren Verhältnissen ermöglichen sollen. Wie sich am ständigen
Streit um das BaföG sehen läßt, sind aber gleiche Chancen auf Bildung und
Ausbildung an der Universität auch heute nicht selbstverständlich.

So zeigt sich in Geschichte und Gegenwart, wie eng die Gestalt der Universität in einer Zeit verknüpft ist mit dem Charakter der Gesellschaft, aus der sie her-
vorgeht und in der sie wirkt. Die deutschen Universitäten haben sich seit der Mitte
des 19. Jahrhunderts keineswegs als wachsame Institutionen im Sinne der Idee der
Menschenrechte entwickelt, sondern zu wichtigen Trägern von Nationalismus und
Rassismus. Ein Jahrzehnt vor der Machtübernahme Hitlers konstatiert der Soziologe Max Weber: „Die akademische Stimmung ist extrem reaktionär und radikal
antisemitisch." Viele Studenten und Wissenschaftler werden dann mitwirken bei
den Verbrechen der nationalsozialistischen deutschen Gesellschaft.

Ohne dies zu bedenken, kann man weder die deutsche Universität der Gegenwart noch die Geschichte der Einzelwissenschaften verstehen. Denn nicht nur
die Studentenbewegung der 60er- und 70er-Jahre und die daraus hervorgehende
Hochschulreform sind zutiefst geprägt durch die Auseinandersetzung mit dem
gesellschaftlichen Erbe dieser finsteren Epoche. Sie hat auch in den Fachwissenschaften zu einer Zäsur geführt und führen müssen. Wer die Geschichte seines
Faches daraufhin betrachtet, kann erkennen, daß wissenschaftliche Arbeit, wie
auch immer objektiv und unpolitisch sie sich dünkt, sich immer und zuallererst in
der moralischen Verantwortung zu bewähren hat.

2.1 Kommunikation in der Institution

Die allgemeinen Merkmale der Kommunikation an der Universität ergeben sich erstens aus ihrem besonderen Charakter als einer Institution der Öffentlichkeit und zweitens aus ihrem Gegenstand Wissenschaft, der in dreifacher Weise zum Thema wird: auf *Erkenntnis* bezogen, bezogen auf die *Vermittlung* von Methoden und Ergebnissen wissenschaftlichen Tuns an andere und bezogen auf den *Wissenschaftsbetrieb*. Unübersehbar ist dabei die Dominanz der Schrift, die sich ebenso aus dem Gegenstand wie aus kulturellen Hintergründen ergibt. Mündliches gilt hierzulande im Vergleich mit schriftlich Niedergelegtem als weniger verbindlich und offiziell. Während aufmerksames Zuhören – keineswegs nur an Universitäten – oft wenig Achtung genießt und wenig gepflegt wird, betrachtet man Äußerungen 'schwarz auf weiß' als solche, die zur Kenntnis genommen werden *müssen*. Erst schriftlich z.B. wird ein Kommunikationsakt zum Verwaltungsakt. Wir werden uns hier vor allem der 'schwächeren' mündlichen Kommunikation in der Institution zuwenden.

Als eine Institution der gesellschaftlichen Öffentlichkeit ist die Universität eine komplexe Organisation, in der Arbeitsverteilung und festgelegte Rollensysteme die Leistungsfähigkeit regeln und sichern. Auch wenn manche sie als Lernfabrik bezeichnen: Ein Unternehmen ist sie nicht. Das Veranstaltungsverzeichnis ist kein Warenhauskatalog und Studierende sind weder Kunden, die sich Bildung und Ausbildung einkaufen, noch Lohnabhängige. Die Produktion in einem Lehr- und Forschungsbetrieb unterscheidet sich von industrieller Fertigung am markantesten dadurch, daß sie mit unbekannten Sachverhalten und dem Denken über sich selbst verfügender Personen zu tun hat. Kurz: Es ist ihr unmöglich, einer bloß zweckrationalen oder ökonomischen Logik zu folgen, da alles Lernen und Forschen immer auch Umwegproduktion bedeutet. Struktur und Prinzipien der Universität stützen sich damit nicht zuletzt auf gemeinsame Werte, Einstellungen und Motive ihrer Mitglieder.

Hinzu kommt, daß die Universität – abgesehen von ihrer Gebundenheit an Bund und Länder – eine sich selbst verwaltende Institution ist. Demokratie bedeutet immer Vervielfältigung der Entscheidungslasten. Will man die

Selbstbestimmung der einzelnen oder Gruppen und die Mitbestimmung aller am Ganzen zugleich realisieren, muß man mitunter Paradoxes ausbalancieren. Vor allem aber müssen sich viele Menschen miteinander verständigen, auch über Sachverhalte, für die sie unterschiedlich kompetent sind. Die mit der institutionellen Organisation gestützte automatische Regelung von Handlungsabläufen ermöglicht die dabei unbedingt notwendigen Entlastungen.

Dieser Struktur der Institution liegt das Anliegen zugrunde, die Interessen der vielen Einzelwissenschaften, Gruppen und Personen an der Universität zu einem wissenschaftlichen Arbeitszusammenhang zu verbinden. Sie ist vom Anspruch her an den Prinzipien der Transparenz, Pluralität und Offenheit orientiert, um nicht allein den Interessen und der Berufsentfaltung der von der Institution Lebenden zu dienen. Aber jede Struktur hat auch Fehlfunktionen, wie neben anderem die gelegentliche Unübersichtlichkeit von Entscheidungsprozessen in der Vielzahl an Universitäten tagender Gremien und Kommissionen belegt.

Die Merkmale der Kommunikation in der Universität lassen sich wie folgt verallgemeinern: Die Kommunikation an der Universität ist solche in einem arbeitsteilig und hierarchisch aufgebauten Sozialsystem. Sie ist vorwiegend Kommunikation aus professionellen und damit nicht privaten oder intimen Rollen und Beziehungen heraus, und sie ist in den verschiedenen Sphären mehr oder weniger formal geregelt und konventionalisiert. Einige Erläuterungen und Beispiele sollen die praktischen Konsequenzen dieser Grundprinzipien anschaulich machen:

Kommunikation in einem arbeitsteiligen sozialen System bedeutet einmal: Man kommuniziert miteinander bezogen auf die Aufgabenbereiche der Beteiligten. Nach den neuesten Regelungen für die Prüfungsordnung fragt man das zuständige Sekretariat im Fachbereich oder den Vorsitzenden der Prüfungskommission, aber nicht den Hausmeister. Bei Unklarheiten über Zuständigkeiten beispielsweise in der Verwaltung erkundigt man sich: „Wo kann ich bitte Einsicht nehmen in ... / Auskunft erhalten über ... / eine Bescheinigung erhalten über ..." Der Weg einer Erkundigung, eines Antrages etc. folgt gewöhnlich Stufe für Stufe der Hierarchie 'von unten nach oben'. Das heißt: Was ich von der Sekretärin des Dekans erfahren kann, muß ich ihn nicht persönlich fragen. Gegebenenfalls muß man zudem kundtun, in welcher ihrer Funktionen man eine Person ansprechen möchte, ob man etwa einen Professor in seiner Rolle als Dekan des Fachbereiches, als Lehrenden seines Faches oder als Mitglied des Senats meint. Gewöhnlich

berücksichtigt man – ob bewußt oder unbewußt – den Status, den die Gesprächsbeteiligten in der Hierarchie einnehmen. Man tut es allerdings in Maßen. Die Un-
art mancher Menschen, gegenüber statushöheren Personen eine unterwürfige
Haltung einzunehmen und Personen mit geringerem Status respektlos zu behandeln, macht Verständigung nicht unbedingt erfolgreicher und manchmal sogar
unmöglich.

Die Belegschaft an Universitäten besteht aus den Gruppen der Professoren-
schaft, des akademischen Mittelbaus (nichtprofessorale Beschäftigte auf Beam-
ten-, Angestellten- oder Honorarstellen) und des nichtwissenschaftlichen Perso-
nals. Der Status der Lehrenden unterscheidet sich in Hinsicht auf ihre Aufgaben,
Befugnisse und auch die erreichte Position in der akademischen Laufbahn, die
etwa für die Erlangung einer Professur heute gewöhnlich die Qualifikation durch
Promotion und Habilitation voraussetzt. Die Statusgruppe, der einzelne angehören, geht meist mit unterschiedlichen Befugnissen einher und ist darum zum
Teil auch aussagekräftig bezüglich der Aufgaben einer Person: Wissenschaftliche
Mitarbeiter, Assistenten, Lektoren und Lehrbeauftragte haben beispielsweise nicht
an allen Universitäten die Befugnis, Diplom-, Magister- oder Examensabschluß-
prüfungen abzunehmen. Ebenso sind die Rechte auf Mitbestimmung in der universitären Selbstverwaltung und die sich daraus ergebenden Rollen unterschiedlich verteilt.

Statusbezogene Kommunikation bedeutet Aufmerksamkeit für das Machtge-
fälle der Gesprächsbeziehung, in der man steht. Dabei gilt in Hierarchien, daß von
oben nach unten gewöhnlich andere Regeln gelten als von unten nach oben. Das
betrifft beispielsweise die Dimensionen von Raum und Zeit in einem Gespräch.
Die übliche Raumordnung in der Seminarsituation weist den Dozenten ein größeres Rederecht zu als den Studierenden, mehr oder weniger sogar eine Redepflicht.
Sie sitzen vorn, abgesetzt von der Gruppe und haben alle Teilnehmer im Blick.
Als Diskussionsleiter müssen sie sich nicht grundsätzlich melden, wenn sie sprechen wollen, und sie können allen anderen Rederecht und Sprechzeit zumessen.

In hierarchischer Kommunikation wird auch die Zeit, die ein Gesprächspartner dem anderen zur Verfügung stellt, unterschiedlich bewertet. Wenn Dozenten
sich im Anschluß an das Seminar zu einer Weiterführung der vorhergehenden Gespräche mit interessierten Studierenden bereitfinden, ist dies nicht selbstverständlich. Es könnte also mindestens Erstaunen auslösen, wenn diese einen Anspruch

darauf geltend machten. Wann und in welchem Maße Lehrende im ungeregelten Einzelfall auf die Anliegen von Studierenden eingehen, gilt – so die zumeist unausgesprochene Konvention – eher als *deren* Entscheidung. Von Studierenden wird dabei erwartet, daß sie es zu würdigen wissen, wenn man ihnen Zeit zur Verfügung stellt, und daß sie gegebenenfalls andere, weniger wichtige Pläne – wie z.B. den Besuch beim Friseur – verschieben. Auch Termin- und Ortsvorschläge für Sondergespräche macht meist die statushöhere Person. Die Frage: „Wollen wir uns nicht heute abend zu einem Glas Wein verabreden, um diese Angelegenheit zu besprechen?" wird insofern in der Regel zwar von Lehrenden an Studierende, aber nicht umgekehrt gerichtet gestellt.

Im Zusammenhang mit Statusaspekten der Kommunikation gilt es besonders zu bedenken, daß sich die Beteiligten – auch Studierende – gewöhnlich nicht in privaten Rollen und Beziehungen bewegen. Das meint, es gehört z.B. nicht zum Üblichen, den Professor, der einen Seminarraum betritt, mit dem Ausruf zu begrüßen: „Mensch, was haben Sie für eine schickes Jackett!" Offizielle Gespräche an der Universität – auch wenn sie mit belanglosen Plaudereien verfeinert werden – unterscheiden sich von alltäglich-privaten Umgangsformen durch das Merkmal der Distanz und Professionalität. Sie sind an Sachfragen der Wissenschaft und der Organisation orientiert und geschehen aus den beruflichen Rollen heraus. Dabei geht es nicht nur um die Inhalte, sondern auch um Haltungen, Sprachgestus, -stil und Rollen im Gesprächsverlauf. Dazu einige Beispiele:

Wenn Studierende im Gespräch mit Lehrenden die Haltung einnehmen, aus deren Verhalten zu den verhandelten Sachverhalten *nur* eine Bewertung ihrer Person zu lesen, wird die Verständigung schwer. Denn da so die Person quasi im Argument steckt oder es geradezu *ist*, verschwindet die Sache, um derer Willen man zusammentrifft. Kurz: In der Darstellung der privaten Person und in Spekulationen über deren Beurteilung durch das Gegenüber den Sinn und Zweck von Gesprächen an der Universität zu vermuten, ist dort meist fehl am Platze.

An Sachfragen orientierte professionelle Kommunikation ist weiter nicht nur eine Sache der Absicht, sondern auch des sprachlichen Gestus. So ist es sicher nicht angemessen, unverständlich erscheinende Argumentionen des Gegenübers mit Kommentaren wie „Das ist ja Quatsch!" zu bewerten oder Wünsche und Bitten als erpresserische Forderung zu formulieren wie etwa: „Sie müssen mir aber den Schein geben, sonst gehe ich zugrunde!" Überhaupt ist jeglicher Jargon, wenn, dann eher mit Vorsicht zu gebrauchen. Zur wissenschaftlichen Ausbildung gehört wesentlich der differenzierte Umgang mit Sprache, wozu sich Alltags- und Szenen-Jargon selten eignen.

Und schließlich sollte man sich über die Rollen der an Gesprächen Beteiligten mindestens grob im klaren sein. Das heißt z.B., daß man sich fragt: Wer will hier was von wem? Wenn etwa Lehrende Studierende auffordern, ihre Seminararbeiten in einer bestimmten Weise zu verfassen, dann bedeutet das *nicht*, daß sie um einen persönlichen Gefallen bitten, den man ihnen erweisen kann oder nicht: Es geht um die Mitteilung allgemeingültiger Normen. Zwar ist auch für Lehrende die Lektüre sorgfältig erstellter Texte angenehmer als die anderer, aber es liegt sicher eine Verkehrung der Rollen vor, wenn Studierende ihr Bemühen um eigene Lernfortschritte als Gefälligkeit gegenüber den Lehrenden auffassen.

Heikel kann es auch sein, wenn Studierende Lehrenden Informationen aus der Gerüchteküche über deren Kolleginnen oder Kollegen weitergeben. Über das Verhältnis, das die einzelnen Lehrenden eines Kollegiums zueinander haben, wissen Studierende meist wenig, also auch nicht darüber, was ihre Äußerung bewirkt und welches Licht sie auf sie selbst werfen könnte. Manche Lehrende werden sich vielleicht überlegen, daß diese Studierenden gewiß ebenso über sie selbst mancherlei weitertragen, was die Gesprächsoffenheit zum Nachteil der Betreffenden beeinträchtigen kann. Achtsamkeit bezüglich möglicher Nebenfolgen sprachlichen Handelns ist also angebracht.

Für jede Kommunikation – auch die institutionelle – gibt es ja zwei Ebenen, auf denen sie interpretiert, ihr Bedeutung beigemessen werden kann: die *Inhalts-* und die *Beziehungsebene*. Das bedeutet: Bei einer aus der Sicht der Gesprächsbeteiligten gelungenen Verständigung gibt es keine Notwendigkeit, ihr Verhältnis zueinander – die Beziehung – und die Umgangsweise miteinander zu problematisieren. Sie können sich auf die Inhalte – Sachthemen – konzentrieren. Geregelte Kommunikation ist also besonders für Lernprozesse äußerst hilfreich, weil damit die Orientierung in einer Fülle von Reizen, Eindrücken und Informationen erleichtert wird. Aus demselben Grund wird auch allgemein die Kommunikation in der Universität durch dreierlei vereinfacht und gestützt: Erstens durch Konventionen, das heißt durch die von einer Mehrheit praktizierten Gewohnheiten in den Umgangsformen, zweitens durch geregelte Rollensysteme, die Aufgaben und

Verantwortlichkeiten der Einzelnen oder Gruppen bestimmen und abgrenzen, und drittens durch formale Regelungen für Gespräche. Das soll erläutert werden:

Grundsätzlich kann man sagen, daß an der Universität die überall in der Öffentlichkeit üblichen Höflichkeitskonventionen für den Umgang nicht privat miteinander vertrauter Erwachsener gelten. Die Hochschule hat Ausbildungs-, nicht Erziehungsaufgaben. Man setzt voraus, daß Studierende bereits mündige Erwachsene sind. Im Rollensystem der Universität haben sie damit die Rolle eines zwar angeleiteten, aber sich selbst organisierenden Lehrlings. Zugleich sind sie aber wie alle anderen Mitglieder der Institution zur Mitwirkung am Lehr- und Forschungsgeschehen bzw. der universitären Selbstverwaltung aufgefordert und berechtigt. Ob sie ihre Stimme erheben oder nicht, beeinflußt damit nicht unwesentlich die Bedingungen ihres Studiums.

Die universitäre Kommunikation ist je nach Bereich unterschiedlich stark reguliert bzw. formalisiert. Für Seminare und Sprechstunden werden z.B. in erster Linie nur die Zeit, der Ort und der thematische Rahmen, also ein Handlungsspielraum, festgelegt. Das weitere Geschehen, dessen Themen und Zeitmaße, können die Teilnehmenden miteinander absprechen. Freilich ist die verfügbare Zeit von seiten der Lehrenden immer auch abhängig von der Zahl der Studierenden, die sie zu betreuen haben, und vom Umfang ihrer Aufgaben in der Institution. Entsprechend ökonomisch wird häufig in der Kommunikation verfahren. Rüde und respektlose Umgangsformen muß man allerdings auch sehr beschäftigten Lehrenden nicht zubilligen.

In vielen Details formalisierte Gesprächssituationen sind z.B. Prüfungen. In Prüfungsordnungen werden die Vorbedingungen und der zeitlich-inhaltliche Rahmen solcher Ereignisse festgelegt. Fach- oder universitätsinterne Konventionen regeln, wie das Frage-Antwort-Ritual umzusetzen und zu protokollieren ist. Protokolle werden ebenso für die Gespräche in den Gremien der Selbstverwaltung angefertigt und als gemeinsame Beschreibung der Diskussionsergebnisse und Verabredungen verabschiedet. Die Grundordnung der Universität und Satzungen in den Fachbereichen regeln, welche Personen durch Wahlen, Vorschlag etc. dort mit welchen Rechten und Pflichten vertreten sind.

Wie aber an Universitäten feierliche Anlässe gestaltet werden, dafür gibt es sehr verschiedene Gebräuche. Ob man sich nun in Abendkleidung im Rahmen eines Kulturprogramms Festreden anhört und sich dann am Büffet verlustiert, oder ob Feiern eher improvisiert und schmucklos vor sich gehen: Diesbezügliche Konventionen der eigenen Universität lassen sich am besten erkunden, indem man an dieser Art Geselligkeit teilnimmt. Nicht zuletzt bieten dem Interessierten gerade solche Anlässe ein unerschöpfliches Feld an Möglichkeiten, mancherlei Feinheiten des akademischen Soziallebens kennenzulernen.

In allen Bereichen aber läßt sich sehen: Selbst formale oder konventionelle Regelsysteme garantieren nicht die gelungene Kommunikation im konkreten Fall. Viele Gepflogenheiten, die typisch sind für die akademische Welt, werden ohnehin gar nicht explizit formuliert. Man muß sie sich aneignen, indem man in diese Lebenswelt hineinwächst und Erfahrungen im Umgang damit sammelt. Das gilt in besonderem Maße vielleicht für die Anonymität an Massenuniversitäten und für ein Merkmal, das institutionelle Kommunikation grundsätzlich betrifft: ihre Doppeldeutigkeit. Man kann nämlich, solange man sich in Rollenbeziehungen miteinander verständigt, über den Charakter der 'rein-menschlichen' Beziehung fast immer nur mutmaßen.

Das ist in vieler Hinsicht gewiß ein Schutz. Er ermöglicht eine mehr oder weniger gleiche Behandlung und vor allem, daß man überhaupt miteinander in befriedigender Weise umgehen kann. Denn die vielen Menschen in einer Institution können unmöglich alle intensive Beziehungen zueinander aufbauen. Solche maßlosen emotionalen Verwicklungen – positiv wie negativ – würden den Betrieb sofort lähmen oder gar ganz blockieren. So bleiben eben auch Freundlichkeiten und Komplimente 'unklar'. Lehrende können nicht wissen, ob Studierende sich durch deren Äußerung Vorteile erhoffen, ebenso wie Studierende nicht unbedingt wissen, ob die Zusprache, die sie erfahren, eher didaktischer Natur ist oder 'von Herzen' kommt. Doch auch wenn man sich mit der Äußerung persönlicher Abneigung zurückhalten sollte: Mit Freundlichkeit und Anerkennung als Beitrag zu einem angenehmen Klima der Kommunikation muß niemand sparsam sein. Sie sind das Öl im Getriebe der Institution und für eine motivierte und 'reibungslose' Zusammenarbeit ihrer Mitglieder unverzichtbar.

2.2   Die Sprache der Wissenschaft

Die Sprache ist das wichtigste Handwerkszeug jeder Wissenschaft. Sie dient einmal – wie dargestellt – dazu, organisatorisch einen Arbeitszusammenhang in der Institution zu schaffen. Vor allem aber ist sie das Medium wissenschaftlicher Gedankenarbeit und das Medium der Vermittlung gewonnener Erkenntnis bzw. der Methoden der Erkenntnis in die Kommunikationsgemeinschaft mit anderen. Da die verschiedenen Fachgebiete unterschiedliche Bereiche der Wirklichkeit, in der wir leben, untersuchen und mit einer je anderen Perspektive den Blick auf diese richten, sind jeweils Sondersprachen entstanden. Diese Fachsprachen haben sich für die je speziellen Zwecke der Beobachtung, Analyse oder Darstellung als geeignet erwiesen. Als lebendige Sprachen sind sie in stetem Wandel begriffen und verändern sich im Gebrauch. In manchen Fächern erhalten neben der Wortsprache zusätzliche Zeichensysteme im Bereich der fachsprachlichen Kommunikation große Bedeutung: Man denke an die Zahlensysteme der Mathematiker, die Notenschrift der Musiker, die Statistiken der Soziologen, die Anzeigen der medizinischen Meßapparaturen und die Zeichnungen der Architekten. Fachsprachliche Kompetenz umfaßt dann die Beherrschung dieser Zeichensysteme ebenso wie die Fähigkeit, die dargestellte Bedeutung in Wortsprache zu übersetzen.

Damit in aller Welt Wissenschaftler Anteil nehmen und anknüpfen können an die Gedanken anderer, die sie vielleicht nie persönlich kennenlernen, hat sich eine einheitliche Gebrauchsweise der Sprachen durchgesetzt, die nicht nur die Schrift, sondern großteils auch den mündlichen Gebrauch betrifft. Die Verständigung über soziokulturelle, sprachliche und individuelle Barrieren soll ermöglicht werden durch die Beachtung bestimmter Prinzipien, die die Wissenschaftssprache charakterisieren:

Zum ersten klärt man – falls notwendig – die *Prämissen*, die erkenntnis- oder wissenschaftstheoretischen Voraussetzungen, die der eigenen Arbeit zugrundeliegen. Damit ist gemeint, daß man seinen Standpunkt zu der Frage formuliert, wie es überhaupt um die Fähigkeit des Menschen zur Welterkenntnis steht. In der Vereinfachung: Ein Positivist beispielsweise glaubt, daß Wissenschaftler das objektiv Wirkliche und Tatsächliche ('Positive') der Welt zu erkennen vermögen.

Ein Konstruktivist dagegen nimmt an, daß sie nur wissen können, welche Wirklichkeit der Welt sie sich konstruieren. Es liegt auf der Hand, daß solche Unterschiede für die wissenschaftliche Tätigkeit weitreichende Folgen haben können. Zugleich stellen aber Wissenschafts- und Erkenntnistheorie ein gemeinsames Fundament aller Fachwissenschaften dar und bilden so eine wichtige Brücke zur interdisziplinären Überschreitung fachlicher Horizonte.

Neben der Benennung dieser allgemeinen Prämissen ist es weiter üblich, den *eigenen Standort* in der Forschungsgemeinschaft des Faches zu bestimmen. Man sagt also, auf welche anderen wissenschaftlichen Untersuchungen bzw. wissenschaftlichen Schulen – Forschergruppen, die einen gemeinsamen methodischen Ansatz vertreten – man sich bezieht, ob man ihnen zustimmend nachfolgt oder aber davon abweicht. Diese Entscheidungen werden begründet und die Quellen benannt, auf die man Bezug nimmt. Während allerdings in der schriftlichen Kommunikation hier in manchen Fächern ausführliche Anmerkungsapparate benutzt werden, beschränkt man sich in der mündlichen – ob Vortrag oder Gespräch – auf die Nennung der notwendigsten Informationen, um seinen Zuhörern das Verfolgen der vorgetragenen Überlegungen nicht allzusehr zu erschweren.

Die Wissenschaftssprache soll weiter einen Erkenntnisvorgang transparent bzw. intersubjektiv nachvollziehbar machen. Das bedeutet unter anderem: Das benutzte Handwerkszeug für die Beobachtung eines Phänomens sowie der Prozeß der Beobachtung und Analyse werden dargestellt und erklärt. Was jedoch davon unumstritten zum selbstverständlichen sprachlichen oder methodischen Repertoire des Faches gehört, muß natürlich nicht ausgeführt werden. Alle *besonderen* Begriffsverwendungen aber sollten definiert, die Untersuchungsanordnungen beschrieben und die Darstellungsformen einsichtig gemacht werden. Das Gegenüber – ob Leser oder Hörer – soll imstande sein, die getroffenen Entscheidungen und die Gründe der jeweiligen Wahl so detailliert aufzufassen, daß sie nachvollzogen werden können: Wie und warum wird ein Phänomen in der geschehenen Weise benannt? Warum wird ein Aspekt gegenüber anderen als besonders wichtig erachtet? Oder: Warum schlägt jemand einen bestimmten methodischen Weg ein?

Damit die Leser und Hörer wissenschaftliche Überlegungen mitvollziehen können, ist es von größter Bedeutung, daß sie erfahren: Welche Kernfrage hat sich ein Sprecher gestellt und welche Teilfragen behandelt er bei der Untersuchung seines Themas? Welche Prämissen bestimmen die Richtung, die er methodisch einschlägt? Welche Beobachtungen macht er und welche Thesen leitet er daraus als Antwort auf seine Teilfragen und die zentrale Frage ab? Solche Ausführungen braucht ein Zuhörer, um sein eigenes Denken mit dem des Sprechers zu verknüpfen. Zustimmen wird er nur solchen Resultaten, die ihm evident erscheinen, wenn er also die Argumentation und deren Ableitung aus den Beobachtungen und Analysen des Gegenübers als plausibel und folgerichtig auffaßt.

Doch schon zu Beginn jedes Austausches steht die Frage der *Evidenz* im Raum. Wenn ein Wissenschaftler andere für das Thema seiner Forschung interessieren möchte, muß er einleuchtend sagen können, warum die von ihm behandelte Frage überhaupt von allgemeinem Interesse und von Interesse innerhalb seines Faches ist. Bloße persönliche Neugier, gewiß eine tragende Kraft für die Arbeit, kann hier als Argument nicht dienlich sein. Das bedeutet, wenn sich beispielsweise ein Soziologe fragt, wie sich Kinder und Erwachsene im Dorf Mittenmang zueinander verhalten, dann muß er Gründe nennen, welche allgemeine und fachliche Bedeutung seine Untersuchung haben könnte. Daß ihn persönlich etwa als Einwohner des Dorfes diese Frage interessiert, entscheidet über die wissenschaftliche Relevanz seiner Unternehmung nicht. Kurz: Es ist nicht jede beliebige Frage eine wissenschaftsfähige Frage, sondern nur jene, deren allgemeine Bedeutsamkeit andere anerkennen können.

Durch diese Begrenzung ihrer Gegenstände und Fragen auf solche, die *von intersubjektivem Interesse* sind, wird die Sprache der Wissenschaft wesentlich bestimmt. Wissenschaftler sprechen und schreiben so, daß persönliche Perspektiven auf den Gegenstand, Geschmacksurteile, Gefühlsregungen etc. eine möglichst geringe Spur hinterlassen. Es sei denn, diese Erfahrung könnte etwas zur Betrachtung der Sache beitragen. Man erwartet von Wissenschaftlern, daß sie fähig sind, in Distanz zu ihrem persönlichen Empfinden und Meinen zu treten, oder – wie man auch sagt – von sich selbst zu abstrahieren. Das bedeutet, daß auch Studierende gut daran tun, in ihrem Denken, Sprechen und Verhalten eine solche Unterscheidung einzuführen.

Ein solches Bemühen um Objektivität in der Sprache muß im Mündlichen natürlich nicht heißen, daß man temperamentlos wie ein Nachrichtensprecher spricht. Wissenschaftler – das läßt sich beobachten – äußern sich oft sehr engagiert zur Sache und zur Methode. Wenn sie aber stattdessen *allein* zur eigenen oder anderen Person sprechen, gilt dies im Fachgespräch in der Regel eher als unangemessen. Wie in der institutionellen Kommunikation wird die Verständigung durch das Ausklammern persönlichen Meinens, von Sympathie und Antipathie, möglichst versachlicht. Das bedeutet für den wissenschaftlichen Sprachstil unter anderem, daß man sich um eine klare, neutrale – eben nicht gefühlsbeladene, verschwommene oder vieldeutige – Ausdrucksweise bemüht und Umgangssprachliches ebenso wie nichtssagendes Beiwerk vermeidet. Daß ein großes Fremdwortarsenal für wissenschaftliche Qualität bürgt, trifft – auch wenn das viele meinen – nicht zu. Dem erforderlichen Maß an Gedankenschärfe, Konkretheit und Klarheit entspricht bemühte Unverständlichkeit gewiß nicht. Fachbegriffe allerdings haben in der Regel die Funktion eines in der Fachgemeinschaft benutzten, besonders genauen Meßinstruments. Nur mit Hilfe eines vereinheitlichten und zugleich fachspezifischen Sprachgebrauchs ist ja zu erreichen, daß möglichst viele Menschen ihre Gedanken miteinander fruchtbar austauschen können: Indem sie sich zuallererst als Fachleute zur Kenntnis nehmen, die ihre Kompetenzen miteinander verbinden, nicht als Privatpersonen.

Das fachliche Statement eines Lehrenden oder Studierenden läßt sich also nicht widerlegen mit der Bemerkung: „Sie sind ja häßlich!" Ebensowenig kann man einen wissenschaftlichen Gedanken oder eine Untersuchung entwerten mit der – sehr beliebten – Bemerkung: „Das ist ja abgehoben!" Denn in der Tat: Es geht in der Wissenschaft darum, 'abzuheben' von der Alltagsperspektive der Einzelperson. Es geht darum, die zu untersuchenden Gegenstände mit großer Genauigkeit zu analysieren, die Ergebnisse distanziert – z.B. ohne die Blendungen der Eitelkeit, ohne Rücksicht auf persönliches Wünschen und Wollen – zu prüfen und den Denkprozeß so sorgfältig darzustellen, daß die Ergebnisse nicht nur für engste Freunde nachvollziehbar sind, sondern für eine Allgemeinheit.

Wissenschaftliches Arbeiten erfordert damit ein hohes Bewußtsein von Sprache als Zeichensystem im weitesten Sinne und als Medium der Kommunikation. Es erfordert, daß man zu unterscheiden vermag zwischen dem, was für die eigene Person gedanklich und in der Verwendung von Sprache selbstverständlich ist, und dem, wie Sprache allgemein und fachbezogen von anderen benutzt und verstanden wird. Somit geht es vor allem um präzise und klare Benennungen, angemessene Abstraktion und um Argumentationen oder Folgerungen nach den allgemeinen Regeln der Logik. Hier konzentrieren wir uns darauf, was diese Grundansprüche der Wissenschaftssprache für die *mündliche* Kommunikation bedeuten.

Der wissenschaftliche Austausch findet statt in Situationen, in denen die Beteiligten unterschiedlich vorbereitet sind: Der Vortragssituation, der Situation des vorbereiteten Gesprächs und der Situation des spontanen Gesprächs. Für ein Referat hat man die Möglichkeit, den eigenen Sprachgebrauch vorher sorgfältig in aller Ruhe zu wählen und abzuwägen, und dies gilt in den Grundzügen auch für das vorbereitete Gespräch. Im spontanen Gespräch ist man am meisten darauf angewiesen, schnell zu Formulierungen zu finden, die den eigenen Gedanken entsprechen und dem Gegenüber verständlich sind. Insofern kommt hier besonders zum Tragen, ob man in der Lage ist, die Gesprächssituation so mitzubestimmen, daß man die nötige Zeit hat, sich zu konzentrieren, daß man mißverständlich Formuliertes richtigstellen kann und daß man sich darüber versichern kann, inwieweit den Beteiligten gegenseitig das Mitvollziehen der Gedanken gelungen ist.

Eine darauf bezogene rhetorische Beweglichkeit sichert den Rahmen zur wissenschaftlichen Verständigung. Damit die eigenen Beiträge auch inhaltlich zur Geltung kommen können, sollte man bei der Gestaltung seiner Redebeiträge neben den bisher genannten Aspekten besonders dreierlei beachten:

~ Der Unterschied *verständigungs-*, *sprach-* und *sachbezogener* Aussagen sollte deutlich erkennbar sein.

~ Die Formulierungen sollten ein Höchstmaß an *Präzision* und *Konkretheit* aufweisen.

~ *Verallgemeinerungen*, *Folgerungen* und *logische Verknüpfungen* der Aussagen sollten mit Sorgfalt verwendet werden.

Wie sind diese Ansprüche zu verstehen?

Das erste Prinzip dient vor allem dazu, das Gesprächsgeschehen für alle Beteiligten insofern transparent zu machen, daß sie stets aktuell wissen: Jetzt äußert sich jemand zur Organisation des Gesprächs oder zum Aufbau seines Beitrags, jetzt versichert man sich über den gemeinsamen Gebrauch von Sprache, oder jetzt bezieht man sich auf den Gesprächsgegenstand (Thema, Objekt). Unterscheiden zu können, ob Aussagen die Form der Gesprächsbeziehung, das Medium Sprache oder die verhandelte Sache betreffen, ist für Sprechende und Zuhörende von gleicher Bedeutung. Zur Erläuterung drei Beispiele:

„Lassen Sie mich das bitte zuende ausführen."

„Ich habe den Begriff bisher immer anders benutzt."

„Friedrich Schiller hat dieses Drama als junger Mann geschrieben."

Um im oben genannten Sinne Unterscheidungen vorzunehmen, fragt man sich also: Ist dies eine Aussage zur Form des Gesprächsablaufs? (Beispiel 1) Ist es eine Aussage, die das Medium der Sprache betrifft? (Beispiel 2) Oder ist es eine Aussage, die die Sache betrifft? (Beispiel 3)

Doch auch wenn das Prinzip zur Trennung der drei Gesprächsebenen sich damit leicht erklären läßt, seine praktische Umsetzung erfordert viel Beobachtung und Übung. Wenn man im Alltag darauf achtet, läßt sich bemerken, wie häufig Ebenenwechsel – manchmal in einem Satz – in den meisten Gesprächen vorgenommen werden, und, wie schnell diesbezüglich Verwirrung entsteht, so daß man fragen muß: „Worüber reden wir jetzt eigentlich?"

Zum zweiten Anspruch der Wissenschaftssprache, dem der Präzision und Konkretheit, hat der Philosoph Theodor W. Adorno den Satz geprägt: „Schlecht gesagt ist schlecht gedacht." Das meint: Ausgefeilte Formulierungen lassen darauf schließen, daß jemand aufmerksame und disziplinierte Denkarbeit geleistet hat. Natürlich fällt auch dem Unerfahrenen gelegentlich ein treffendes Wort zu, aber wer sein Handwerk beherrscht, weiß es auch systematisch zu suchen. Präzision und Konkretheit sind Merkmale, die sprachliche Ausdrucksqualität immer in zweierlei Richtung bestimmen: Einmal geht es darum, daß jemand die Worte findet, die der inhaltlichen Bedeutung seines Denkens am besten entsprechen, den Inhalt genau bezeichnen. Und zum zweiten sollen sie dem Gegenüber das bestmögliche Verständnis gewährleisten. Darum sagt z.B. ein Tiermediziner auf die Frage nach seinem Forschungsgebiet nicht: „Ich mache da *sowas* über die Sau im Kasten …", sondern er benennt sein Forschungsobjekt und -anliegen präzise und konkret als: „Ich arbeite im Bereich der Verhaltensforschung. Untersuchungsobjekt ist eine zweijährige Sau, die in einem 1 mal 1 Meter großen Kasten existieren muß." Unklarheit schaffende Abstraktionen muß man also ebenso vermeiden wie Leerformeln in der Art von 'sowas' und 'irgendwie'. Da es aber nicht nur darauf ankommt, den eigenen Gedanken gerecht zu werden, wählt man zudem Formulierungen, von denen man annimmt, daß sie der Gesprächspartner am ehesten übereinstimmend mit einem selbst verstehen kann. Wenn der herbeizitierte Tiermediziner zu einer Kollegin im Fach sagt: „Ich arbeite jetzt in Forschungsprojekt 7", wird sie mit großer Wahrscheinlichkeit wissen, mit welchem Themenbereich er befaßt ist. Trifft er dagegen auf einem Kongreß Kollegen von anderen Universitäten, dann kann er nicht erwarten, daß sie die Organisationsbezeichnung mit seinem Forschungsthema in Verbindung zu bringen wissen.

Der dritte wichtige Aspekt bei der Prüfung der Ausdrucksweise auf ihre wissenschaftliche Angemessenheit sind Verallgemeinerungen, Folgerungen und logische Verknüpfungen in den Aussagen. Diese bedeutungstragenden Strukturmomente des Textes sollen natürlich mit großer Genauigkeit die Umsetzung des eigenen Denkens stützen, aber die Aussagen müssen auch in Hinsicht auf ihre sprachliche Aussagequalität und den Wahrheitsgehalt geprüft werden. Die Wahrheit einer Aussage ist ja in den Wissenschaften keine Glaubensfrage, sondern soll intersubjektiv überprüfbar sein. Ein Beispiel:

Vier Historiker in Deutschland haben schlechte Kritiken zu einer Arbeit des Kollegen Hummel veröffentlicht. Nun beginnt auf einer Tagung ein fünfter seinen Vortrag mit einem Forschungsbericht – einem Überblick über den aktuellen Forschungsstand seines Spezialgebietes – und sagt: „Die Geschichtswissenschaft hält Hummels Buch für außerordentlich problematisch." Diese Verallgemeinerung ist, wenn er sich tatsächlich nur auf vier Wissenschaftler beziehen kann, unzulässig und die Aussage ohne Wahrheitsanspruch. Daß bloße Spekulationen als Tatsachen ausgegeben werden oder die Einschätzungen einzelner als Mehrheitsmeinungen dargestellt werden, geschieht zwar gar nicht selten, doch den Ansprüchen wissenschaftlicher Redlichkeit entspricht das nicht. Wissenschaftliche Redlichkeit bedeutet, nur *empirisch belegbare* bzw. *logisch folgerichtige* Aussagen als wissenschaftlich gefundene Wahrheit auszugeben. Und sie bedeutet, zu Sache und Methode zu argumentieren, was eine Reihe im Alltag gebräuchlicher, unsachlicher Argumentationshaltungen ausschließt. Einige Beispiele:

~ ARGUMENT ZUR PERSON

„Dieser Soziologe kann zur Ehe nichts Gescheites geschrieben haben, der ist ja selbst geschieden."

~ MEHRHEITSARGUMENT

Lehrender: „Wenn Sie über dieses Thema bei mir geprüft werden wollen, müssen Sie sich auch gelegentlich für das Seminar vorbereiten."

Student: „Aber niemand ist vorbereitet."

~ Zustimmung stimulierendes Argument

„Sie sind doch eine Kapazität auf diesem Gebiet, da müssen Sie doch einsehen, daß ich in dieser Sache Recht habe."

~ Mitleidsargumentation

Lehrender: „Es ist aber sehr ärgerlich, daß Sie nicht wie verabredet ein Thesenpapier erstellt haben."

Student: „Sie müssen verstehen, ich hatte Liebeskummer und habe nächtelang geweint."

Im weiteren stellen wir ein Grundrepertoire von Gestaltungsmöglichkeiten in bezug auf Definitionen, Verknüpfungen, Folgerungen und Verallgemeinerungen – des logischen Aufbaus von Aussagen – vor. Diese zu erkennen lehrt sowohl die Beobachtung als auch das Einüben eigener Formulierungen, das Sie schriftlich und/oder mündlich, allein und/oder mit anderen praktizieren können. Im Kapitel 3.4 (Verhandeln) sind weitere Ausführungen zum Aufbau wissenschaftlicher Argumentationen zu finden.

Definitionen

Definitionen müssen vor allem zwei Kriterien erfüllen. Das erste, das ihre Qualität betrifft, fordert *die Bestimmung des Notwendigen*. Und das zweite, das auf das zu Beschreibende zielt, fordert eine darauf bezogene *hinreichende* Bestimmung, Eingrenzung oder Charakterisierung. Wir greifen aus dem großen Feld an Möglichem einige Beispiele heraus, um den Umgang mit Definitionen deutlich zu machen.

Um Definitionen zu beurteilen oder selbst zu formulieren, fragt man sich zuallererst: Was ist zu definieren? (Ein Gegenstand? Eine Methode? Eine Funktionsweise? Eine Relation? Ein Begriff, den ich benutzen möchte?) Weiter kann man sich fragen: Was soll die Definition leisten? Soll sie eine *Wesensaussage* machen über einen Gegenstand der Untersuchung wie in dem Satz:

„Ein Student ist ein Mensch, der an der Universität wissenschaftliche Bildung erwirbt."

Oder soll die Definition *sprachbezogen* (nominal) sein wie folgt:

„Einen 'fleißigen Studenten' nennen wir jenen, der sich regelmäßig im Seminar sehen läßt."

Oder ist eine *lexikalische* Definition – den allgemeinen Sprachgebrauch betreffend – erforderlich?

> „Unter einer Bibliothek versteht man allgemein einen Raum oder ein Gebäude, in dem sich eine große Zahl Bücher befinden."

Oder geht es um ein *Bedeutungspostulat*, d.h. eine Bedeutungs-Neubestimmung oder -schöpfung, die zweckmäßig und erforderlich erscheint für einen bestimmten Rahmen?

> „Den Terminus 'Super-Studie' verwenden wir im folgenden als Sammelbegriff und Kurzform zur Bezeichnung besonders aktiver männlicher und weiblicher Studierender, die sich von der Gruppe der gewöhnlichen Studierenden markant abheben."

Diese letzte Definition leistet Verschiedenes zugleich: Sie benennt, was in einem *Sammelbegriff* enthalten ist (weibliche und männliche Studierende). Sie grenzt den *Rahmen* ein, in dem der Begriff verwendet wird (im folgenden). Sie nennt *gemeinsame Merkmale* der mit dem Begriff definierten Gegenstände (besonders aktiv). Und sie *klassifiziert*, indem sie zwei Gruppen (gewöhnliche und Super-Studies) unterscheidet. Die Formel legt es nicht deutlich fest, aber suggeriert (Super ist ein Auszeichnungsbegriff), daß bezüglich der beiden Gegenstands-Klassen (besonders und gewöhnlich aktiv) auch eine hierarchische Anordnung auf einer *Bewertungsskala* 'besser-schlechter' vorab festgelegt werden soll.

Eine weitere Möglichkeit der Definition betrifft die Funktionsweise von Gegenständen. Zum Beispiel:

> „Ein Fahrrad ist ein Verkehrsmittel, mit dem man sich zur Universität bewegen kann."

Diese Definition ist ersichtlich nicht sehr befriedigend. Zwar erfüllt sie annähernd das Kriterium Nr. 1 für Definitionen, die Bestimmung des *Notwendigen*: Ein Fahrrad hat die Funktion eines Verkehrsmittels. Daß man damit zur Universität gelangen kann, gehört jedoch nicht zum definitorisch Notwendigen. Und darüber hinaus genügt die Definition nicht dem Kriterium Nr. 2: Die Bestimmung muß auch bezüglich des zu Beschreibenden *hinreichend* sein. Busse, Bahnen, Mopeds und Tretroller sind beispielsweise durch diese Definition nicht ausgeschlossen.

Vielleicht versuchen Sie selbst, eine hinreichende Definition zu erstellen. Beachten Sie aber dabei, daß sich bei definitorischen Bemühungem gern der berüchtigte argumentative Teufelskreis (circulus vitiosus) ergibt, der weder notwendige noch hinreichende Bestimmungen enthält. Dann heißt es nämlich:

> „Unter einem Fahrrad versteht man ein Rad, das fährt."
> Oder: „Ein Rhetorik-Kurs ist ein Kurs über Rhetorik."

Logische Verknüpfungen

Logische Verknüpfungen innerhalb von einzelnen Aussagen und in längeren Redebeiträgen zu prüfen, heißt, sich um eine möglichst klare Darstellung der gemeinten *Sinnzusammenhänge* bemühen. Worauf man dabei achten sollte, wird hier am Beispiel einiger Formulierungen gezeigt:

☐ Die Reihung oder Addition von Aussagen im Sinne von UND ZUGLEICH:

> „Hans ist Student *und* Kellner."

Vorsicht ist geboten bei komplexeren Aussagen, z.B. wie:

> „Hans ist ein *tüchtiger* Student und Kellner."

Dieser Satz läßt offen, ob ausgesagt werden soll, daß Hans nur ein tüchtiger Student, oder auch *zugleich* ein tüchtiger Kellner ist.

☐ Die kausale Verknüpfung von Aussagen mit DENN oder WEIL:

> „Ich nehme an, er ist Student, *weil* ich ihn in der Nähe der Universität gesehen habe."

Hier wird eine *Annahme* begründet. Es stünde allenfalls zur Debatte, ob die Beschreibung des Sprechers über sein Denken der Wahrheit entspricht, aber nicht, ob die angesprochene Sachlage wahr oder falsch ist. Behauptungen über *Sachverhalte* müssen jedoch mit wahrheitsfähigen Beweisen begründet werden. Im folgenden Beispielsatz ist der Beleg für die Behauptung des ersten Teilsatzes nicht ausreichend:

> „Er ist Student, denn ich habe ihn in der Nähe der Universität gesehen."

Vielleicht versuchen Sie, dieses Beispiel zu korrigieren und/oder auch andere zu erfinden.

☐ Sich gegenseitig ausschließende oder einschließende *alternative Aussagen* im Sinne von ENTWEDER-ODER und UND/ODER:

Entweder-Oder-Formulierungen werden häufig sehr leichtfertig benutzt, darum sollte man darauf achten, ob für die alternativ genannten Aussagen grundsätzlich gilt: Wenn A zutrifft, kann B nicht der Fall sein. Oder ob eventuell die Fälle A und B auch zusammen auftreten können. Sich klar ausschließende Behauptungen verknüpft der Satz:

> „Ein Kind ist entweder ein Mädchen oder ein Junge."

Auch das folgende Beispiel formuliert Ausschließlichkeiten:

> „Um als Studierender ein exzellentes Examen zu machen, muß man entweder fleißig sein oder einen guten Tag haben."

Der Sprecher teilt mit, daß es, um zu einem exzellenten Examen zu kommen, in jedem Fall genügt, wenn von den zwei genannten Bedingungen – Fleiß und 'einen guten Tag haben' – eine erfüllt ist. Wird das Verhältnis der zwei Aussagen mit *und/oder* benannt, dann sind auch andere Bedeutungen – z.B. Fleiß und gute Verfassung müssen oft zusammenkommen – eingeschlossen:

> „Um als Studierender ein exzellentes Examen zu machen, muß man fleißig sein und/oder einen guten Tag haben."

Auch der nächste Beispielsatz macht in dieser Weise eine Aussage über ein Feld von Möglichkeiten:

> „Wenn ein Student ein Buch liest, dann tut er das, weil er es will und/oder weil er es muß."

Für die Lektüre von Studenten werden drei Erklärungsmöglichkeiten angeboten, die – je nach Fall – wahr sein können: Manche tun es, weil sie müssen, manche, weil sie wollen, und manche, weil sie wollen, was sie müssen.

☐ In Aussagen eingeschlossene Bezüge auf Handlungssituationen, Implikationen (Mitgemeintes) oder Aussagen zu *Konditionen* (Bedingungszusammenhängen) z.B. im Sinne von IMMER WENN, DANN AUCH:

Die Bezugnahmen und Implikationen von Aussagen werden häufig nicht ausgeführt. Sie betreffen z.B. aus einem Handlungsrahmen heraus Mitzuverstehendes oder auch vorausgesetzte und zusätzliche Aussagen und Annahmen, die quasi stillschweigend mit einem Aussagesatz einhergehen. Sagt beispielsweise im Seminarpublikum eine Person zur anderen: „Mok de Dörn tau!", dann sind mindestens drei Situationsbedingungen wahrscheinlich: a) Die angesprochene Person versteht das norddeutsche Platt („Mach' die Türe zu!"). b) Die Personen stehen in einem vertrauten Verhältnis zueinander. (In Norddeutschland verwendet man für die innerinstitutionelle Kommunikation nicht den Dialekt, sondern die Hochsprache, folglich ist eine Privatbekanntschaft vorauszusetzen.) c) Die Türe zum Seminarraum steht auf.

Zur Übung können Sie sich fragen, welche Situationsbedingungen möglicherweise vorliegen, wenn eine Person den Seminarraum betritt und sagt: „Ich suche Herrn Prof. Gugelhupf …" oder wenn eine andere Person den Raum betritt, zur ersten Reihe der Sitzenden geht und ausruft: „Ja, was machen Sie denn hier?"

Von anderer Bedeutung – d.h. vor allem inhaltlicher Art – sind die Implikationen folgender Aussagen:

„Niemand darf *mit Gewalt* am Betreten des Seminarraums gehindert werden." (… aber mit anderen Mitteln …)

„Ich möchte hier die *eigentlichen* Ursachen der Hochschulmisere einmal deutlich ansprechen." (… die wirklichen und nicht die 'uneigentlichen', d.h. von anderen Personen genannten / vorgeschobenen / scheinbaren …)

„Er hat seine Thesen *auf der Basis statistischer Erhebungen und systematischer Analyse* entwickelt." (… und nicht aus der Luft gegriffen …)

Bei *ausgeführten* Aussageverknüpfungen (Aussagen zu Konditionen) wiederum geht man in der Umgangssprache im allgemeinen davon aus, daß der Kernsatz wahr sein muß, damit der Folgesatz gültig sein kann:

„Wenn der Assistent heute im Büro war, dann ist er nicht mehr krankgeschrieben." (Der Assistent war krank. / Heute war er im Büro. / Wer am Arbeitsplatz erscheint, ist gesund.)

Das nächste Beispiel zeigt jedoch, daß gelegentlich, auch wenn der Kernsatz nicht wahr ist (Wer hat schon zehn Doktortitel?), trotzdem der Folgesatz wahr sein kann:

„Und wenn Sie auch zehn Doktortitel haben, Sie dürfen mich nicht beleidigen!"

☐ *Widersprechen* im Sinne von DAS GEGENTEIL IST DER FALL:

Besonders häufig unklar verwendet werden Verneinungen bzw. Widersprüche. Gerade der Begriff 'Gegenteil' stiftet manche Verwirrung. Er sollte in wissenschaftlichen Argumentationen immer mit Vorsicht verwendet werden und es gilt zu überdenken, welche der sehr unterschiedlichen Möglichkeiten, einer These zu widersprechen, man für die jeweiligen Zwecke braucht:

THESE:

„Dieses Buch ist das beste Lehrbuch der Welt."

WIDERSPRUCH:

„Dieses Buch ist *nicht* das beste Lehrbuch der Welt."

(Einfache Verneinung: Die Aussage ist nicht wahr.)

„Dieses Buch *ist* überhaupt kein *Lehrbuch*."

„Dieses Buch ist das *schlechteste* Lehrbuch der Welt."

(Widerspruch zu qualifizierenden Aspekten der Aussage: Teile der Aussage sind nicht wahr)

„Dieses Buch ist ein gutes Lehrbuch nur für diejenigen, die des Deutschen mächtig sind und es zudem zu nutzen wissen. Für andere Personen ist es nicht von Wert."

(Dialektisches oder differenzierendes Widersprechen: Behauptung, daß der Satz wahr und falsch zugleich ist.)

Beachten sollte man bei allen Formulierungen, daß man nicht selbst Behauptungen aufstellt, die zueinander in einem *logischen Widerspruch* stehen. Aristoteles hat für solche Prüfungen der eigenen Aussagen die hilfreiche Regel geprägt: Es kann nicht geschehen, daß zur selben Zeit am selben Ort in derselben Hinsicht etwas der Fall ist und nicht der Fall ist.

Besonders in mündlichen längeren Redebeiträgen oder Gesprächen geschieht es häufig, daß jemand Aussagen macht, die zu dem von ihm vorher Gesagten im Widerspruch stehen. Dann fragt das irritierte Gegenüber z.B.:

„Vorhin haben Sie gesagt, diese Stadt sei gegenwärtig eine industrielle Krisenregion, und jetzt behaupten Sie, die hier angesiedelten Unternehmen stünden aktuell sehr gut da auf dem internationalen Markt, bitte, was stimmt denn nun wirklich?"

Es ist also ratsam, den Zusammenhang der eigenen Argumentation und seine logische Schlüssigkeit in der Gesprächsentwicklung im Auge zu behalten, wenn man das Gegenüber nicht verwirren und glaubwürdig sein will. Das bedeutet keineswegs, daß man Aussagen, die man gemacht hat, nicht widerrufen oder relativieren kann. Wenn man unterwegs im Gespräch zu besseren – differenzierteren, punktuell abweichenden oder grundlegend gegenteiligen – Einsichten kommt, ist das ja ein Zeichen, daß der Gedankenaustausch zur Klärung einer Frage förderlich beigetragen hat. Man muß es also weder bedauern noch sich gar deswegen genieren. Wenn man allerdings *nicht* erkennt, daß man sehr widersprüchliche Aussagen gemacht hat und auch nichts damit anzufangen weiß, wenn das Gegenüber daran erinnert, dann kann man diesem schnell das Interesse am Gespräch verleiden. Wenn einer oder gar beide Gesprächsbeteiligte 'mal so, mal so' reden, kann kein roter Faden im Sinne eines argumentativen Zusammenhangs im Gespräch zustandekommen.

Logisch widersprüchliche Formulierungen entstehen meist versehentlich. So z.B., wenn der Sprecher einer politischen Gruppe der Studentenschaft im Mensavorraum über ein Mikrophon verlautbart:

„In Hörsaal B findet heute um 14.00 Uhr ein Vortrag von Prof. Mehrmann statt, der die Position vertritt, daß … (der Gruppe mißliebige Auffassungen). Diese Veranstaltung wird nicht stattfinden! Kommt alle!"

Ein wenig sprachliche Achtsamkeit hätte die – freilich amüsante – Paradoxie der Aussage und des abschließenden Appells vermeiden helfen können. Man will ja sagen, ein Vortrag sei *angekündigt*, er *solle* aber nach dem Willen der Gruppe nicht stattfinden und man *beabsichtige*, das zu *verhindern*, wobei zur Umsetzung dieser Absicht – so der Appell – die Unterstützung zahlreicher Studierender erwünscht sei.

Anders als im geschilderten Fall verhält es sich, wenn jemand beispielsweise einen Vortrag über „Die Universität der Gegenwart" mit dem Satz beginnt:

„An deutschen Universitäten wird nachgedacht und nicht nachgedacht."

Beide darin enthaltenen, sehr unspezifischen und generalisierenden Aussagen können als wahr gelten. Mit der Verknüpfung der Aussagen entsteht darüber hinaus eine dritte, die eine Differenzierung vornimmt, unabhängig davon, ob – das läßt sich im weiteren Verlauf des Vortrages erkennen – der Gebrauch des Satzes eher polemisch oder einfach statuierend ist (In der Bedeutung: Leider gibt es nicht nur Geistesarbeiter, sondern auch denkfaule Gesellen an deutschen Universitäten. Oder: Die Tätigkeiten, denen Menschen an der Universität nachgehen, bestehen nicht nur in Denkarbeit.) Der Beispielsatz ist also nur scheinbar paradox. Mit einer kleinen Veränderung freilich würde er banal:

„An deutschen Universitäten wird entweder nachgedacht oder nicht nachgedacht."

Eine solche Aussage ist so allgemein, daß sie nie unwahr sein kann. Aber eben darum ist sie auch substanzlos. Wie manche Redensarten:

„Zeigt eine Wolke am Himmel sich,/ regnet's in Bälde – oder auch nicht."

Die schon angesprochene Unklarheit nicht von Einzelaussagen, sondern im *Verlauf* von Gesprächen entsteht häufig dadurch, daß einer oder mehrere Teilnehmer nicht darauf achten, 'wohin es geht'. Den roten Faden eines Gesprächs – die Stringenz des Argumentationsganges – im Auge zu behalten, erfordert viel Konzentration. In fast allen Gesprächen weicht man mehrfach vom Hauptweg ab, z.B. um Definitionen vorzunehmen oder einen Exkurs über eine ungeklärte Detailfrage einzufügen. Damit man anschließend zurückfinden kann und insgesamt der Zusammenhang der Gesprächsabschnitte – die Kohärenz – bewahrt bleibt, ist strenge Verlaufsbeobachtung nötig.

Themenwechsel ohne aus dem Gesprächsverlauf ersichtliche Gründe nennt man assoziative Sprünge. Jemand reagiert auf ein Stichwort, das gefallen ist, indem er ein ganz neues Thema anspricht. Viele Alltagsgespräche werden durch solche, von der individuellen Gedankenwelt der Beteiligten bestimmte Assoziationsketten zusammengehalten. Im wissenschaftlichen Problemlösungsgespräch sollte man jedoch ein Thema methodisch behandeln, wenn man es nicht nur umkreisen will, ohne zu Ergebnisformulierungen zu kommen. *Bevor* man allerdings mit der *strengen* systematischen Bearbeitung interessierender Fragen beginnt, kann ein gesprächsweises 'Brainstorming' – das *lockere* assoziative Sammeln von Ideen, Einfällen, Stichworten, Beispielen – ausgesprochen hilfreich und nützlich sein. Hier kann man ungehemmt spontan und ohne Sorge um Wissenschaftlichkeit aussprechen, was einem in den Kopf kommt, darüber staunen, wieviel Anknüpfungspunkte und Facetten ein Thema bietet, und den Gedanken ein freies Spiel lassen.

Schlußfolgerungen und Verallgemeinerungen

Schlußfolgerungen und Verallgemeinerungen begleiten alle Stufen eines wissenschaftlichen Denkprozesses. Der sorgfältige Umgang mit ihnen trägt wesentlich dazu bei, zu welchen Resultaten man kommt und ob man sie einleuchtend und mit angemessener Genauigkeit vermitteln kann. In den vorläufigen oder abschließenden Resümees eines wissenschaftlichen Gesprächs treten naturgemäß zusammenfassende Reihungen, aber besonders auch Aussagenverknüpfungen kausaler (weil ... darum) und/oder konditionaler Art (wenn ... dann) in den Vordergrund.

Schlußfolgerungen und Verallgemeinerungen müssen wie Definitionen alle wichtigen Bestimmungen und Unterscheidungen *unmißverständlich* und *hinreichend* benennen. Häufig bilden sie den Abschluß einer Aussagenreihe und sind insofern prüfbar, indem man diese Reihen aufstellt und untersucht:

„Fritz und Bettina wohnen im Studentenheim.

Fritz ist Student.

Bettina ist Studentin.

Folglich: Im Studentenheim wohnen Studierende.“

Während das obige Beispiel mit einer *verallgemeinernden* Folgerung schließt, beginnt das nächste mit einer solchen und folgert *zu einem Einzelfall* (spezifizierend):

„Im Studentenheim wohnen nur Studierende.

Fritz wohnt im Studentenheim.

Folglich: Fritz ist ein Student.“

Das nächste Beispiel erfüllt schon in der ersten Aussage nicht die Bedingung hinreichender Bestimmung. Die Schlußfolgerung ist damit nicht abgesichert und es ist reiner Zufall, wenn sie sich nicht als Trugschluß erweist:

„Akademiker sind unpünktliche Menschen.

Fritz ist zu spät gekommern.

Bettina ist zu spät gekommen.

Folglich: Fritz und Bettina sind Akademiker.“

Manche Formen der Schlußfolgerung – z.B. *Umkehrschlüsse* – sollte man mit besonderer Vorsicht behandeln:

„Wenn Frauen besser Auto fahren als Männer, dann fahren Männer schlechter als Frauen."

Aber: "Wenn fleißige Wissenschaftler Ruhm ernten, dann sind die Unbekannteren faul."

Wenn es wie im zweiten Beispielsatz der umkehrenden Folgerung an Plausibilität mangelt, kann es sich anbieten, die Richtung der Aussagenverknüpfung festzulegen:

„Fleiß bringt Erfolg, aber nicht umgekehrt."

Eine besonders schwierige Angelegenheit sind *Kettenschlüsse*, die eine komplexe Verknüpfung von Aspekten in Aussagenreihen vornehmen:

„Wenn Frauen weniger Unfälle haben als Männer, und wenn die Versicherungen für unfallfreies Fahren Beitragserlaß gewähren, dann finanzieren sich die Versicherungen mehr durch die Beiträge der Männer als durch die der Frauen."

Aber: „Wenn gute Wissenschaftler rhetorisch qualifiziert sind, und wenn rhetorische Qualifikation Erfolg garantiert, und wenn Erfolg zu Reichtum führt, dann sind gute Wissenschaftler reich."

Verallgemeinerungen bzw. *Generalisierungen* sollen einen klaren Überblick – nicht Unklarheit – schaffen:

„Mit Hilfe der Methode XY können wir die Ursachen der Vergeßlichkeit von Menschen feststellen."

Dieser Beispielsatz läßt uns im Unklaren, was nun genau behauptet wurde: Können wir mittels der Methode *einige* Ursachen der Vergeßlichkeit *einiger* Menschen feststellen? Oder *alle* Ursachen der Vergeßlichkeit *einiger* Menschen? Oder *einige* Ursachen der Vergeßlichkeit *aller* Menschen? Oder *alle* Ursachen der Vergeßlichkeit *aller* Menschen?

Sehr sorgsam sollte man auch darauf achten, ob (und eventuell unter welchen Bedingungen, in welchem Maße, in welcher Weise etc.) der Rückschluß von Generalisierungen auf Einzelfälle oder von Einzelfällen auf Allgemeines möglich ist oder nicht:

„Wenn Frauen besser kochen als Männer, dann kocht Herr Müller schlechter als Frau Schmidt?"

Schlußfolgerungen, die logisch naheliegend oder gar 'zwingend' erscheinen, sagen deshalb nicht unbedingt Richtiges aus:

> „Die meisten Studierenden sind schüchtern.
>
> Viele Studierende scheuen sich, Referate zu halten.
>
> Also: Schüchterne Menschen scheuen sich, Referate zu halten."

Was dieses Beispiel als generalisierende Schlußfolgerung vorstellt, ist im Grunde nur eine von drei beliebig verschiedenen Aussagen: Zuverlässige Schlußfolgerungen müssen Verknüpfungen von Aussagen und Aussage-Aspekten herstellen, die *wahrheitsrelevant* sind. Diese inhaltliche Entscheidung im wissenschaftlichen Gedankenaustausch vorzunehmen, kann das Ordnungsverfahren der Logik erleichtern, aber nie ersetzen. Wenn Sie sich aber darin üben wollen, können Sie die fehlerhaften Beispiele korrigieren und die gelungenen als Muster nutzen, um andere zu erfinden.

In diesem Zusammenhang ist es allerdings naheliegend, auch in fachwissenschaftlichen Texten, mit denen Sie umgehen, Definitionen, Aussageverknüpfungen, Verallgemeinerungen und Folgerungen aufzusuchen. Sie können sich so ein Bild machen, welche besonderen Konventionen des Formulierens in Ihrem Fachgebiet gebräuchlich sind, und eine Ausdrucksweise entwickeln, die dem fachlichen Sprachraum, Ihren speziellen Arbeitsgebieten und auch Ihrer Person entspricht. Denn freilich geht es bei der Aneignung von Fachsprache nicht um das hölzerne Nachahmen von Formeln anderer, sondern um selbständige Gedankenarbeit einer Person, die innerhalb des gegebenen Handlungsspielraums der Ausdruckskonventionen individuelle Gestalt findet.

Daß der Gebrauch des fachsprachlichen Handwerkszeugs prinzipiell nicht 'authentisch' wirken könne, sondern nur quasi aufgesetzt auf eine vermeintlich natürliche Person, ist dabei ein verbreiteter Vorbehalt unter Studierenden. Gewöhnlich steht es außer Frage, daß z.B. Automechaniker eine Fachsprache benötigen, um wirkungsvoll arbeiten und kooperieren zu können. Warum sollte dann für den Zweck wissenschaftlicher Arbeit die Alltagssprache genügen? Wenn man aber Automechanikern, Gärtnern, Klempnern und Elektrikern, die sich fachsprachlich ausdrücken, *nicht* unterstellt, sie würden sich 'unnatürlich' verhalten, warum dann pauschal Menschen, die sich in wissenschaftlichen Fachsprachen verständigen wollen? Natürlich benötigen auch Studierende eine Weile der

Übung, bis sie sich an den Gebrauch der Wissenschaftssprache gewöhnt haben, ebenso wie Lehrlingen der Gebrauch der im Beruf verwendeten Werkzeuge nicht von einem Tag zum anderen flüssig von der Hand geht. Dann aber kann er ganz selbstverständlich werden.

Die Fachsprache ist jedoch eine zusätzliche und eine gruppenbezogene Sondersprache, was heißt, daß ihr Gebrauch keineswegs allerorten und jederzeit angemessen ist. Wer sich anders gar nicht mehr auszudrücken vermag, erweckt vielleicht zu Recht den Eindruck, er habe sich zum 'Fachidioten' gemausert und seinen Horizont eingeschränkt, statt ihn zu erweitern. Befremdlich kann der Gebrauch des Fachjargons auch wirken, wenn die Sprecher nicht in der Lage sind, ihre Aussagen mindestens insoweit fachfremden Personen zu 'übersetzen', daß diese sich ein ungefähres Bild von deren Bedeutung machen können. Vor allem wenn Wissenschaften mit ihren Forschungsergebnissen bestimmte Anwendergruppen ansprechen wollen – die Pädagogen etwa Eltern, Lehrkräfte oder Sozialarbeiter – ist es notwendig, daß sie diesen ihre Erklärungen der Wirklichkeit verständlich machen können. Andernfalls kann ihr Nachdenken niemandem von Nutzen sein und der eigentliche Sinn und Zweck der wissenschaftlichen Bemühungen wäre verfehlt.

Nun die Vielzahl der für die Leserinnen und Leser bedeutsamen Fachsprachen einzeln zu beschreiben, ist hier nicht möglich. Auf jeden Fall wäre es ratsam, sich zur Orientierung ein Lexikon der fachsprachlichen Begriffe zuzulegen. Allerdings ist es mit bloßem Vokabeln-Lernen nicht getan. Sprache existiert nicht ohne sozialen Zusammenhang. Darum gelingt auch die Aneignung von Fachsprachen am ehesten, wenn man sie am Ort ihrer Verwendung aufsucht. Erst dann läßt sich wirklich erkennen und erproben, welches Werkzeug wo und wie sinnvolle Anwendung finden kann oder auch nicht.

➢   *ÜBUNG*

   DAS FACHGEBIET

Um sich vom Verwendungszusammenhang der Fachsprache Ihrer Disziplin oder auch einzelner Forschungsbereiche darin ein Bild zu machen, können Sie sich an den folgenden Fragen orientieren:

~   Welchen Weltausschnitt befragt die Fachdisziplin?

~   Was interessiert und was interessiert nicht?

~ Welche Perspektive richtet sie auf diesen Weltausschnitt?

~ Was sind ihre zentralen Fragen?

~ Was soll erklärt werden?

~ Gehört das Fach zum Bereich der Natur-, Geistes-, Sozial-, Technik-, Wirtschafts-, Rechts- oder Gesundheitswissenschaften?

~ Was ist charakteristisch für dieses Feld der Wissenschaft?

~ Was unterscheidet das Fach von den Nachbarfächern in diesem Feld und was verbindet die Nachbarn?

~ Gibt es fachsprachliche Gemeinsamkeiten mit den Nachbarn oder unterschiedliche Verwendungen ähnlicher Elemente?

~ Was sind die wichtigsten Fachkomponenten oder -abteilungen?

~ Was sind die wichtigsten Forschungsgebiete? (Allgemein? An meiner Universität)

~ Welche Methoden werden (wo? wann?) angewendet?

~ Welche Erklärungsmuster oder -modelle sind am geläufigsten?

~ Welche theoretischen bzw. methodischen Ansätze vertreten die mir bekannten Lehrenden?

~ Wo finden die Forschungsergebnisse des Faches ihre Anwendung?

~ Mit welchen gesellschaftlichen Bereichen ist das Fach besonders verknüpft?

~ Welche Zeichensysteme nicht-sprachlicher Art werden benutzt und in Bezug auf welche Anliegen? ◄

Wissenschaftler, die lange in Forschungsprojekten zusammenarbeiten, entwickeln oft eine gemeinsame – kommunikativ 'ökonomische' – Sprache, die für Außenstehende nicht unmittelbar zugängig ist, weil sie für sie zu viele Leerstellen enthält: Einmal gefundene Selbstverständlichkeiten werden nämlich im mündlichen Umgang häufig gar nicht mehr ausgesprochen oder nur stichwortartig angetippt. Wer sich aber diese Selbstverständlichkeiten erfragt hat, kann mitreden. Und so gilt überhaupt für die Spielregeln mündlicher Konventionen kleiner und größerer wissenschaftlicher Organisationseinheiten – seien es nun Seminare oder Kongresse – daß man sie am besten kennenlernt, wenn man sich in ein Feld hineinbegibt und mittut.

Ein gesprächsweises Nachdenken über Wissenschaftssprache kann ganz besonders spannend sein, wenn sich Personen aus sehr unterschiedlichen

Wissenschaftskulturen daran beteiligen, etwa wenn Chemiker mit Literaturwis-
senschaftlern sprechen, Betriebswirte mit Pädagogen, Juristen mit Elektroinge-
nieuren etc. Gerade im Gespräch zwischen den Disziplinen bewährt es sich, wenn
man sich des sprachlichen Handwerkszeugs im Fach bewußt ist. Denn auch wenn
man zuerst den Eindruck haben mag, die Sprachsysteme der beteiligten Fachleute
seien – wie manche Computersysteme – nicht kompatibel: Die *lebendige* Sprache
ermöglicht bei bewußter Verwendung immer, Brücken zu schlagen und eine gemeinsame Sprachwelt aufzubauen, aus der heraus sich dann ein gemeinsamer
Blick auf die Welt richten läßt.

2.3   Grundsituationen des Studiums

Zu den Grundsituationen des Studiums gehören wesentlich die Vorlesung, das
Seminar, die Sprechstunde der Lehrenden, Telefonate mit ihnen, mündliche Prüfungen und die Gremien der universitären Selbstverwaltung. Im Unterschied z.B.
zu Cafeteria-Gesprächen oder Begegnungen in der Bibliothek sind diese typisch
universitären Gesprächssituationen zwischen Lehrenden und Studierenden offi-
zieller Natur und weisen ein entsprechend spezifisches Profil auf. Zwei Gründe
sprechen dafür, sie einmal genauer unter die Lupe zu nehmen: Einmal, daß rhetorisch sicheres und angemessenes Verhalten in diesen Situationen Einsicht in und
Verständnis für ihre Struktur voraussetzt. Die Sondierung des Terrains stellt also
eine erste Orientierungshilfe dar. Und zum zweiten, daß mit diesen Gesprächssituationen bestimmte Erwartungen an das Verhalten der Teilnehmenden verbunden sind. Diese zu kennen ist eine wichtige Voraussetzung, um sich aktiv an der
kommunikativen Gestaltung der Situation beteiligen zu können. Fangen wir mit
der Vorlesung an.

Die Vorlesung

Die Vorlesung ist, wie der Name sagt, eine Veranstaltung, in der sich ein Vortragender einem Hörerforum gegenüber zu einem bestimmten Thema äußert, kurz:
Einer redet, die anderen hören zu. Die Hauptaufgabe der Studierenden besteht
damit im konzentrierten Zuhören, wobei man gedankliche Abschweifungen und

Tagträumereien zu meiden sucht. Da es ja in der Vorlesung um eine Zeitspanne von einer bis anderthalb Stunden und zudem um komplexe, häufig unbekannte Fragestellungen geht, kann das mitunter schwierig sein. Oft werden Vorlesungen insofern in Verbindung mit einem Colloquium angeboten, das den Teilnehmern anschließend die Möglichkeit gibt, sich mit dem behandelten Stoff gesprächsweise auseinanderzusetzen. Fehlt ein Colloquiumsangebot, so behilft man sich gewöhnlich mit einer an den Vortrag anschließenden Diskussion.

Die Vorlesung ist die historisch älteste universitäre Veranstaltungsform. Sie stammt aus einer Zeit, in der Buchproduktion und -kauf immens aufwendig und teuer waren. Wie also sollte man wissenschaftliches Fachwissen an eine Vielzahl von Studenten vermitteln? Sehr einfach: Der akademische Lehrer las den Inhalt eines Buches seinen Hörern Satz für Satz vor und kommentierte das Gelesene. Die Studenten hörten aufmerksam zu und schrieben mit. Heute, im Zeitalter der Fotokopierapparate und einer schier unermeßlichen Buchproduktion, hat die Vorlesung einen anderen Charakter und damit neue Bedeutung gewonnen. Beispielsweise tragen die Lehrenden der Universität dort ihre aktuellsten Forschungsergebnisse dem Forum der Studierenden mündlich vor. Somit sind Vorlesungen eine gute Gelegenheit zu erfahren, welche Forschungsinteressen die Lehrenden jeweils verfolgen, und was der gegenwärtige Stand der Forschung zu einem bestimmten Thema ist.

Die Form der Überblicksvorlesungen oder Ringvorlesungen dient dazu, in einem oder auch mehreren Semestern ein Themengebiet vertiefend darzustellen. Eine solche, manchmal sehr umfassende Präsentation von Standpunkten, Problemen und Resultaten der wissenschaftlichen Forschung soll den Zuhörern den Zugang zu einem größeren Feld der fachwissenschaftlichen oder interdisziplinären Debatte ermöglichen, in dem Einzeluntersuchungen oder methodische Perspektiven vielerlei Art zusammentreten und aufeinander bezogen sind. Wenn zudem in solchen Vorlesungsreihen verschiedene Lehrende aus unterschiedlichen fachlichen und/oder methodischen Zusammenhängen heraus vortragen, erfordert das von den Zuhörern einige geistige Beweglichkeit. Denn unter Umständen wird es notwendig sein, sich in verschiedene Sprachgewohnheiten, Gedankensysteme und Perspektiven hineinzufinden. Gerade dann erfordert das Zuhören ein hohes Maß an Konzentration. Aber ohnehin, Aufmerksamkeit will geübt sein.

Manche Zuhörer erreichen die notwendig achtsame Haltung am besten durch Mitschriften des Gehörten, andere fühlen sich gerade dadurch eher behindert. Die ersteren können den verschlungenen Argumentationspfaden des Redners am besten folgen, indem sie sich auf die Verschriftlichung des Gehörten konzentrieren. Für die anderen kann es sich aber gleichfalls empfehlen, mindestens im nachhinein die wichtigsten Gedanken zum Vortrag zu notieren. Mit solchen Skripten – das ist ihr Gebrauchswert – hat man aktuellstes und bearbeitetes Material aus diesem speziellen Themengebiet zum Nachschlagen oder für spätere Diskussionen parat.

Bei Mitschriften ist freilich Vorsicht geboten: Denn sieht man sich die notierten Stichworte, die Seiten voll von Begriffen, von besonders akzentuierten halben Sätzen und nahezu unentzifferbaren Kürzeln nach geraumer Zeit wieder an, wird man oft nicht mehr ganz klug daraus. Manchmal ist der Sinnzusammenhang aus dem Mitgeschriebenen kaum mehr rekonstruierbar. Daher kann es sich empfehlen, Vorlesungen nachzuarbeiten. Das heißt, man setzt sich recht bald – möglichst noch am gleichen Tag – nach der Veranstaltung hin und strukturiert das Protokollierte im nachhinein durch. Beispielsweise indem man ein für genau diese Vorlesung passendes Ordnungssystem mit einer Hierarchie von Gesichtspunkten zu entwerfen versucht. Oder indem man Aussagen allgemeiner und besonderer Art unterscheidet, die miteinander streitenden Positionen der Forschung einander gegenüberstellt oder Thesen formuliert, die sich aus dem Gehörten ergeben. Zweierlei ist dabei entscheidend: Die Übertragung der Notizen in eine Form, in der sie der eigenen Person verständlich bleiben, und eine Strukturierung des Stoffes, die hilft, ihn so einzuprägen, daß er auch 'angeeignet', ein Eigenes wird, über das dann selbständig verfügt werden kann. Ob man die Notizen als geordnete Stichwortkonzepte beläßt oder durchformulierte Texte erstellt, diese Entscheidung ergibt sich aus individuellen Erfahrungen und natürlich durch die weiteren Verwendungszwecke, die man anvisiert.

Um die eigene Konzentration in einer Vorlesung zu erhöhen, ist auch der Gestus des aktiven Zuhörens häufig förderlich. Was bedeutet das? Es bedeutet, daß man sich quasi als Resonanzkörper des Gehörten versteht. Konkret: Leuchtet eine Argumentation des Redners ein, nickt man mit dem Kopf. Erscheint eine These unklar, hebt man die Augenbrauen oder runzelt die Stirn. Ist etwas zum Lachen, lacht man. Freilich – die Lautstärke sollte den Grad der allgemeinen

Heiterkeit nicht allzusehr übersteigen, damit man nicht sich selbst und andere irritiert oder verunsichert. Wenn man aber in dieser Weise das Gehörte gestisch-mimisch mitvollzieht, liegt die Wirkung auf der Hand: Man bleibt am Ball.

Zuhören heißt ja verarbeiten und nicht, sich berieseln zu lassen. Somit ist es eine zu Unrecht kaum geachtete intellektuelle Leistung. Übrigens eine Leistung, die in jeder Gesprächssituation von großer Bedeutung ist. Niemand kann erfolgreich kommunizieren, wenn das von ihm an den Empfänger Gerichtete nicht gehört wird. Die Situation ist alltäglich: Man erhält eine Botschaft, nimmt sie aber nicht wirklich auf, weil man schon mit argumentativen Gegenentwürfen oder ganz anderen Dingen beschäftigt ist. Der Gedankenaustausch findet nicht statt, die Kommunikation ist gestört. Mancherlei unerwünschte Folgen können daraus erwachsen. Insofern kann die Bedeutung konzentrierten Zuhörens nicht hoch genug eingeschätzt werden. Und wenn wir somit dafür plädieren, das Angebot von Vorlesungen zu nutzen, dann soll auch das stärkste Argument nicht fehlen: Die Vorlesung befreit aus der Einsamkeit des Bücherlesens. Wo sonst findet man eine derart motivierende Atmosphäre, die geprägt ist von der gemeinsamen Anstrengung vieler Menschen zu verstehen?

Besonders günstig ist es natürlich, wenn eine Vorlesung in Verbindung mit einem Colloquium angeboten wird. Dann kann der Dozent auch befragt werden. Weitere Erläuterungen, Korrekturen, Einschränkungen oder Verallgemeinerungen des Gesagten können erfolgen und die Zuhörer können ihr eigenes Verständnis im Austausch mit anderen absichern. In einer solchen Anordnung von Vorlesung und Colloquium wird die seit dem Mittelalter tradierte universitäre Lehrstruktur von lectio (Unterrichtung des Textes und Kommentar) und disputatio (Streitgespräch, Diskussion) wieder aufgenommen. Und genau in diesem Sinne dient das Colloquium der praktisch-rhetorischen und auch weiterführenden Verarbeitung des vorher in der Vorlesung gehörten Stoffes. In den Sternstunden solcher Colloquia kann es dann zu wissenschaftlichen Gesprächen auf hohem Niveau kommen, in denen die Beteiligten Standpunkte einnehmen, darstellen, ausführen, anwenden, kritisieren und verteidigen. Von daher lassen sich Colloquia fast als die hohe Schule der Argumentation und der praktischen wissenschaftlichen Rhetorik betrachten, als Lerngelegenheit, die wahrzunehmen sich sehr lohnen kann. Beide, Vorlesung und Colloquium sind durch keine stille Lektüre zu ersetzen.

Das Seminar

Das Seminar ist die am häufigsten vertretene Veranstaltung im universitären Lehr-
und Lernbetrieb. In der dort meist praktizierten Verbindung von Vortrag und Diskussion sehen viele die optimale Form wissenschaftlichen Lehrens und Lernens.
Und das aus gutem Grund. Der Idealfall sieht ja einen überschaubaren und
gleichbleibenden Teilnehmer-Kreis vor. Der sich im Semesterverlauf von Woche
zu Woche weiter organisierende Gruppenlernprozeß konzentriert sich auf ein
deutlich konturiertes Themengebiet. Die konkreten Arbeitsformen können dem
wissenschaftlichen Gegenstand und zugleich dem Lernstand der Studierenden entsprechend gewählt werden. Damit ermöglicht die Seminarform auf besondere
Weise, unterschiedliche Lernformen und -prozesse miteinander zu verknüpfen, die
sich auf ein gemeinsames wissenschaftliches Thema beziehen. Lehrvorträge, studentische Referate, Beiträge in Form von Thesenpapieren oder Protokollen, Debatten oder Kreisrundgespräche mit oder ohne Redeliste, Diskussionen, freie Gespräche oder Plenumsgespräche für Arbeitsgruppen – diese und andere Formen
wissenschaftlichen Arbeitens und Erarbeitens können im 'Dachverband Seminar'
untergebracht werden.

Somit können Veranstaltungen mit Seminarcharakter auch höchst unterschiedliche Funktionen erfüllen. Tutorien, Übungen und Lektürekurse z.B. dienen
der vertiefenden Aneignung fachlich relevanter Stoffe und Methoden in der Gruppe. Sie können Unterricht im landläufigen Sinne darstellen. In Abweichung davon
besteht der Sinn der über die Semesterwochen verteilten Sitzungen themenge-
bundener Fachseminare nicht darin, den gesamten Lernstoff Stück für Stück vorzutragen und gemeinsam durchzuarbeiten. Vielmehr sollen hier die Studierenden
dazu angeregt werden, selbständig Kenntnisse und Einsichten zu gewinnen und
einen Rahmen zum Austausch darüber finden. Die Aufgabe der Lehrenden wäre
dabei, ihnen zur Orientierung in komplexen thematischen Zusammenhängen zu
verhelfen, nicht aber, die Seminarteilnehmer z.B. über die auf Seminarplänen angegebenen Teilbereiche im weiten Feld eines Seminarthemas am Semesterende
allumfassend informiert zu haben. Auch aus diesem Grund bestimmt die *Vorar-
beit* der Studierenden für Seminarsitzungen wesentlich mit, wie und was die einzelnen lernen und wie fruchtbar das gemeinsame Tun sein kann.

Das heißt konkret: Die sorgfältige Vorbereitung ist eine Grundvoraussetzung, um ein solches Seminarangebot sinnvoll zu nutzen. Lernen verlangt Struktur und Planung. Darum ist es angebracht, die Studienpläne des Faches bzw. das Vorlesungsverzeichnis daraufhin zu befragen, für welchen Studienabschnitt ein Seminar geeignet ist (Grund- oder Hauptstudium), und auch, ob z.B. Vorwissen aus dem Besuch einer Einführung in die Fachkomponente oder spezielle Kenntnisse und Erfahrungen erwartet werden (Fremdsprachen, Praktika, fachspezifische Ausbildung). Vielfach werden auch – etwa in kommentierten Vorlesungverzeichnissen – Vorbereitungen für eine Veranstaltung wie die Lektüre bestimmter Fachliteratur nahegelegt, die man ernst nehmen sollte. Niemand kann selbständig wissenschaftlich mit einem Gegenstand umgehen, den er nur vom bloßen Hörensagen kennt. Und die Erarbeitung eines eigenen Standpunkts ist durch Aufnahme der Eindrücke und Ansichten anderer in Seminarvorträgen und -diskussionen keineswegs zu ersetzen.

Wer den gemeinsamen Lernprozeß des Seminars verstehen und daran teilhaben will, muß darüber hinaus regelmäßig anwesend sein. Die Seminarplanung wird gewöhnlich in der ersten Semesterwoche abgesprochen und wer erst in der vierten erscheint, wird Mühe haben, den Anschluß soweit zu finden, daß er kompetent mitarbeiten kann. Wer gar nur alle drei Wochen überhaupt vor Ort ist, kann nicht erwarten, daß ihm der Sinnzusammenhang der Vorträge und Diskussionen im Seminarverlauf dennoch immer einsichtig wird. Mitdenken kann nur der, der auch persönlich anwesend ist. Und besonders, wer aktiv am Seminargespräch teilnehmen möchte, ist angewiesen darauf, den roten Faden der bisherigen Arbeit im Seminar präsent zu haben.

Dies gilt in besonderem Maße auch für vorbereitete längere Beiträge. Der Vorzug dieser Redeform – seien es Lehrvorträge der Dozenten oder Referate der Studierenden – liegt in ihrer hohen Informationsdichte. Daß auf einer solchen Basis unter den Seminarteilnehmern interessante Gespräche zur Sache entstehen können, hat jedoch zur Voraussetzung: Die Beiträge müssen so gestaltet sind, daß sie einen klar einsichtigen Schritt im Verlauf des Lernprozesses der Veranstaltung darstellen. Sie müssen anschließbar sein nicht nur an das Geschehen einer Sitzung, sondern an das des Gesamtverlaufs der Veranstaltung. Wenn also alle einzelnen bloß ihre Beiträge 'abliefern' und keinen Zusammenhang herstellen

würden, könnte schwerlich ein intensiver und motivierter Austausch der Seminargruppe zustandekommen.

Zur Sicherung der Verständigung im Seminar gehört damit auf seiten von Referenten wie Zuhörern das Bemühen um die Einbettung der je aktuellen Thematik
in den Rahmen der bisherigen Diskussion. Den Zuhörern von Vorträgen empfiehlt
sich dazu eine aktive Verarbeitung des Gehörten, wie sie am Beispiel der Vorlesung hier dargestellt worden ist. Was bei der Vorbereitung und Präsentation von
längeren Redebeiträgen zu bedenken ist und wie man vorgehen kann, werden wir
im Kapitel 3.3 (Zur Sache kommen) ausführen. Hier ist nur anzumerken, daß die
Absprache mit der Seminarleitung in Hinsicht auf Themenbehandlung, Zeitmaße,
eventuelle Vorgaben für die Seminardebatte (Thesen, Schaubilder, Arbeitsblätter
etc.) und die Einbindung des Referats in den Rahmen des bisherigen Seminarver-
laufes sich grundsätzlich empfiehlt. Daß Referenten verläßlich und vorbereitet
zum Termin am Ort sind, versteht sich von selbst. Unnötige Terminverschiebun-
gen können für alle Beteiligten ein Ärgernis sein.

Andererseits bedeutet aber die damit angesprochene Notwendigkeit verbind-
licher Absprachen zur Seminarplanung gewöhnlich nicht, daß diese unumstößlich
ist. Wenn beispielsweise Exkurse zu Sonderfragen im Semesterverlauf sinnvoll
erscheinen, kann man sie einfügen. Wenn der Wunsch besteht, aus Zeitgründen
abgebrochene Diskussionen fortzuführen, kann man sie entweder mit Interessierten außerhalb der Seminarzeit weiterführen oder aber anfragen, ob der Seminar-
kreis dafür vom Semesterplan abweichen will. Freilich: Andere Themen werden
dann notgedrungen zu kurz kommen. Das Zeitmaß eines Semesters mit üblicherweise zehn bis sechzehn Sitzungen ist begrenzt. Da aber Seminare, wie dargestellt, nicht allumfassend unterrichten sollen, sondern in erster Linie ein Forum
wissenschaftlicher Auseinandersetzung darstellen, kann das genügen. Aus diesem
Grund hat auch das Seminargespräch eine zentrale Bedeutung.

Trotz der je eigentümlich entstehenden Gepflogenheiten von Seminargruppen
und der Vielfalt der Lernformen, die dort praktiziert werden, weisen Seminargespräche doch wesentliche gemeinsame Merkmale auf. So unterschiedlich die
äußeren Erscheinungsweisen sind – ob spontanes Gespräch oder formal geregelte Debatte –, die Gesprächsteilnehmer folgen allgemein ähnlichen Sprach-
handlungsmustern. Hier werden einige einfache Möglichkeiten vorgestellt, wie

man sich durch deren Beobachtung die *Orientierung im Seminargespräch* erleichtern kann.

Wenn man die in Seminaren stattfindende Kommunikation insgesamt betrachtet, läßt sich feststellen: Zwar überwiegen gewöhnlich die sachbezogenen Beiträge, aber auch viele andere Äußerungsformen treten darin selbstverständlich auf. Es gibt Mißfallens- und Sympathiekundgebungen, die Personen, deren Verhalten, institutionelle und politische Ereignisse und auch Gegenstände des Faches betreffen können. Veranstaltungshinweise oder Informationen bezüglich institutioneller Regelungen werden gegeben. Appelle, man möge dies oder jenes tun, lassen oder bedenken, werden geäußert, und selbstverständlich finden sich eine Menge Spielarten privater oder halböffentlicher Konversation. Um sich in dieser Vielfalt zurechtzufinden, bietet es sich an, jeweils danach zu fragen, von welchem Anliegen Äußerungen oder Gesprächspassagen vor allem motiviert sind. Beispielsweise mithilfe des folgenden Schemas aus fünf Kategorien, das es möglich macht, inhaltsbezogen die Motive, aus denen heraus eine Äußerung geschieht, zu unterscheiden und zu ordnen:

~ Die auf *das fachwissenschaftliche Sachthema* bezogenen Beiträge betreffen beispielsweise Tatbestände oder aber Denk- und Erkenntnismethoden.

~ Die auf *die Vermittlung dieser Fachinhalte* bezogenen Beiträge betreffen didaktische und methodische Fragen, das heißt die Reflexion und Organisation des Lernprozesses.

~ Die auf den Handlungsrahmen und das *Gesprächsgeschehen in der Gruppe* bezogenen Beiträge können einerseits pragmatisch-organisatorische Zwecke in einer Situation verfolgen, oder aber die Gesprächsformen, die Beziehungsdynamik, die Rollen der Beteiligten und ihr Kommunikationsverhalten im Seminar selbst zum Thema machen.

~ Weiter gibt es Beiträge, die auf *Veranstaltungen und Ereignisse außerhalb des Seminargeschehen*s in der Hochschule und andernorts bezogen sind.

~ Und schließlich gibt es Beiträge, die in erster Linie *unverbindliche Konversation* darstellen und deren Sinn vor allem darin besteht, auf das Gesprächsklima zu wirken, z.B. es 'anzuwärmen'.

Konkret heißt das: Die Frage „Wer macht das Protokoll?" läßt sich als Beitrag organisatorisch-pragmatischer Art auffassen. Während die Äußerung „Hier hört ja doch keiner dem anderen zu!" das Kommunikationsverhalten der Gruppe betrifft. Ein Vorschlag zur Themenaufteilung für Arbeitsgruppen wäre ein didaktisch-methodischer Beitrag. Wissenschaftliche Methoden thematisiert eine Äußerung wie z.B.: „Der Autor geht offensichtlich davon aus, daß die Auswertung von drei Interviews mit Jugendlichen genügt, um über die Gesamtgruppe Aussagen zu machen." Wenn aber etwa ein Lehrender bemerkt: „Nun, es scheint, daß das schöne Wetter einige Urlaubslaune verbreitet hat," dann zielt seine Äußerung mit großer Wahrscheinlichkeit nicht auf ein Gespräch über das Wetter (als Ereignis in der Außenwelt oder Konversationsthema), sondern darauf, daß die Teilnehmerzahl in der jeweiligen Seminarsitzung offensichtlich markant gesunken ist. Ob eine solche Äußerung eher als belangloser Scherz oder auch als kritische Note gegenüber dem Teilnehmerverhalten aufzufassen ist, das kann man – wenn – allenfalls situativ erkennen.

Gewöhnlich halten sich Seminargespräche vorwiegend auf der fachwissenschaftlichen Sachebene der Kommunikation auf, was einen genaueren Blick darauf nahelegt. Hier kann man grundsätzlich unterscheiden zwischen Rede- und Gesprächsformen, die der *Darstellung*, der *Aneignung* oder der *Problemlösung* dienen. Ein vorwiegend darstellendes Gespräch hat zum Beispiel die Vorstellung eines Sachverhalts oder Gegenstandes und der damit verbundenen Fragestellungen zum Anliegen. Als gemeinsam erstellter Forschungsbericht kann es etwa darlegen, auf welche Art und Weise wissenschaftlich zu einem Problem Stellung bezogen wurde, das heißt, welche Untersuchungsmethoden in Einzeluntersuchungen angewendet wurden, welche Fragen sich entwickelt haben und zu welchen Resultaten verschiedene Wissenschaftler gelangt sind.

Aneignungsgespräche finden im Seminar häufig dann statt, wenn es darum geht, sich fremden Stoff, fremdes Gedankengut zu eigen zu machen. Ihr Anliegen ist einmal der Nachvollzug wissenschaftlicher Diskurse in ihren Voraussetzungen, Methoden und Denkschritten. Und zum zweiten besteht es darin, sich über deren Systematik und Bedeutung Klarheit zu verschaffen. Das heißt: Erworbene neue Gedanken in das Netzwerk des eigenen Gedankengebäudes einzuordnen und aus dem Unbekannten insoweit etwas Bekanntes zu machen, daß man mit ihm – individuell und in der Gruppe – selbständig umgehen kann.

Problemlösungsgespräche dienen, wie der Name sagt, der Entschlüsselung und Problematisierung von mehr oder minder schwierigen, unverständlichen, auf jeden Fall ungelösten Sachverhalten und -fragen. Unter Zuhilfenahme des wissenschaftlichen Instrumentariums, das Wissen und Theorie dieses Wissens umschließt, werden methodisch Lösungswege für das aufgeworfene Problem gesucht. Solche Gespräche betreiben dem Ideal nach Analysen jenseits von alltagspraktischem Handlungsdruck und subjektiven Interessenlagen mit dem wissenschaftlichen Handwerkzeug des jeweiligen Faches. Insofern wird auch für die im Seminargespräch so vollzogene wissenschaftliche Erkenntnissuche eine distanziert-reflektierende und methodische Haltung des Sprachhandelns erwartet.

Sprachliche Äußerungen können eine Vielzahl von Funktionen haben und es läßt sich allererst aus dem Gesprächskontext schließen, welche jeweils vorliegt. Wir haben hier nur drei Hauptfunktionen genannt, die eine erste Orientierung für die Beurteilung von Seminargesprächen oder Phasen darin auf der Sachebene der Verständigung geben können. Scheinbar sachliche Äußerungen können natürlich auch Funktionen auf der Ebene der Personenbeziehungen erfüllen. Was, als ein Beispiel unter vielen möglichen, die Figur des Großredners anschaulich macht, dem mehr an seiner Selbstdarstellung liegt als daran, einen passenden Beitrag zur wissenschaftlichen Problemlösung zu geben. Er redet zur (eigenen) Person, selbst wenn er scheinbar 'zur Sache' redet.

Doch auch im Normalfall der Kommunikation haben alle Äußerungen Funktionen auf der Ebene der Personenbeziehungen. Kommunikation verwirklicht ja Beziehungen, gibt unserer Haltung zum anderen Kontur. Das heißt, daß individuelles Verhalten seine Bedeutung innerhalb des sozialen Rahmens erhält. Der Großredner fällt eben nur dann unangenehm auf, wenn er sich in einer Gruppe befindet, deren Konsens – ausgesprochen oder unausgesprochen – darin besteht, sich kooperativ der gemeinsamen Verständigung zur Sache zu widmen, nicht aber der Bewunderung einzelner. Dort, wo eine Gruppe miteinander im Konsens ist, um individuelle Geltung zu konkurrieren, fügt er sich möglicherweise problemlos ins Bild. Der Idealfall einer Gesprächssituation in Seminaren wäre das freilich nicht.

Doch auch das Einverständnis einer Seminargruppe vorausgesetzt, daß ihr Gespräch der sachgebundenen Zusammenarbeit dient, bleibt die Frage: Wie läßt sich herauszufinden, welche Funktionen Äußerungen und Phasen in Gesprächen haben? Denn natürlich tauchen die Gesprächshaltungen von Darstellung, Aneignung und Problemlösung im Gesprächsverlauf in der Regel nicht isoliert und explizit voneinander abgegrenzt auf. Vielmehr findet gewöhnlich ein steter Wechsel zwischen ihnen statt und die unterschiedlichen Äußerungsformen und Gesprächsphasen gehen mehr oder weniger bruchlos ineinander über. Andererseits ist es aber nicht in jedem Einzelfall angebracht, nachzufragen: „Wie hast du das gemeint? Welches Anliegen verfolgst du mit deiner Äußerung?"

Beobachtung tut also not. Häufig läßt sich schon vorab aus dem *Seminartypus* schließen, auf welcher Art Gespräch das Hauptgewicht vermutlich liegt: Bei einem Lektürekurs werden beispielsweise vorrangig die Ebenen der Darstellung und Aneignung vertreten sein. In einem Seminar zu aktuellen Forschungsfragen steht dagegen meist die Problemlösungsebene im Vordergrund. Letzteres gilt gewöhnlich auch für die an manchen Universitäten eingerichteten Seminare für Examens- und Magisterkandidaten, die anleiten, selbständig Forschungsprojekte zu betreiben.

Über diese erste Einschätzung hinaus kann man weiter versuchen, in verschiedenen Größenordnungen die *Struktur eines Seminargespräches* zu erkennen. Zuerst fragt man: Was ist das Hauptanliegen des Austauschs hier in der Gruppe? Gewöhnlich stehen drei Möglichkeiten offen:

~ Man berichtet über bzw. erläutert eine Sache, ein Experiment, einen wissenschaftlichen Gedankengang oder trägt eigene und fremde Standpunkte zusammen. Die Gesprächshaltung ist also vorwiegend die der Darstellung: Man *gibt* zur Kenntnis. (Darstellung)

~ Man stellt Gedanken anderer dar, um sich darüber zu versichern, ob man sie adäquat aufgefaßt hat. Man befragt sie auf ihre Bedeutung, ihre Systematik und daraufhin, ob und wie sie sich mit dem eigenen Denken verbinden lassen, es eventuell verändern. Die Gesprächshaltung ist also vorwiegend die der Aneignung und Erprobung. Man *nimmt* zur Kenntnis. (Aneignung)

~ Man wirft Probleme auf, das heißt, man verfolgt Fragen mit der Absicht, gesprächsweise Lösungswege und Lösungen zu finden. Das heißt, Problemsituationen müssen dargestellt werden, eventuell schon vorhandene Lösungsvorschläge angeeignet und geprüft werden und eventuell neue Lösungswege systematisch mit dem Instrumentarium des Faches gefunden, dargestellt, angeeignet und auf ihre Tauglichkeit hin erprobt werden. Die Gesprächshaltung entspricht den Schritten des analytischen Gedankenweges, wobei zu

jedem Problemlösungsschritt selbstverständlich Darstellungs- und Aneig-
nungsphasen gehören, durch die sich die Beteiligten über den Stand der
Analyse miteinander verständigen. (Problemlösung)

Wenn man das Hauptanliegen des Seminargesprächs in dieser Weise erkundet hat,
kann man dazu übergehen, auch einzelne Gesprächsphasen und schließlich einzelne Beiträge innerhalb ihres Zusammenhangs in vergleichbarer Weise auf die Fragen hin zu beobachten: Welche Haltung liegt diesem Beitrag zugrunde? Und:
Welches Ziel verfolgen die Beteiligten im Austausch miteinander?

Alle Beteiligten tragen dazu bei, daß die Gesprächsstruktur insgesamt durch-
sichtiger wird, wenn sie benennen, was sie tun oder tun möchten:

„Ich möchte erst einmal alle Vorschläge zusammentragen."

„Was sagt eigentlich die Forschergruppe aus B. dazu? Kann das jemand
kurz darstellen?"

„Ich wiederhole: Ich habe die Grundgedanken der Untersuchung wie folgt
aufgefaßt ... Sind wir da im Konsens?"

„Ich würde das Problem wie folgt formulieren ... Die Frage ist also ..."

Besonders längere Argumentationsgänge lassen sich für die Zuhörer leichter auffassen, wenn der jeweilige Denkschritt gekennzeichnet wird:

„Ich entnehme der Untersuchung die These ABC. Daraus schließe ich, daß
ein möglicher Lösungsweg für unser Problem darin läge, nun D und E zu
tun. Allerdings scheint mir auf der Hand zu liegen, daß dieser neue Lösungsweg folgende Schwachpunkte hat ... Es erscheint mir darum sinnvoll,
die Untersuchung F im weiteren zu berücksichtigen, die zu abweichenden
Ergebnissen kommt. Sie stellt nämlich fest, daß ..."

Argumentationsgänge – wie das vorhergehende Beispiel – stehen bekanntermaßen
im Zentrum wissenschaftlicher Gespräche. Sei es, daß man mit den Argumentationen anderer oder eigenen umgeht, sei es, daß man einen Beitrag vorbereitet hat
oder spontan entwickelt: Erwartet wird, daß ein Redner seine Äußerung zur Sache
den Konventionen der Wissenschaftssprache bzw. dem jeweiligen Fachdiskurs
gemäß formuliert. Wir haben deren Maximen in Kapitel 2.2 (Die Sprache der
Wissenschaft) dargestellt. Zum Aufbau von Argumentationen finden sich auch im
Kapitel 3.4 (Verhandeln) Ausführungen und Übungen.

Prinzipiell läßt sich eine sachliche bzw. wissenschaftliche Argumentation als
logisch folgerichtige *Beweisführung* (argumentatio), das einzelne Argument als

Beweismittel oder Beleg (argumentum) beschreiben. Folgerungsketten werden auf der Grundlage intersubjektiv überprüfbarer bzw. nachvollziehbarer Argumente entfaltet. Persönliches Meinen und Glauben, Geschmacksurteile und Gefühlskundgebungen gelten von daher nicht als Argument. Soweit man sich von solchen Äußerungen nicht eventuelle nützliche Impulse zur Klärung der anstehenden Fragen erwarten kann, sind sie im Fachgespräch der Seminare kaum am Platze. Vermutungen spielen gewöhnlich nur insoweit eine Rolle, als sie in Form von Hypothesen den Möglichkeitsbereich von Sachverhalten ausloten helfen, weiterführende Perspektiven eröffnen oder noch unbewiesene Grundsätze formulieren. Intuitionen oder vage Ahnungen sind gewiß für manchen Erkenntnisprozeß von großer Bedeutung. Doch als Argument gegenüber anderen lassen sie sich schon darum nicht verwenden, da ihr Gehalt selbst noch der eigenen Person rational nicht verfügbar ist. Die Teilnahme an einer wissenschaftlichen Diskussion erfordert damit ein hohes Maß an bewußter – vernunftgeleiteter – Präsenz.

Für Ungeübte erscheint es oft schwierig, eine Argumentation spontan in freier Rede zu verwirklichen. Wenn sich der Redeanlaß situativ ergibt, hat man selten vorformulierte Erwiderungen parat. Das ist auch nicht nötig. Schließlich lebt ein gelungener Beitrag unter anderem davon, daß er sich auf den vorhergehenden Diskussionsverlauf bezieht und eventuell auch im Verlauf der Rede die Reaktion der Zuhörer mit aufnimmt. Darüber hinaus genügt es gewöhnlich – nun aus der Perspektive des Redners –, wenn man das Ziel der eigenen Äußerung im Kopf hat: Worauf will ich hinaus? Meist hilft dann die einmal begonnene Rede dem Gedanken zu einem Fortgang und Ende, nach dem Motto: Wer A sagt, muß auch B sagen. Allerdings empfiehlt es sich für Sprecher in solchen Situationen sehr, auch wenn man aufgeregt sein mag, *sich selbst* gut zuzuhören. Mit dem eigenen Beitrag ist ja üblicherweise die Diskussion nicht abgeschlossen. Andere werden vielleicht darauf Bezug nehmen und insofern bleibt jeder Redner für seine Aussagen gegenüber den Gesprächspartnern in der Verantwortung.

Bei der Frage nach den Funktionen sprachlichen Handelns in Seminargesprächen als Verständigung zur Sache ist von daher auch die Dimension der Personenbeziehungen zu beachten. Dabei kann die Betrachtung der sozialen Rollen, aus denen heraus gehandelt wird, recht hilfreich sein, um sich üblicherweise unausgesprochene Regeln der Kommunikation zu vergegenwärtigen. Die *Rollenverteilung* im Seminar ist zum einen durch den unterschiedlichen institutionellen

Status bestimmt und zweitens durch vereinbarte oder situativ sich entwickelnde unterschiedliche Rollenzuweisungen. Aus der Position der Seminarleitung in der Institution ergibt sich, daß ihre Rolle gewöhnlich definiert ist durch ein hohes Maß an Rederecht und zugleich diversen Verpflichtungen, die diesem Rederecht entspringen: Lehrende müssen für eine angemessene Darstellung wissenschaftlicher Sachverhalte sorgen, den Gesprächsablauf strukturieren, die Kooperation der Teilnehmer und einen guten Informationsfluß organisieren, etc. Kurz: Der Seminarleitung wird üblicherweise zugebilligt, jederzeit auf Wunsch in das Gespräch einzugreifen.

Gegenüber der Rolle der Leitung ist die der anderen Teilnehmer unbestimmter. Sie sind weniger exponiert als Dozenten oder Referenten, was bedeutet, daß ein Diskussionsbeitrag von dieser Teilnehmerseite her auch ein höheres Maß an Engagement und Initiative verlangt. Die Seminarleitung muß wiederum als Voraussetzung ihres Redeprivilegs die entsprechende Kompetenz in Hinsicht auf die verhandelten Fachinhalte und die Gestaltung des Gesprächs aufweisen. Und wenn sich alle beharrlich in Schweigen hüllen, von *ihr* erwartet man, daß sie trotzdem spricht. Das Recht, nach Belieben zu schweigen, ist also bei vielen Gelegenheiten, aber auch nicht prinzipiell, eher auf Seiten der Studierenden.

Im allgemeinen gilt, was in den meisten Gesprächssituationen zu beobachten ist: Je häufiger eine Person spricht, desto mehr Rederechte werden ihr von der Gruppe zugestanden und umso öfter nehmen andere Redner darauf Bezug. Solche unsichtbaren Redeordnungen sind sehr dynamisch organisiert. Nicht selten verfallen jedoch Seminarkreise dem Irrtum, die häufig recht zufällig entstandene Rednerkonstellation einiger weniger Situationen z.B. zu Semesterbeginn sei nun bis Semesterende festgeschrieben. Selbst wenn möglicherweise in der ersten und zweiten Sitzung vor allem drei Studierende und der Dozent das Gespräch bestritten haben, ist keineswegs zu schließen, daß dieses Muster beibehalten werden *muß* oder das auch nur gewünscht ist. Es kann schnell zur Gewohnheit werden, sich selbst die Rolle des Nur-Hörers und anderen die des Mit-Redners zuzuordnen. Jedoch sind dem, der es wünscht, meist beide Rollen verfügbar.

Dennoch: Mitunter erscheint für Studierende gerade der Einstieg in eine Diskussion als das schwierigste Unterfangen. Ein möglicher Schritt daraufhin kann es sein, *Fragen* zu stellen. Fragen sind Türöffner. Mit Fragestellungen wirft man, bildlich gesprochen, den Ball einem anderen zu. Der muß ihn – so die gesellschaftliche Übereinkunft – aufheben und zurückwerfen. Damit aber ist der Fragenstellende mit im Spiel, in diesem Fall: Er ist nun Mitglied in der Runde der Diskutierenden. Beispielsweise kann ein Gesprächseinstieg in Frageform dazu dienen, sich über die Argumentation des Vorredners rückzuversichern. Man faßt den Inhalt dessen, was man davon aufgenommen hat, zusammen: „Du meinst also, daß …?" Damit wird für das Gespräch ein dreifaches erreicht: Zum einen wiederholt man den letzten Argumentationsgang für sich und andere. Zum zweiten erhält der Vorredner Resonanz auf seine Äußerung. Und zum dritten schließlich ist der Fragende nun aufgenommen in die Runde der sich aufeinander beziehenden Sprecher. Das macht es leichter, bei anderer Gelegenheit erneut das Wort zu ergreifen, dann vielleicht in Form eines eigenen Statements. In gleicher Weise kann eine Verständnisfrage zum Einstieg in eine Diskussionsrunde verhelfen. Sei es, daß man über die Bedeutung eines unverständlichen Begriffes Aufklärung erbittet oder nach Zusammenhängen fragt, die nicht deutlich geworden sind: „Ich verstehe nicht ganz, was Du mit XYZ meinst?" oder „Wie hängt dieses Problem A mit dem Problem B zusammen?" Mit einer solchen Frage sichert man sich den Zugang zum behandelten Themenfeld und zugleich zur Gruppe der Diskutierenden.

Je stärker eine Diskussion formal geregelt wird, desto weniger Engagement ist im allgemeinen zur Erlangung des *Rederechts* notwendig. Wenn Redelisten die Reihenfolge der Beiträge eines Seminargesprächs regeln, läßt sich durch einfache Meldung der Wunsch nach Teilnahme signalisieren. Das Rederecht muß nicht 'erkämpft' werden. Auch wenn etwa der Reihe nach die Ergebnisse von Arbeitsgruppen präsentiert werden, geht man häufig in dieser Weise vor. Besonders wenn lange Redelisten entstehen, bedeutet das allerdings für die einzelnen, daß sie Wartezeiten in Kauf nehmen müssen, bis sie ihren Beitrag geben können. Wer sich sorgt, seinen Gedanken im Zuhören bis dahin zu vergessen, wird sich ein Stichwort notieren.

Wie andere Menschengruppen reagieren auch Seminarkreise auf die Erfahrungen miteinander durch *Rollenzuweisungen* und nicht selten zudem mit stereotypen Festschreibungen. So kann es beispielsweise passieren, daß jemand, der sich häufig mit kritischen Fragen am Seminargespräch beteiligt, als 'Miesmacher' gilt und ein anderer wegen seiner häufig sehr abstrakt formulierten Beiträge zum 'abgehobenen Theoretiker' erklärt wird. Diese Etikettierungen bestimmen dann den Erwartungshorizont der Gruppe bezüglich der Beiträge einer Person und führen nicht selten zu vorauseilenden Urteilen. Eine angemessene Aufnahme der Rede anderer kann dadurch sehr behindert werden, und zwar nicht nur, wenn es um abwertende Zuschreibungen geht. Blindheit durch Vorurteil entsteht ebenso, wenn man andere Menschen im doppelten Wortsinne 'vergöttert', z.B. durch Voranahmen wie: „Der weiß einfach alles!" Insofern gehört es zu einer sachlichen Gesprächshaltung, daß man sich über eventuelle stereotype Vorbehalte gegenüber anderen Personen nach Möglichkeit hinwegsetzt und zuhört, statt vorab urteilend wegzuhören. Nicht selten behindern auch pauschale Annahmen, die Studierende über ihre meist wenig bekannten Kommilitonen pflegen, ein flüssiges und erfreuliches Seminargespräch. Sei es, daß man glaubt, man müsse einer Meinung und einander sympathisch sein, um mit- und voneinander zu lernen, oder daß man denkt, es seien allein vom Pult – von den Lehrenden – wertvolle Denkanstöße zu erwarten. Wer die Probe aufs Exempel macht, wird erfahren, daß es sich lohnen kann, auf diese Selbsteinschränkung zu verzichten.

Studierende kommen nicht zuletzt in *Arbeitsgruppen* in die Situation, sich ohne Seminarleitung miteinander verständigen zu müssen. Und besonders hier läßt sich erproben, wie man miteinander und selbstverantwortlich lernen kann. Falls alle Beteiligten sich bemühen, neben der Vertretung eigener Positionen zugleich den Gesprächsrahmen und den roten Faden des Gesprächs im Auge zu behalten, können intensive und anregende Gespräche entstehen. Allerdings mag es auch schwierig erscheinen, wenn alle in ihrer Person die Rolle des Gruppenorganisators mit der des in eigener Sache engagierten Teilnehmers vereinbaren müssen. Dann bietet es sich an, *einer* Person die Gesprächsorganisation zu überantworten, die 'hauptamtlich' für einen geregelten Wechsel der Beiträge und ihre Verknüpfung im Sinne der behandelten Fragestellung sorgt. Ein gleiches gilt, wenn von Arbeitsgruppen erwartet wird, daß sie ihre Ergebnisse später dem Plenum des Seminars vorstellen. Wenn nicht alle das Protokoll führen wollen, sollte einem Teilnehmer das Amt übergeben werden. Trägt allerdings diese Person dann die Ergebnisse der Arbeit dem Plenum vor, ist es nicht gerade höflich, wenn sich die Gruppe nun unbeteiligt abwendet. Wem an der Vermittlung der Arbeitsergebnisse liegt, an denen er ja beteiligt war, der wird die Vortragenden nach Kräften unterstützen und – falls notwendig – ihre Ausführungen ergänzen.

Um die Dynamik der Sprecherwechsel im Seminargespräch – gleich ob es im Plenum oder in Arbeitsgruppen stattfindet – zu verstehen, ist es weiter sinnvoll, die *Grundformen der Rede* zu unterscheiden, also kürzere oder längere Monologe, Dialoge zwischen einzelnen und allgemeine Diskussionen in der Gruppe. Der vorbereitete Monolog eines Referenten kann sich beispielsweise durch Befragung oder Zwischenbemerkungen zu einem spontanen Dialog ausweiten. Und wenn sich weitere Sprecher daran beteiligen, kann aus dem Dialog eine allgemeine Diskussion werden. Umgekehrt gibt es aber auch Situationen, in denen eine allgemeine Diskussion ins Stocken kommt, weil ein Redner einen langen spontanen Monolog gehalten hat und der Gesprächszusammenhang darüber verloren gegangen ist.

Wenn mitten in Vorträgen Dispute entfacht werden, aber nicht explizit gemacht worden ist, daß nun das bevorzugte Rederecht des Referenten zugunsten einer Gesamtdebatte außer Kraft gesetzt wird, kann er sich meist weiter darauf berufen, wenn er es wünscht. Daß die Gruppe von sich aus dahin zurückkehrt, darauf sollte man sich jedoch besser nicht immer verlassen. Umgekehrt kann es für jene, die die Rückkehr zur 'alten' Redeordnung der Monologsituation verhindern möchten – wofür und wogegen es ja gute Gründe geben kann –, manchmal ratsam sein, diesen Wunsch gegenüber der Gruppe deutlich zu vertreten. Andernfalls sieht sich diese eventuell verärgert in der Situation, daß ihr ein Vortrag durch die unwillkommenen Zwischenredner entgeht.

Grundsätzlich gehört zu einer lebendigen *Diskussion* der wechselseitige Austausch, also die Bereitschaft, sich mit anderen zu verständigen, ebenso wie die, dem anderen entsprechenden Raum zu geben und Gehör zu schenken. Beiseite-Gespräche mit den Nachbarn sind nicht eben sehr hilfreich für eine konzentrierte Seminaratmosphäre. Und viele Verspätungen – wenn es zugeht wie im Taubenschlag – können Vortragende und Diskutierende in hohem Maße irritieren. Überdies ist es für Seminargespräche sehr unerfreulich, wenn die Gruppe die erste halbe Stunde damit verbringen muß, alle Nachzügler nacheinander neu zu informieren und zu integrieren. Die Teilnahme an einer Diskussion hat ja Voraussetzungen, wobei die Kenntnis des bisherigen Diskussionsstandes die erste und zentrale ist. Eine daraus ableitbare weitere Grundbedingung ist aktives Zuhören. Verfolgen die Teilnehmer aufmerksam die einzelnen Diskussionsbeiträge, wirkt das auf die Sprecher und den gesamten Gesprächsverlauf ein als Bündelung der individuellen und gemeinschaftlichen Konzentration. Hohe Aufmerksamkeit auf allen Seiten läßt auch Verständnisschwierigkeiten schneller deutlich werden und macht es wahrscheinlicher, daß sie durch sofortige Rückfragen bereinigt werden können.

Manchem Mißverstehen liegt allerdings auch die fatale Sitzordnung vieler Seminarräume zugrunde, in denen man vorn nur die Lehrenden und Referenten, hinten vor allem die Rücken der davor Sitzenden vor Augen hat. Für das Gelingen von Kommunikation ist der Blickkontakt nicht unwesentlich, der den visuellen Nachvollzug der Rede anderer gestattet und zugleich eine nonverbale Abstimmung miteinander ermöglicht. Wenn unglückliche Sitzordnungen nicht veränderbar sind, kann man versuchen, Lücken zwischen den Sitzenden zu nutzen, um mitzubekommen, wer da überhaupt spricht. Manchmal stellen allerdings auch Studierende selbst ungünstige Sitzordnungen her, z.B. wenn sich jemand in den hintersten Winkel des Raumes setzt, obgleich vor ihm viele Reihen frei sind. Dort wird er schnell – und nicht nur akustisch – den Kontakt zur Seminargruppe verlieren.

Ein weiteres Moment von oft übersehener Bedeutung, das den Charakter von Diskussionen mitbestimmt, ist der Zeitfaktor. Redebeiträge und gesprächsweiser Austausch müssen die Chance haben, sich entwickeln zu können. Nachfragen, Wiederholungen, weitere Differenzierungen sollten möglich sein. Und gewiß sollte nicht jeder Redner permanent befürchten müssen, daß ihm andere das Wort abschneiden. Unter großem Zeitdruck aufgestellte Gedankengebäude sind oft wenig stabil, weil in der Eile bereits am Fundament gespart worden ist. Von daher gehört es selbstverständlich zum Gestus der Achtung gegenüber Gesprächspartnern, daß man ihnen ausreichend Zeit für die gedankliche Entwicklung einräumt. Eine gute Portion Geduld und Gelassenheit gegenüber sich selbst und anderen gehört zu jedem Bemühen um die gemeinschaftliche 'Verfertigung von Gedanken'.

Dem käme auch ein Bemühen der Redner entgegen, sich z.B. im Fall von Vorträgen an vereinbarte Zeitmaße zu halten und auch in der freien Diskussion ihre Beiträge nicht unnötig auszudehnen. Jemand, der andere mit einem nicht enden wollenden Wortschwall überschüttet oder vor lauter Tiefschürfung mitten in seinen Formulierungen einzuschlafen droht, ist gewiß für die Hörer strapaziös. Lästig können freilich auch Störungen sein. Etwa, wenn Teilnehmer fluchtartig und womöglich türenschlagend aus einem noch engagiert debattierenden Kreis herausrennen, weil vielleicht ein, zwei Minuten der Veranstaltungszeit überzogen wurden. Lebendige Gespräche richten sich nicht nach tatsächlichen oder imaginären Klingelzeichen. Und in diesem Sinne läßt sich von Seminarteilnehmern ein Mindestmaß an Rücksicht auf die Gruppeninteressen erwarten.

Daß sich auch nach Schluß der Veranstaltung noch Gespräche ergeben, ist nur natürlich. Bedenken sollte man jedoch, daß jene, die wie die Seminarleitung oder Referenten ein besonderes Maß an Konzentration aufbringen mußten, eventuell erschöpft sind. Und somit ist es nicht zuletzt auch im Sinne des Eigeninteresses an gelungener Verständigung mit Lehrenden, wenn Studierende – falls möglich – diesen ihre individuellen Anliegen nicht zwischen Tür und Angel nach der Seminarsitzung vortragen, sondern dort, wo Raum für Einzelbetreuung vorgesehen ist: in der Sprechstunde.

Die Sprechstunde

Die Sprechstunde ist eine mitunter für schwierig geltende Situation im universitären Alltag. Sie kann als eine institutionalisierte dialogische Gesprächssituation zwischen Lehrenden und Studierenden zu Zwecken wissenschaftlicher Einzelbetreuung definiert werden. Eine Vielzahl von Anliegen, die mündliche und schriftliche Prüfungen, Praktika, wissenschaftliche Arbeiten verschiedener Art, Beurteilungen und anderes betreffen kann, führt Studierende in die Sprechstunde. Thematische Absprachen müssen getroffen, Literaturempfehlungen eingeholt, Vereinbarungen zeitlicher oder personaler Art getätigt werden, Informationsaustausch und Beratung in pragmatischer, methodischer und inhaltlicher Hinsicht erfolgen. Die Sprechstunde ist somit für Studierende ein Angebot zur individuellen Inanspruchnahme der von den Lehrenden bereitgestellten wissenschaftlichen Betreuung.

Die *Rollen* der Beteiligten entsprechen zunächst einmal ihren institutionell verankerten Rechten und Pflichten. Welche konkrete Gesprächsbeziehung sich jedoch ergibt, das ist unter anderem abhängig von der Persönlichkeit und der Haltung der einzelnen im Gespräch. Zwar unterliegt ihrer Interaktion ein Muster von Geben und Nehmen, indem der Dozent als wissenschaftlicher Berater seine Erfahrung und sein Wissen zur Verfügung stellt, während der Studierende Rat und Tat entgegennimmt. Dennoch muß man als Studierender keineswegs hilflos und in ergebener Haltung gegenüber dem, was kommen mag, in der Sprechstunde erscheinen. Im Gegenteil. Es ist nicht nur für beide Seiten angenehmer, wenn Studierende eine aktive und strukturgebende Haltung zum Gespräch einnehmen, sondern auch im Sinne effektiver Verständigung. Besonders wenn viele andere

Personen vor einem Sprechzimmer warten und die Sprechzeit für die Einzelberatungen notgedrungen eng begrenzt ist, kann man sich und anderen damit nur entgegenkommen.

Im übrigen will man schließlich etwas in eigener Sache bewirken, was Grund genug ist, die Lenkung der Situation mit zu übernehmen. Erfahrungsgemäß erweist es sich darauf bezogen als günstig, wenn der Studierende vor Sprechstundenbeginn Vorbereitungen für diesen Termin trifft und zwar in der Art, daß er Thema und Ziel seines Anliegens möglichst exakt für sich bestimmt. Kurz: Wenn jemand zur Sprechstunde kommt, sollte er wissen, was er will. Das bedeutet, er hat sich zumindest drei Punkte im voraus überlegt: Erstens das *Thema* des Gesprächs, zweitens das konkrete *Anliegen*, und drittens den *Zeitrahmen* der Situation. Man stellt sich also die Fragen:

~ Worum soll es in diesem Gespräch gehen?

~ Was möchte ich, daß der Lehrende für mich tut?

~ Wieviel Zeit wird voraussichtlich für das Gespräch benötigt bzw. zur Verfügung sein?

Beiden Gesprächspartnern wird es dann leichter fallen, sich ohne Umstände und erfolgreich zu verständigen. Denn je präziser jemand das Thema des Gespräches formuliert, umso eher kann er eine angemessene Antwort erwarten. Wenn man z.B. die Themengebiete für eine mündliche Prüfung vorbesprechen möchte, drückt man dies gleich zu Beginn aus, um naheliegenden Mißverständnissen vorzubeugen, es könne etwa um eine schriftliche Hausarbeit, ein Referat oder anderes gehen. Ebenso sollte man sein Anliegen klar und deutlich artikulieren: „Ich möchte Sie bitten, mir ein Gutachten zu schreiben für ..." Indem man sein Thema und Anliegen im Gespräch klar formuliert, nutzt man auch den möglicherweise knappen Zeitrahmen am besten. Falls Studierende allerdings absehbar zeitaufwendige Wünsche haben, wie z.B. den, ein Lehrender möge eine durchkorrigierte schriftliche Arbeit mit ihnen ausführlich besprechen, dann empfiehlt es sich womöglich, Sondertermine zu vereinbaren.

Eine weitere Vorbereitung auf den Sprechstundenbesuch kann darin bestehen, daß man sich die Phasen eines Gesprächsverlaufs vor Augen hält. Diese Überlegung vorab zur Situation dient der weiteren Orientierung und hilft unter Umständen zu größerer Verhaltenssicherheit. In diesem Zusammenhang wird es genügen, eine *Eröffnungsphase*, eine *Kernphase* und eine *Beschlußphase* zu unterscheiden.

In der Eröffnungsphase stellt sich zunächst der Studierende vor. Die Namensnennung und wahrscheinlich die Bezeichnung seiner Veranstaltung, die man gegenwärtig besucht, geben dem Dozenten die eventuell fehlende Rahmeninformation. Im nächsten Schritt wird der Studierende Thema und Anliegen des Sprechstundenbesuchs formulieren und im weiteren dann spezifizieren. So läßt sich ein endloses und recht unproduktives Frage-Antwort-Spiel vermeiden und das Gespräch erhält Struktur: Indem dargelegt wird, was Zweck der Unterredung sein soll, schließt man zugleich aus, was nicht zum Thema gehört. Diese Vorgehensweise und die daraus resultierende Strukturierung kommen dann in der Kern- oder Hauptphase des Gesprächs zum Tragen, wenn Vorschläge oder Forderungen des Dozenten überprüft und entschieden, Informationen aufgenommen, Nachfragen gestellt und unter Umständen neue Aspekte profiliert werden wollen.

Am Ende des Gesprächs, in der Beschlußphase, kann eine Zusammenfassung des Besprochenen sinnvoll sein, in der der Studierende die wichtigsten Ergebnisse festhält und dem Dozenten gegenüber absichert. Mißverständnisse lassen sich so oft vermeiden und Ungenauigkeiten noch korrigieren. Zugleich unterstützen solche verbal geäußerten Zusammenfassungen auch häufig das eigene Erinnerungsvermögen. Wer sich nicht auf sein Gedächtnis verlassen mag, wird verbindlich getroffene Vereinbarungen notieren.

Grundsätzlich sollte man sich zudem überlegen, ob und mit welchen Anliegen man in der Sprechstunde an der richtigen Adresse ist. Prüfungsordnungen z.B. kann man selbst lesen, während es aber angebracht sein kann, Lehrende nach den Gepflogenheiten ihrer praktischen Auslegung zu fragen. Nicht gedacht sind Sprechstundentermine auch als Einzelfall-Nachhilfe oder gar Lernersatz. Und bei Offenbarungen höchst privater Art empfiehlt sich Zurückhaltung. Eine Sprechstunde dient ja, so vertrauenserweckend auch manches Dozentengesicht wirken mag, zuallererst der fachwissenschaftlichen Beratung.

Gewöhnlich erwarten Lehrende auch nicht, daß Studierende im Falle von Verhinderungen, verspäteter Abgabe einer Arbeit etc. ausführlich Auskunft geben, welche persönlichen oder gesundheitlichen Umstände dazu geführt haben. Auch ärztliche Atteste, notwendig im Falle von Prüfungsverschiebungen, fassen sich kurz. Daß man allerdings mindestens einen Anruf tätigt, um die Dozenten rechtzeitig darüber zu informieren, wenn man z.B. einen verabredeten Termin nicht wahrnehmen wird, ist selbstverständlich.

Das Telefonat

Auch Telefonate mit Lehrenden gehören zu den typischen Situationen des Studiums. Sie dienen üblicherweise einem eher organisatorischen oder pragmatischen Informationsaustausch. Insofern eignet sich das Telefonat vorzüglich für Entschuldigungen im Krankheitsfall, für Terminabsprachen oder -verschiebungen und sonstige Informationen, die kurz und präzise eingeholt, abgesichert bzw. abgestimmt werden können. Falls es ausdrücklich so verabredet wurde, lassen sich auch fachliche Gespräche fernmündlich führen. Doch verspricht – mindestens für miteinander relativ unvertraute Gesprächspartner – die Situation vis à vis eher eine gelungene Verständigung.

Da der Dozent in seiner Funktion als Lehrender telefonisch belangt wird, empfiehlt es sich, zuallererst das Dienstzimmer und nur in dringenden Fällen, oder wenn man ausdrücklich dazu aufgefordert worden ist, die Privatnummer anzuwählen. In diesen Fällen ist es dann äußerst empfehlenswert, auf 'anständige' Uhrzeiten zu achten, das heißt den frühen Morgen zu meiden und den Feierabend und die Mittagsruhe zu respektieren. Man sollte zudem absichern, ob der Angerufene überhaupt gesprächsbereit ist, statt unbedacht drauflos zu reden. Als Anrufer kann man nicht wissen, aus welcher Situation der Gesprächspartner gerade geholt wird und ob er die erwünschte Aufmerksamkeit überhaupt aufbringen kann.

Summarisch gilt also für das Telefonat: Man faßt sich kurz. Man nennt seinen Namen, sagt, in welcher Beziehung man zum Angerufenen steht – Es rufen nicht nur Studierende an! – und formuliert sein Anliegen („wegen"). Dann läßt man seine Mitteilung oder Frage folgen und beendet nach erhaltener Antwort das Gespräch. Derlei knappe und präzise Verständigung gelingt auch beim Telefonieren am ehesten bei entsprechender Vorbereitung. Wenn man Papier und Bleistift für entsprechende Notizen und weitere Unterlagen griffbereit hat, die das Anliegen des Telefonats betreffen, erleichtert das die sachliche Klärung und unkomplizierte fernmündliche Absprachen.

Die Prüfung

Mündliche Prüfungen sind vorgeschriebene Lern- und Leistungskontrollen, in denen ein Prüfling einer Prüfungskommission gegenüber in einem bestimmten Zeitrahmen den Nachweis seiner fachlichen Qualifikation erbringen muß. Anders als die studienbegleitenden obligatorischen Leistungsnachweise (Scheine) stellen mündliche Prüfungen für die meisten Studierenden wichtige Zäsuren im Studienverlauf dar. Ob als Zwischenprüfung bzw. Vordiplom in der Mitte der Studienzeit oder als Staatsexamen, Magisterabschluß- oder Diplomprüfung am Ende des Studiums, gewöhnlich sind solche Prüfungen Fix- und Wendepunkte des Studiums. Ihr Resultat, das Bestehen oder Nichtbestehen bzw. die Benotung der Prüfung, kann von weitreichender Bedeutung für den individuellen beruflichen Werdegang und Lebenlauf sein.

Aus diesem Grund sind Prüfungsgespräche in hohem Maße formell geregelt, nahezu ritualisiert. Man erhofft sich dadurch, die Chancengleichheit der Geprüften und die Objektivität der Beurteilung bestmöglich abzusichern. Das Prüfungsprotokoll soll auch im nachherein eine eventuelle Rekonstruktion und Überprüfung des Geschehens erlauben, wenn z.B. Uneinigkeit über die Beurteilung besteht. Darüber hinaus beeinflussen jedoch unvermeidlich auch subjektive Faktoren die konkrete Gestalt, die ein Prüfungsverlauf annimmt, und zwar mindestens in dreifacher Weise:

Erstens muß der Prüfungskandidat seine vorhandene fachliche Qualifikation ersichtlich präsentieren. Zweitens muß seine Kompetenz von den Prüfern wahrgenommen werden, was bedeutet, daß eine gelungene Prüfung in diesem Sinne das Gelingen der Verständigung zwischen Geprüften und Prüfern im ritualisierten Frage-Antwort-Spiel voraussetzt. Und drittens hängt das Gelingen eines Prüfungsgesprächs ganz wesentlich davon ab, ob die Beteiligten – Prüflinge *und* Prüfer – mit den vorgegebenen formellen Rahmenbedingungen umzugehen wissen. Diese institutionellen Vorgaben zur formalisierten Kommunikation betreffen die Rollenverteilung der Prüfer, die Rollen, Rederechte und -pflichten im Gespräch insgesamt, die Zeitmaße für das Gespräch sowie die Behandlung von Themen und in manchen Fällen auch den Ort der Handlung.

Das bedeutet: Die Prüfer sind in der Regel Angehörige des universitären Lehrkörpers, entsprechend fachwissenschaftlich ausgewiesen und prüfungsberechtigt. Ihre Anzahl variiert je nach Studiengang und der die Prüfungsverfahren regelnden Prüfungsordnungen und -bestimmungen der zuständigen Ämter und Gremien. Auf jeden Fall nehmen mindestens zwei Prüfer die Prüfung ab, um ein Mindestmaß an Objektivität bei der Beurteilung der Prüfungsergebnisse zu gewährleisten. In manchen Prüfungen, etwa bei Staatsexamina, sind zusätzlich zu den Fachwissenschaftlern Abgeordnete des Landesprüfungsamtes anwesend und bei der Beurteilung stimmberechtigt.

So sehr die Gestaltung von Prüfungen auch je nach Universität, Fach und beteiligten Persönlichkeiten differieren mag, das Prüfungsgespräch ist grundsätzlich durch eine strikte Rollenaufteilung geprägt. Als Hauptprüfer fungiert in der Regel derjenige, der den Prüfling bisher fachwissenschaftlich betreut hat. Gewöhnlich obliegt es ihm, die Prüfung einzuleiten. Der Zweitprüfer ist zumeist entweder auf Wunsch des Prüfungskandidaten, des Hauptprüfers oder aufgrund einer institutionellen Funktion zugegen. Diese und eventuell weitere anwesende Prüfer sind üblicherweise alle frageberechtigt. Eine Frageverpflichtung haben vor allem *die* Prüfer, die für das jeweils behandelte Fachgebiet zuständig sind. Das Protokoll führen – häufig im Wechsel – jene, die gerade *nicht* hauptsächlich in das Gespräch mit dem Prüfling verwickelt sind.

Der Prüfungskandidat hat dem Prüfungsgremium gegenüber eine Anwesenheitspflicht, soweit er nicht durch Attest entschuldigt ist. Zugleich hat er im Prüfungsgespräch eine Auskunfts- und Beantwortungsverpflichtung gegenüber den Fragen der Prüfer. Wie diese hat er sich dabei in dem von der Prüfungsordnung gesetzen Zeitrahmen zu bewegen, wobei in der Regel insgesamt ein Zeitraum von 30 bis 60 Minuten festgelegt wird. Demzufolge müssen oft zur Behandlung eines Themengebietes etwa 15 Minuten ausreichen.

Daraus ergibt sich, daß eine gute Strukturierung, sowie Kürze und Prägnanz der Beiträge des Prüflings zum Prüfungsgespräch von großer Bedeutung sind. Seine Kompetenz muß sich in der konkreten Situation artikulieren. Wenn Prüfungen trotz gutwilliger und erfahrener Prüfer unglücklich verlaufen, dann liegt dies zwar in etlichen Fällen an fachlichen Defiziten der Prüflinge, jedoch nicht durchweg. Mancher hat sich zwar inhaltlich vorbereitet, aber nicht darauf, sein Können knapp, deutlich und strukturiert zu präsentieren, wie es erforderlich ist. Häufig spielt zwar Oberflächlichkeit eine Rolle, aber manchmal reflektieren engagierte und kompetente Studierende ihr Wissen auch so grenzenlos gründlich, daß sie es nicht erkennbar darzustellen vermögen. Und schließlich gelingt es nicht jedem in jedem Fall, einen konstruktiven Umgang mit Prüfungsängsten zu finden.

Vielfach üblich und oft sehr hilfreich ist es insofern, wenn die Kandidaten zu Beginn der Prüfung oder der Behandlung eines Themas ein kurzes, zusammenhängendes Statement abgeben können, das 5 oder 10 Minuten dauert. Eine solche *Themenvorstellung* bietet Prüflingen die Möglichkeit nicht nur zur zusammenhängenden Darstellung ihrer Kompetenz, sondern unter Umständen auch dazu, Akzentsetzungen für das weitere Prüfungsgespräch anzubieten, die das Prüfungsgremium möglicherweise gern aufgreift. Eine Themenvorstellung kann umfassen:

~ Die Kennzeichnung der Bedeutung des fachwissenschaftlichen Themas, das der Prüfling gewählt hat, und eventuell eine entsprechende Argumentation,

~ einen strukturierten Überblick über das Themengebiet und die Auffächerung seiner Haupt- und Nebenaspekte, und

~ eventuelle Fragestellungen, die sich aus dieser Darstellung und Perspektive ergeben.

Das weitere Prüfungsgespräch ist zumeist durch Fragen oder andere Impulse der Prüfer bestimmt. Darstellungsaufforderungen oder Reproduktionsfragen verlangen dabei vom Prüfling, wissenschaftliche Sachverhalte und damit verbundene Fragestellungen systematisch und mit Genauigkeit zu beschreiben. Reflexionsfragen oder -impulse verlangen dagegen die kritische Überprüfung bzw. Problematisierung von wissenschaftlichen Fragestellungen, Untersuchungen oder deren Voraussetzungen. Üblich sind weiter Aufforderungen zur Definition von Begrifflichkeiten oder solche, zu demonstrieren, daß man imstande ist, beispielsweise fachwissenschaftliche Theorieansätze oder Methoden zur Bearbeitung einer speziellen Problemstellung anzuwenden.

Die Prüfungssituation erfordert insofern hohe Geistesgegenwart und vor allem große Beweglichkeit von den Prüflingen. Sie müssen die Bedeutung und Reichweite der Prüfer-Impulse erkennen und sodann ihre Antworten entsprechend akzentuieren. Wenn möglich nicht nur auf das Erfragte hin, sondern auch in Richtung *der* thematischen Felder, auf denen sie sich besonders kompetent und sicher fühlen. Wenn die Prüfungskandidaten einigermaßen vertraut mit dem Diskussionsstil ihrer Prüfer und angemessen vorbereitet sind, gelingt es ihnen

jedoch meist, die Aufforderungen richtig zu verstehen und zur eigenen Profilierung zu nutzen.

Bleibt es einem Prüfling jedoch ein Rätsel, worauf Prüferfragen abzielen,
sollte er nachfragen oder um Neuformulierung bitten. Wenn man die knappe zur
Verfügung stehende Zeit mit unergiebigem Herumraten vertut, ist das niemandem
von Nutzen. Überdies sind viele Prüfer durchaus erleichtert, wenn die Kandidaten
für ihre Verständnisabsicherung selbst sorgen. Entgegen weit verbreiteter Mut-
maßungen schlägt sich eine derart aktive Haltung der Prüflinge fast immer zum
Vorteil aus. Es sei denn, sie dient augenscheinlich dazu, von gravierenden Wis-
senslücken abzulenken, oder wird so dominant, daß die Prüfer selbst Mühe haben,
zu Wort zu kommen.

Prüfern ist es ja nicht unbekannt, daß Prüflinge häufig mit Aufgeregtheit zu
kämpfen haben, die das konzentrierte Zuhören erschweren kann. Sie wissen weiter, daß Prüfungsgespräche schon von ihrer durch die Zeitknappheit erzwungenen
Struktur her ein für Ungeübte besonders schwieriges Unternehmen darstellen:
Man ist genötigt, die Behandlung eines Themas in großen Gedankensprüngen zu
vollziehen, womöglich nach Ablauf der dafür vorgesehenen Zeitspanne direkt zur
Behandlung eines weiteren Themengebiets überzugehen, und eventuell auch als
Prüfling dazu, sich mit den häufig sehr unterschiedlichen Kommunikationsstilen
der Prüfer zu arrangieren. Gelegentlich können Prüflinge allerdings mit den Prüfern Thesenpapiere oder kurze Gliederungen zu den behandelten Themen absprechen, die in der Prüfung als Leitfaden des 'springenden Gesprächs' dienlich
sein sollen.

Wie auch immer das konkrete Verfahren in einem Fall aussieht, eine sorgfältige Vorbereitung ist immer sehr zu empfehlen, um die schwierige Situation einer
mündlichen Prüfung zu dem erhofften Ausklang als erfreulichem Ereignis zu führen. Vier mögliche Dimensionen der Prüfungsvorbereitung sind:

~   Die *individuelle Prüfungsplanung*. Sie sollte mindestens darin bestehen, ei-
    nen realistischen Arbeits- und Zeitplan für die organisatorische und fachbe-
    zogene Vorbereitung zu erstellen. Klugerweise läßt man darin auch Spiel-
    raum z.B. für den Fall, daß man erkrankt, oder daß man sich in der Ein-
    schätzung der für die Aneignung eines Themas erforderlichen Zeit ver-
    schätzt hat.

~ Die *organisatorische Prüfungsvorbereitung*. Sie setzt zuallererst einmal die Kenntnis der Prüfungsordnung voraus. Das Bemühen um prüfungsrelevante Bescheinigungen, personale, terminliche und thematische Absprachen mit Prüfern und Prüfungsämtern sollte so rechtzeitig geschehen, daß man sich in der verbleibenden Zeit vor dem Prüfungstermin auf die Fachinhalte und die Gesprächsvorbereitung konzentrieren kann.

~ Zur *fachwissenschaftlichen Prüfungsvorbereitung* ist man darauf angewiesen, daß man sich um das Arbeitsmaterial (z.B. Bücherbestellungen) rechtzeitig bemüht hat. Nun stellt man den Stoff der Prüfung zusammen, bereitet ihn auf, wiederholt und sichert das Gelernte ab. In diesen Bereich gehört auch – falls erforderlich – die Konzeption einer Themenvorstellung für die mündliche Prüfungssituation.

~ Die *Vorbereitung auf die besondere Kommunikationssituation* der Prüfung kann Verschiedenes umfassen: Zum einem ist es sinnvoll, sich auf eine mündliche Formulierung des Prüfungsstoffes einzustellen. Dies kann geschehen, indem man sich Thesenpapiere, Stichwortkataloge oder gut strukturierte Texte erstellt, die – das wäre zu prüfen – in der Tat sprechbar sind. Man kann sich einen Katalog möglicher Fragen erstellen und bearbeiten. Man kann mit Freunden oder Kommilitonen eine Prüfung vorproben. Und wer wenig Erfahrung mit sich als Redner hat, sollte vielleicht einmal mit der Uhr prüfen, wieviel Zeit er braucht, um ein Statement auszuführen.

Eine weitere Vorbereitung kann z.B. darin bestehen, wenig vertraute Prüfer in ihren Veranstaltungen daraufhin zu beobachten, welchen Gesprächsstil oder welches Frageverhalten sie pflegen. Desweiteren kann man sich natürlich bemühen, im Gespräch mit Kommilitonen Eindrücke und Einschätzungen zur Frage des Prüfungsverhaltens der Lehrenden zu erhalten. Allerdings sollte man dabei gewiß vorsichtig sein, denn gerade auf dieses Thema bezogen ist die Gerüchteküche gern besonders phantasievoll. Vor allem mit 'Panikmache' erweist man Kommilitonen normalerweise keinen Gefallen. In den meisten Fällen gelingt selbst Lehrenden, die sich ganz und gar nicht zugeneigt sind, bei gemeinsamen Prüfungsaufgaben eine vernünftige, sachliche Kooperation.

Auch praktische Erkundungen können von Nutzen sein. Vermutlich wird man heute kaum noch erfahren, daß bestimmte enge Kleidervorschriften für Prüflinge herrschen. Trotzdem kann es sich empfehlen, hier eine gewisse Dezenz zu wahren. Ausgesprochen nützlich kann es sein, sich – falls möglich – vorab für die Räumlichkeiten zu interessieren, in denen die Prüfung stattfindet und sich Vorstellungen zur Sitzordnung zu machen. Häufig bieten die Prüfer den Kandidaten an, ihren Platz selbst zu wählen. Und selbst, wenn das Angebot nicht geäußert wird, empfiehlt es sich, darum zu bitten, daß man z.B. nicht etwa einem Fenster mit hellem Sonnenlicht gegenüber sitzt. Genötigt, gegen das Licht zu schauen, dürfte es schwer sein, sich auf die Rede und die nonverbalen Reaktionen der Prüfer in der erforderlichen Weise zu konzentrieren.

Daß ein Prüfungskandidat schließlich am Tag X pünklich am Ort der Prüfung ist, dürfte selbstverständlich sein und man sollte das ebenso von den Prüfern erwarten. Es ist auch sinnvoll, Sorge zu tragen, daß man in einer möglichst guten Verfassung, also gesund und ausgeruht ist. Für viele Prüflinge bewährt es sich dann in der eventuellen Wartezeit, sich um eine ruhige Atmung und um die im weiteren erforderliche Konzentration zu bemühen, anstatt aufgeregt herumzuflattern und noch in der letzten Minute in den Büchern und Notizen zu blättern. Wer sich allerdings eher motorisch zu Konzentration verhelfen kann, mag im stillen Auf- und Abgehen vielleicht einen Weg für sich finden, ohne andere Prüflinge zu stören.

Diejenigen Kommilitonen, die möglicherweise nach der eigenen Prüfung antreten, sollte man freilich auch in der Erleichterung und dem Glücksrausch eines „erfolgreich bestanden" nicht vergessen. Was bedeutet: Flure, hinter deren Türen weitere Prüfungen stattfinden, sind für Sektgelage mit Freunden, so sehr sie jedem vergönnt sind, ganz und gar der falsche Ort.

Die Gremiensitzung

Eine Gesprächssituation, die der Mehrheit der Studierenden eher unbekannt ist, sind die Gremiensitzungen der universitären Selbstverwaltung, in denen Studierende wie die anderen Gruppen der Universität stimmberechtigte Mitglieder sind. Das ist – mindestens auf den ersten Blick – erstaunlich, denn das dort 'life' zu beobachtende Geschehen ist nicht selten mindestens so verzwickt und spannungsreich wie ein Krimi. Zudem betrifft, was dort geschieht – ob neue Hochschullehrer eingestellt, Gelder verteilt oder Prüfungsordnungen diskutiert und verabschiedet werden –, ganz wesentliche Momente des Studiums, also die Interessen der Studierenden. Anders als in den bisher angesprochenen Grundsituationen des Studiums ist jedoch die Interaktion zwischen Lehrenden und Studierenden bei Gremiensitzungen kein Bestandteil der Ausbildung. Man tritt sich nicht als Lehrender und Lernender gegenüber, sondern als Vertreter von Gruppeninteressen im politischen Feld der Institution.

Die aktive Teilnahme an der hochschulischen Gremienarbeit setzt mindestens ein Grundwissen von ihren Aufgaben und Arbeitsweisen voraus. Wir können hier nur einen kurzen Überblick allgemeiner Art geben und die Besonderheiten von Sprache und Kommunikation in den Gremien charakterisieren. Die z.B. in den Fachschaften, im Allgemeinen Studentenausschuß (AStA) oder Studentenparlament tätigen Kommilitonen können dagegen für die jeweilige Hochschule spezifische Informationen und Erfahrungen vermitteln.

Die Institution Universität wird neben dem Verwaltungsapparat von gewählten Funktionsträgern und einem Netz von Gremien unterschiedlicher Art getragen. Um die Zusammenkunft der Mitglieder zu ermöglichen, tagen sie häufig an einem veranstaltungsfreien Gremientag (meist Mittwochnachmittag). Neben Versammlungen sind die Gremien der Ort, an dem sich kontinuierlich die Prozesse demokratischer Entscheidungsfindung vollziehen. Das aufgefächerte Gremiensystem verkörpert insofern das demokratische Prinzip der Verteilung bzw. Vervielfältigung von Entscheidungslasten. Sein Aufbau läßt sich wie folgt schematisieren:

Zum ersten ist das Gremiensystem entlang den hochschulischen Organisationseinheiten verschiedener Größenordnung hierarchisch aufgebaut. Die Kooperation organisiert sich von den Fachkommissionen, die das Einzelfach repräsentieren, über die Fachbereichsräte, die den Fachbereich als Organisationseinheit meist verwandter Fächer – z.B. Sprach- und Literaturwissenschaften, Sozialwissenschaften – vertreten, aufsteigend zum Senat als oberstem Parlament.

Zum zweiten soll das Gremiensystem die Mitbestimmung aller universitären Gruppen sichern. Das bedeutet, daß die Mitglieder der genannten Gremien jeweils Vertreter der unterschiedlichen Statusgruppen versammeln (Studierende, wissenschaftliche Angestellte und Beamte, Professoren, nichtwissenschaftliche Angestellte). Diese Statusgruppen delegieren über Versammlungen und Wahlen ihre Vertreter dorthin. Für Studierende entsprechen dem auf der Fächerebene z.B. Fachvollversammlungen, die gewählte Fachschaftsvertretung und die Delegierten

in Fachkommission und Fachbereichsrat. Zusätzlich zu der an Statusgruppen
orientierten Zusammensetzung der Gremien stehen gesellschaftlich benachteilig-
ten Gruppen – wie weiblichen und ausländischen Universitätsmitgliedern – besondere Vertretungsrechte zu. Auch hier werden in entsprechenden Versammlungen Repräsentanten gewählt (Frauen- bzw. Ausländerbeauftragte), die dann die
speziellen Interessen ihrer Gruppe in andere Gremien tragen. Politische Gruppie-
rungen ('Listen'), die sich z.B. im Zusammenhang mit Wahlen um eine hochschulpolitische Programmatik zusammentun, sind dagegen *nicht* als Organe der
universitären Selbstverwaltung anzusehen, sondern 'bedienen' wie Parteien das
parlamentarische System.

Das dritte Prinzip schließlich, nach dem das Gremiensystem sich organisiert,
ist das der Arbeitsteilung. Einmal wird es wirksam in Gestalt der gewählten
Funktionsträger auf Zeit (Dekane, Vorsitzende des akademischen Prüfungsamtes
etc.) oder aber durch aufgabenorientierte Sonderkommissionen. Das heißt, neben
den *kontinuierlich* tagenden Gremien, die eine Vielzahl von Angelegenheiten bearbeiten, gibt es weiter solche, die zu einer bestimmten Fragestellung *zeitlich be-
fristet* gebildet werden und tagen. Dazu gehören z.B. Berufungskommissionen, die
Stellenausschreibungen machen und Einstellungsverfahren durchführen.

Sprache und Kommunikation haben in der Situation der Gremiensitzung unter anderem darum einen spezifischen Charakter, weil der politisch-pragmatische
Diskurs dominiert. Das bedeutet, daß Redebeiträge in diesem Kontext – im Unterschied zum erkenntnisorientierten wissenschaftlichen Gespräch – erstens von
Parteilichkeit für die Durchsetzung der jeweils vertretenen Gruppeninteressen geprägt sind und zweitens durch praktischen Entscheidungs- und Handlungsdruck.
Dieser ergibt sich, weil die Gremien in der Institution Organisationsaufgaben zu
erfüllen oder entsprechenden Funktionsträgern zuzuarbeiten haben: Eine Hoch-
schullehrerstelle z.B. kann ja nicht Semester für Semester unbesetzt bleiben, weil
man sich nicht einig werden will, welcher Bewerber geeignet ist. Kurz gesagt: Der
Diskurs in den Gremien ist zwar als öffentliche Rede am Ideal der Sachlichkeit,
zugleich aber an Machtinteressen, institutionellen Sachzwängen und organisatori-
scher Pragmatik orientiert.

Für die konkrete Gesprächssituation bedeutet das: Sie ist in hohem Maße
formalisiert. Pragmatik, Struktur und Überprüfbarkeit der Handlungsabläufe und
Entscheidungswege werden – soweit das möglich ist – durch Geschäftsordnungen

(GO), Tagesordnungen und Protokolle gesichert. Die Geschäftsordnung bestimmt dabei die rechtliche Basis und das Verfahren der Entscheidungsprozesse. (Wer ist stimmberechtigt? Welche Verfahrenswege und Mehrheiten sind für welche Entscheidungen erforderlich? Usw.) Die zu jeder Sitzung erstellte Tagesordnung bestimmt die Themen des Gesprächs und die Reihenfolge ihrer Behandlung. Sie geht gewöhnlich vor der Sitzung den Mitgliedern des Gremiums zu und wird am Beginn einer Sitzung – gegebenenfalls verändert – verabschiedet.

Daraus ergibt sich der übliche Ablauf einer Gremiensitzung so, daß man Punkt für Punkt die Tagesordnung (sogenannte TOPs) durcharbeitet. Gewöhnlich präsentieren entweder die Antragsteller oder der Vorsitzende des Gremiums ein Thema, schlagen unter Umständen einen Lösungsweg vor, plädieren für eine Haltung dazu oder stellen die Frage zur Diskussion. In der über die Redeliste entstehenden Reihenfolge formieren sich dann die Beiträge der Mitglieder des Gremiums. Wer in diesen Ablauf eingreifen will, wird einen Antrag zur Geschäftsordnung stellen, was sich z.B. durch Aufheben beider Hände signalisieren läßt. Ein Geschäftsordnungsantrag, der das Verfahren in der Diskussion betrifft, hat üblicherweise Vorzugsrecht vor einfachen – einhändigen – Meldungen zur Rede. Wenn man also beispielsweise im Verlauf eines Gesprächs den Eindruck gewinnt, daß das Gremium vor seiner Entscheidung per Abstimmung eine in der betreffenden Angelegenheit kompetente Person anhören sollte, dann kann man formulieren: „Ich beantrage erstens, die Diskussion abzubrechen, und zweitens, die Entscheidung über diese Angelegenheit auf die nächste Sitzung zu vertagen, wenn Herr B. anwesend ist. Wir sind derzeit auf Spekulationen angewiesen. Er kann jedoch mit Gewißheit die Sachlage aufklären." Nach eventuellen Befürwortungen und Gegenreden muß dann über diesen Antrag beschlossen werden.

Dieser Skizze läßt sich entnehmen, daß mancherlei Vorbereitung sinnvoll ist, wenn man sich in Gremiensitzungen am Gespräch beteiligen möchte. Selbstverständlich sollte man sich zuallererst über Funktionen und Befugnisse des jeweiligen Gremiums ebenso wie über dessen Verknüpfung mit anderen Ebenen der Selbstverwaltung informieren, um die Tragweite des Geschehens und seinen Wirkungszusammenhang zu erfassen. Zudem kann es angebracht sein, sich vor Augen zu führen, welche gruppenspezifischen und hochschulpolitischen Interessen die einzelnen Mitglieder vertreten, bzw. welche Ämter sie innehaben. Andernfalls werden sie auch daran erinnern, etwa mit Äußerungen wie: „Ich bitte die

Anwesenden, in dieser Angelegenheit mindestens ein Meinungsbild zu erstellen. Ich muß in meiner Funktion als Vorsitzender der Fachkommission in der nächsten Woche in dieser Sache tätig werden und bitte darum um einen entsprechenden Vorschlag, wie man verfahren könnte."

Auf jeden Fall empfiehlt sich eine gute Kenntnis der Regelungen und Bestimmungen der jeweiligen Geschäftsordnung, die maßgebliche Mittel bereitstellt, um eigenen Beiträgen Gehör und eigenen Anliegen Durchsetzungschancen zu verschaffen. Des weiteren ist es hilfreich, entlang der Tagesordnung bereits vorab die eigene Meinungsbildung zu den angesetzten Themen zu betreiben, etwa als Vertreter studentischer Interessen im Kreis der Fachschaft. Über unklare Begriffe und Kürzel – z.B. 'Titelgruppe' für bestimmte Posten des Haushalts – mögen Eingeweihte Aufklärung geben. Oder aber man nutzt den gewöhnlich zu Sitzungsbeginn festgelegten Tagesordnungspunkt „Berichte und Anfragen" zur Nachfrage. Im nachhinein kann es sich auch lohnen zu prüfen, ob Protokolle über den Gesprächsablauf den eigenen Notizen entsprechen oder Beschlüsse die vereinbarten Folgen gezeitigt haben. Man kann sich eventuell veranlaßt sehen, selbst einen Antrag zu stellen, damit die entsprechende Thematik erneut auf die Tagesordnung gesetzt wird.

Zum politischen Pokerspiel der Gremien gehört natürlich weiter Strategie und Taktik bei der Beeinflußung der Gesprächs- und Entscheidungsprozesse. Um sich in dieser Hinsicht im Gespräch zu orientieren, bedarf es gelegentlich einigen Spürsinns: Erstens, um zu erahnen, welche inhaltlichen Ziele der Antrag eines Mitglieds verfolgt oder welche Konsequenzen eine Entscheidung möglicherweise mit sich bringt. Und zweitens, um das sprachliche 'Manöver' zu durchschauen. Geistreiche Polemiken z.B., die eine bestimmte Meinung herabsetzen, können ja sehr zur Zustimmung verführen. Ein Gleiches gilt für Formulierungen, die vermeintlich für die eigenen Interessen Partei nehmen, wie: „Dieser Vorschlag muß ja im Interesse der Studentenschaft sein!" Vereinnahmt und 'überrollt' werden kann man weiter, wenn jemand Entscheidungen als gegeben voraussetzt: „Ich nehme an, wir sind im Konsens darüber, daß den Professoren mehr Sachmittel zustehen." Oder wenn jemand etwa mit moralischem Unterton äußert: „Nun, wir wollen da doch nicht kleinlich sein!" Will man im weiteren selbst erfolgreich in den Gesprächsablauf eingreifen, sollte man darum die eigene Position trotz der erforderlichen Aufmerksamkeit für die anderer nicht aus den Augen verlieren.

Die Vorgeschichten und Zusammenhänge zu verstehen, die die Entscheidungen in Gremien betreffen, und die Standpunkte der Mitglieder, ihre Bündnisse, Animositäten und Verhaltensgewohnheiten einzuschätzen, dies alles ist nur möglich, wenn man sich mit anderen austauscht, informiert und vor allem den Weg der Erfahrung geht. Wer ein möglicher Bündnispartner oder ein verläßlicher Informant ist, wer wiederum dazu neigt, wie eine Wetterfahne mal so, mal so zu reden und abzustimmen, das läßt sich nur vor Ort erkunden. Daß allerdings Diskussionen in Gremiensitzungen immer harmonisch und in schönster Einigkeit ideale Vorstellungen der demokratischen Debatte verwirklichen, das sollte man nicht erwarten. Ob, in welchem Maße und in welcher Weise die Verhältnisse in der universitären Selbstverwaltung – wie in allen demokratischen Systemen – sich gerecht, intelligent und sozial gestalten, das hängt wie andernorts davon ab, inwiefern man dies mit Tat und Wort betreibt.

3 Die wirkungsvolle Rede

Menschliches Leben verwirklicht sich als Miteinander in der Sprache. Insofern schwingt in dem Wunsch einer Person, wirkungsvoller zu sprechen, meist das Bedürfnis mit, die individuelle alltägliche Lebensweise besser zu verstehen und eventuell neue Gestaltungsmöglichkeiten zu entdecken. Die nun folgenden Kapitel dieses Buches wollen anregen, das gewohnte eigene Sprechverhalten wahrzunehmen und gegebenenfalls zu verändern. Der Blick wird auf den einzelnen gerichtet, aber er kann dort nicht bleiben. Denn als Wirkung unserer Beredsamkeit erhoffen wir nicht *irgendeine* beliebige Resonanz von anderen, sondern Kontakt, Aufmerksamkeit, Verstehen, Antwort.

Vermutlich hat jeder schon einmal vermeintlich glanzvollen Rednern zugehört und sich am Ende gefragt: „Worum ging es eigentlich?" Man kennt auch die Situation, daß ein Mensch pausenlos und eindringlich auf einen anderen einredet und dieser sich – verdeckt oder direkt – des Wortschwalls zu erwehren sucht, der da auf ihn niedergeht. Oder jene, daß jemand trotz aller Gutwilligkeit mit Gähnimpulsen kämpft, während er einem anderen zuhört. Oder aber man bemüht sich redlich, dem Gegenüber die eigene, abweichende Meinung zu einem Thema deutlich zu machen und hört dann: „Das sage ich doch die ganze Zeit."

In allen diesen Fällen zeigt eine Rede Wirkungen, nur sind es unerwartete und unerwünschte. Wer sich in Kommunikation begibt, riskiert Unwägbarkeiten. Denn niemand kann sein sprachliches Handeln in Richtung aller möglichen Wirkungen und Nebenwirkungen absichern: Man mag die besten Absichten haben, etwas zu erklären, aber es gelingt nicht. Man mag dem Gegenüber noch so sehr sein Wohlwollen ausdrücken, es fühlt sich mißachtet. Oder es rutschen in einer Situation plötzlich Worte auf die Zunge, die man im nachhinein lieber nicht gesagt hätte. Darum ist es sehr sinnvoll, auf die Vorstellung zu verzichten, man könne alle Wirkungen seiner Rede kontrollieren oder gar planerisch 'programmieren'.

Was man aber kann, das ist, seine Aufmerksamkeit für Redesituationen schulen, eventuell das eigene Verhaltensrepertoire erweitern und versuchen, seine Beweglichkeit und Ausdrucksfähigkeit zu erhöhen. Um sich auf diesem Wege der Verfeinerung rhetorischer Gewohnheiten nicht unnötig selbst zu behindern, lohnt es sich, vorab zu prüfen, welche Vorstellung von Sprache und Kommunikation das eigene Alltagsdenken und -verhalten bestimmt. Drei besonders beliebte Haltungen sollen hier genannt werden, bei denen sich Vorsicht empfiehlt:

~ Erstens die Neigung mancher Menschen, ihr Interesse an Rede und Austausch mit anderen auf persönliche Imagepflege zu beschränken. Sei es daß sie nett, witzig, begehrenswert, bemitleidenswert oder intelligent erscheinen möchten: Selten gefällt es dem Publikum, wenn es sich allein für die Pflege persönlicher Eitelkeiten und Geltungsabsichten anderer benutzt sieht.

~ Zweitens die Neigung mancher Redner, zu vergessen, daß Gedanken und Worte in die Welt hineinwirken. Wir sprechen und hören ja nicht nur Worte, sondern aus Worten entstehen Sachen und Situationen. In diesem Sinne verbindet die Zuhörerschaft einer Rede selbstverständlich Vorstellungen mit dem Gehörten.

~ Drittens die Neigung mancher Redner zu einer mechanistischen Idee von Kommunikation: Man glaubt, es genüge, ein 'Input' zu geben, und hält es für selbstverständlich, daß die Botschaft genau so, wie sie gemeint war, zum Adressaten kommt. Doch Außeneinwirkung auf die Situation oder die Form einer Botschaft – das Wie – kann ihre Übermittlung be- und verhindern. Sei es, daß im Hörsaal das Mikrophon ausfällt oder daß der patzige Tonfall des Redners das Publikum hinaustreibt: Solange man sich nicht um das Wie der Vermittlung seiner Gedanken bemüht, riskiert man, kein offenes Ohr zu finden.

Es ist also angebracht, nicht nur sorgfältig zu beachten, *was* man sagt, sondern auch *wie*, *wo*, *wann* und *zu wem* man spricht. Die Suche nach den individuellen rhetorischen Fähigkeiten und Möglichkeiten ist dann fruchtbar, wenn man gewahr bleibt, daß sie zusammengehört mit der Frage nach den Formen menschlichen Zusammenlebens überhaupt und damit nach der ethisch-moralischen Vertretbarkeit kommunikativen Verhaltens. Auf diese Frage gibt es keine Standard-Antwort, die sich in Rezepte für 'richtiges' Verhalten gießen ließe. Und die *praktisch* gangbaren Wege gelungener Kommunikation müssen Menschen in jeder Situation neu suchen, gemeinsam und im Kontakt miteinander.

Die Titel der folgenden Kapitel, die sich mit dieser Suche beschäftigen, entsprechen fünf Fragen, die die Vorbereitung auf eine Rede- bzw. Gesprächssituation strukturieren können:

3.1 *Erscheinung und Kontakt:* Wie kann ich mein Auftreten der Situation angemessen und als klare Form der Kontaktaufnahme gestalten?

3.2 *Sich Durchblick verschaffen:* Wie kann ich – vorab und in der Situation – Einsicht in das Gesprächsgeschehen nehmen, und zwar ebenso auf die verhandelten Themen bezogen wie auf seine soziale Seite?

3.3 *Zur Sache kommen:* Wie kann ich meine Beiträge zum Gespräch bzw. meine Rede inhaltlich klar, verständlich, stilistisch angemessen und zuhörerfreundlich gestalten?

3.4 *Verhandeln:* Wie kann ich in Gesprächen argumentieren? Und wie kann ich durch klärende und lenkende Beiträge im Sinne gelungener Verständigung darauf einwirken?

3.5 *Das letzte Wort:* Wie kann ich in schwierigen – konfliktträchtigen – Gesprächsphasen oder bei der Äußerung von Kritik klar, sachlich und mit diplomatischem Geschick formulieren und Respekt vor dem anderen signalisieren?

3.1 Erscheinung und Kontakt

Daß alle Menschen, denen man begegnet, gleich von Liebe auf den ersten Blick ergriffen werden, ist nicht zu erwarten. Dennoch: Der erste Eindruck einer Person – ihre Erscheinung – bestimmt wesentlich, ob und wie wir mit ihr in Kontakt treten bzw. unter welchen Voraussetzungen wir uns eventuell verständigen. Nicht selten erzählt man darum von seinen Erfahrungen mit anderen in Erkenntnisschritten: „Zuerst dachte ich: Mensch, ist der aber unterkühlt. Aber dann habe ich festgestellt, daß ...“

Schon bevor man sich eventuell bei der Begrüßung die Hand gibt und die Stimme des anderen hört, nimmt man sein Gegenüber wahr und zugleich eine Haltung zu ihm ein. Man reagiert z.B. auf seine Kleidung, seine Körperhaltung und Bewegung im Raum, seinen Gesichtsausdruck. Dann erst folgt der Händedruck, man spricht. Und in diesen Momenten erschafft man sich ein erstes Bild von der anderen Person. Wir registrieren nicht nur Merkmale wie Alter, Geschlecht und Kleidung, sondern spekulieren auch unweigerlich über ihren sozialen Status, ihre Befindlichkeiten, eventuelle Charaktereigenschaften und darüber, ob und wie der Umgang mit diesem Menschen für uns aussehen könnte. Es entsteht ein mehr oder weniger bewußter innerer Monolog:

Die Mitstudentin tritt mir so nah vor die Füße, daß ich erschreckt zurückweiche. Ist sie aufdringlich oder nur unbeholfen? Der ältere Herr mit Brille stolpert unachtsam in die Begegnung, murmelt etwas Unverständliches und eilt gleich weiter. Na, wenn das kein zerstreuter Professor ist! Die kühl wirkende Dame schaut bei der Begrüßung an mir vorbei zu anderen. Ob die sich für was Besseres hält, als ich es bin? Da bellt mir jemand seinen Gruß im Befehlston entgegen. Ob der die Universität mit dem Kasernenhof verwechselt?

Viele Menschen beachten die Bedeutung kleiner Rituale wie Begrüßungen kaum und staunen dann umsomehr über den Eindruck, den sie bei anderen hinterlassen. Gewiß, es ist nicht schwer, die Worte „Guten Tag!" auszusprechen. Gerade darum aber läßt sich am Beispiel des Begrüßungsrituals zeigen, wie sehr Redesituationen von Faktoren geprägt sind, die außerhalb der Wortsprache liegen. Zu einer Begrüßung, die die Möglichkeit des Gesprächs mit einer Person eröffnen soll, gehört mehr als das Aussprechen zweier Worte. Die folgende Übung kann diese Erfahrung vermitteln.

> *ÜBUNG*

  BEGRÜSSUNG

Versuchen Sie, mit einer anderen Person oder auch allein, die sieben Schritte des Begrüßungsrituals aufmerksam und *nacheinander* – am besten mehrmals – durchzuspielen. So können Sie ein Gefühl für den Ablauf und die Koordination ihrer Bewegungen gewinnen und Ihre Wahrnehmung vertiefen.

1. Die Kontaktaufnahme mit den Augen signalisiert dem Gegenüber: Ich komme auf dich zu. Einverstanden?

2. Man geht durch den Raum auf die andere Person zu, gelassen und interessiert, weder rennend noch schleichend. Aber Vorsicht: Falls Sie nun das Gegenüber die ganze Zeit mit den Augen fixieren, werden Sie stolpern! Achten Sie also auf Ihre Füße.

3. Nun bleibt man in angemessenem Abstand stehen, das heißt: Rücken Sie dem Unbekannten nicht gleich vertraulich auf den Leib, aber bleiben Sie auch nicht so weit entfernt, daß Sie später ihre Hand über einen Burggraben herüberreichen müßten.

4. Nehmen Sie erst wieder Kontakt mit den Augen auf, um anzufragen: Bist du bereit, mich zu begrüßen?

5. Nun reicht man die Hand herüber. Aber vermeiden Sie, die des Gegenübers mit aller Kraft zu schütteln oder ziel- und spannungslos mit der Hand vor dem Bauch des anderen herumzuwedeln. Geben Sie die Hand, nicht mehr und nicht weniger.

6. Nun schaut man das Gegenüber an und spricht die Grußworte. Sprechen Sie laut und deutlich genug: Wenn Sie flüstern, wird schon der erste Moment der Kontaktaufnahme für ein hörbereites Gegenüber anstrengend sein. Aber schreien Sie nicht. Wenn der Unbekannte schwerhörig ist, wird er Ihnen das gewiß bald mitteilen.

7. Nun kann man die Hand wieder an sich nehmen. Aber: Sie sollten sie dem Gegenüber nicht hektisch entreißen oder gleich nach der Loslösung furchtsam ein paar Schritte zurückweichen. Sind Sie offen für ein Gespräch? Dann werden Ihr Gesicht und Ihre Körperhaltung es widerspiegeln. Der Kontakt ist hergestellt.   ◄

Ebenso wie die kleine Szene der Begrüßung sind alle Redesituationen von Anfang an durch körpersprachliche Faktoren bestimmt: Wir nehmen die Gestalt einer Person wahr in den Aspekten ihrer Körpergröße, -fülle und -haltung, ihrer Bekleidung und ihrem Verhalten im Raum des Miteinander. Als besonderen Ausdruck ihrer Individualität beachten wir ihre Mimik, ihre Gestik, ihre Stimmlage. Auch die Eigenart, wie jemand seine Stimme gebraucht, wie er seine Sätze artikuliert und betont, beeinflussen deren Aufnahme durch die Umgebung. Und schließlich wirken alle diese nichtverbalen Momente der Kommunikation ein auf die Dynamik der Beziehung, die sich zwischen den Teilnehmern an einer Redesituation entwickelt.

Damit ist gesagt: Es gibt in der Wahrnehmung von Menschen in Kommunikationssituationen keine bloß 'äußere' Erscheinung. Die mit den Sinnen wahrnehmbaren Merkmale einer Person werden interpretiert, das heißt, man mißt ihnen Bedeutungen zu und betrachtet sie als Zeichen, die 'Inneres' bzw. 'Unsichtbares' über sie aussagen können. Wie aber diese Zeichen gelesen werden, das ist abhängig von den Betrachtern. Zwar interpretieren alle Menschen, aber sie tun es höchst unterschiedlich, je nachdem, durch welche kulturellen Einflüsse sie geprägt sind, welchem Geschlecht, welcher Generation oder gesellschaftlichen Gruppe sie angehören, welche individuellen Erfahrungen und Gewohnheiten sie im Umgang mit Menschen haben und welche Einstellungen und Denkweisen sie pflegen.

Unterschiedliche kulturell geprägte Gewohnheiten, nonverbale Zeichen zu deuten, können z.B. veranlassen, daß Nord- und Süddeutsche irritiert aufeinander reagieren. Sogar und gerade dann, wenn sie einander Wohlwollen und Aufmerksamkeit ausdrücken möchten, kann es zu Mißverständnissen kommen, weil es sich – stark verallgemeinert – mit der Körpersprache im Norden und Süden so verhält wie mit der von Hund und Katze: Wenn der Hund mit dem Schwanz wedelt, heißt das Freundschaft. Wenn die Katze es tut, heißt das Krieg. Wenn der Süddeutsche Aufmerksamkeit und Sympathie ausdrückt, dann nähert er sich dem Gegenüber mit dem Oberkörper und begleitet seine Rede mit lebhaften Bewegungen der Hände in dessen Richtung. Der Norddeutsche dagegen, der sich jemand aufmerksam zuwendet, nimmt den Oberkörper zurück und zeigt seine Konzentration durch besonders ruhige, kontrollierte Gestik und Mimik. „Er mag mich nicht", könnte da der Süddeutsche denken, und der Norddeutsche: „Was regt er sich so auf und rückt mir auf den Leib?" Dann tut die Einsicht not, daß körperliche Zeichen – hier das Verhalten zu Nähe und Distanz, zu Lebhaftigkeit und Ruhe der gestischen Bewegung – viele und sogar entgegengesetzte Bedeutungen haben können.

Auch Alter, Geschlecht und Status einer Person beeinflussen, wie ihr Verhalten interpretiert wird und sie jenes anderer interpretiert. Jungen Leuten wird eher zugestanden, daß sie sich albern und undiszipliniert – 'kindisch' – verhalten als gestandenen Erwachsenen. Wenn allerdings ein Professor mit kokettem Augenaufschlag und Gekicher sein Publikum unterrichtet, kann das irritieren, da dieses sogenannte 'weibliche' Verhalten Männern gewöhnlich nicht zugestanden wird.

Prinzipiell sollte die Achtung der Unversehrtheit, Bewegungsfreiheit und Würde anderer Menschen das Verhalten bestimmen. Nur Unverständige muß das Gesetzbuch darüber belehren, daß sich Handgreiflichkeiten oder gar sexuelle Belästigung verbieten. Im allgemeinen sichern die üblichen Anstandsregeln den sozialen Frieden auf engem Raum. Sie markieren den Erwartungshorizont für nichtsprachliches Verhalten und gelten selbstverständlich auch an Universitäten. Zudem wirken eine Vielzahl gesellschaftlich-allgemeiner oder gruppenspezifischer Normen und Gewohnheiten darauf ein. Wie einzelne sich als körperliche Erscheinung darstellen, macht nicht selten die feinen Unterschiede aus, wie eine

Rede aufgefaßt wird. Ebenso spielt die Interpretation des nonverbalen Verhaltens anderer für die Verständigung eine häufig unterbewertete oder mißverstandene Rolle. Beide Blickwinkel werden darum hier berücksichtigt, wobei wir uns darauf beschränken müssen, nur besonders markante Aspekte zu benennen, wie man nichtsprachliches Verhalten beobachten, verstehen und im Sinne erfolgreicher Kommunikation einsetzen kann. Thematisiert werden *Kleidung, Körperhaltung, Bewegung im Raum, Gestik und Mimik, Stimmführung, Artikulation* und *Intonation* einer Rede sowie verschiedene Momente nonverbaler Interaktionsdynamik und ihrer Interpretation in Redesituationen.

Kleidung

Zu Kleidungsratschlägen fühlen sich viele Mitmenschen berufen und die Illustrierten ganz besonders. Der landläufigen Meinung entgegen läßt sich jedoch nicht beobachten, daß an der Universität eine aktuell modische Bekleidung wirklich den ihr unterstellten gravierenden Einfluß darauf hat, ob Personen ihr Publikum überzeugen können oder nicht. Trotzdem kann es ratsam sein, in dieser Hinsicht überlegt zu handeln, wenn man sich etwa als Referent in eine exponierte Position vor eine Gruppe begibt. Die meisten Zuhörer lauschen Rednern im Blickkontakt und reagieren so besonders auf Gestik und Mimik. Wenn die Kleidung den Eindruck einer respektablen, erwachsenen Person unterstreicht, wird Jacke, Hose, Rock darum weiter wenig beachtet.

Wichtiger als für das Publikum scheint jedoch häufig die Kleidung für die Redner selbst zu sein. Wenn sich jemand in seinen Kleidern nicht wohlfühlt, wie soll er sich auf seine Rede konzentrieren? Er reißt am Hemdkragen herum, sie streicht sich ständig den Rock herunter, die Jacke spannt im Kreuz und die Unruhe überträgt sich auf die Zuhörerschaft. Die Kleidung, die man trägt, sollte insofern für den Anlaß angemessen sein und zugleich als angenehm empfunden werden. Und manchen hilft auch ein Kleidungsstück mit Symbolcharakter dabei, sich in die bisher eventuell ungewohnte Rolle zu finden, als Studierender an der Universität selbständig erarbeitete wissenschaftliche Positionen zur Diskussion zu stellen.

Körperhaltung

Die Körperhaltung beeinflußt die Gesamterscheinung einer Person wesentlich. Einen in sich zusammengesunkenen Menschen mit hängenden Schultern, der seinen Kopf nur mühsam aufrecht hält, schätzt die Umwelt gewöhnlich anders ein als jemanden, der quasi soldatisch seinen Körper auf Hochspannung hält und eine 'preußische' Haltung einnimmt. In der Mitte zwischen diesen Extremen liegt, was gewöhnlich als gesündeste Haltung und entspannte Form des aufrechten Gehens und Stehens betrachtet wird: Der Kopf ruht auf der Wirbelsäule, die Schultern sind mäßig zurückgenommen, die Beine stehen – die Knie nicht ganz durchgedrückt – mit leichtem Abstand voneinander sicher auf dem Boden.

Zweierlei Gründe sprechen in unserem Zusammenhang dafür, auf die Haltung zu achten: Zum ersten die Erfahrung, daß die Umwelt unsere Körperhaltung interpretiert und darauf reagiert. Ein Redner, der in lockerer und aufrechter Haltung vorträgt, gewinnt gewöhnlich leichter die Aufmerksamkeit seiner Hörer als einer, der in das Pult nahezu hineinkriecht. Man kann ihm ins Gesicht schauen, er hat die Hände frei, seine Rede gestisch zu unterstreichen, der Kontakt wird nicht behindert. Dieser Redner hat also einen viel größeren Handlungsspielraum bei der nonverbalen Kommunikation und – zum zweiten – kann er seine Stimme besser einsetzen. Die locker-aufrechte Haltung ermöglicht freies Atmen, was wiederum die Grundvoraussetzung bildet, um frei und klar zu sprechen.

Dieses Phänomen läßt sich probehalber nachvollziehen: Wenn man den Kopf zwischen die Schultern klemmt und/oder zu Boden senkt, behindert man die Kopfbewegung, den Unterkiefer, den Kehlkopf, die anderen Sprechwerkzeuge. Man kann Mühe haben, deutlich zu artikulieren, der Klangraum der Stimme wird eingeschränkt und wenn man dann notgedrungen in Richtung der Füße statt in die seiner Hörer spricht, werden diese kaum erfreut sein. Ein wenig körperliche Haltungsdisziplin zu wahren, erleichtert somit jede Rede, erhält das Wohlwollen des Gegenübers und schont die Stimmbänder. Wenn freilich der gepreßte Stimmgebrauch eher aus einer überdisziplinierten Haltung entstammt, dann ist es angebrachter, den Körper und die Sprechorgane aus der Knechtschaft der Verspannung zu entlassen. Gewöhnlich dankt das Publikum einem Redner, der – im ganz wörtlichen Sinne – bewegt und also bewegend zu sprechen weiß. Es ist viel anstrengender, einen unbeweglichen Punkt lange konzentriert anzuschauen, als eine lebendige Bewegung.

Für vergleichsweise große oder kleine Menschen kann es besonders sinnvoll sein, ihre Körperhaltungen im Gespräch mit anderen oder als Redner zu prüfen. Wenn irgend möglich, sollte man darauf achten, daß man hinter Mobiliar wie Sitz- und Stehpulten weder verschwindet, noch in die Lage kommt, sich ständig zu den darauf befindlichen Notizen herunterzubeugen. Man sollte sie – wie auch Mikrophone – vorab auf die eigene Person passend einrichten, damit man im Vortrag nicht unnötig abgelenkt wird. Oft gibt es freilich nur Kompromißlösungen. Für kleine Personen kann es sich z.B. empfehlen, als Prüfling oder Vortragender besser aufrecht auf einer Stuhlkante zu sitzen, als mit baumelnden Beinen in den Sitz zu sinken. Man macht in der aufrechten Haltung nicht nur eine 'bessere Figur', sondern kann auch freier sprechen und fühlt sich mit dem Bodenkontakt der Füße gewöhnlich sicherer.

Der landläufigen Meinung entgegen ziehen Unterschiede in der Körpergröße jedoch nicht notwendig einen größeren oder geringeren kommunikativen Einfluß nach sich, soweit man dafür sorgt, daß Höhenunterschiede nicht den Blickkontakt in Gesprächen behindern. Die meisten Menschen bemühen sich unwillkürlich darum. Und wenn sich bei der Begegnung von Großen und Kleinen beide Seiten ein wenig zurücklehnen, statt nach vorn herab- oder mit schrägem Kopf heraufzuschauen, läßt sich auch vermeiden, daß man sich in einer 'herablassenden' oder 'aufschauenden' Geste unbehaglich fühlt.

Bewegung im Raum

Die Räume als Umwelten, in denen wir kommunizieren, wirken auf unser Verhalten ein, nicht nur durch ihre Atmosphäre, sondern auch dadurch, daß sie quasi mit unsichtbaren Linien versehen sind, die das Verhalten darin regeln. Das meint z.B., daß Studierende nicht gleich zum Fenster stürzen und dort Kommentare zum jeweiligen Wetter verlautbaren lassen, wenn sie das Sprechzimmer eines Lehrenden betreten. Üblicherweise bleibt man beim Betreten eines fremden 'Reviers' im Raumeingang stehen und wartet auf die Aufforderung, Platz zu nehmen. Während man jedoch früher Autoritäten oder Amtspersonen hinter den statusbetonenden Schreibtischen meist frontal gegenübersaß, hat sich heute schon häufig eingebürgert, daß – weniger konfrontativ und machtbetont – im rechten Winkel zueinander gesprochen wird.

Hörsäle und Seminarräume symbolisieren gewöhnlich bereits durch die Anordnung der Sitzgelegenheiten die Sprechordnung, die dort praktiziert wird. Das – oft größere – Pult der Lehrenden und Referenten kennzeichnet ihre dominante Rolle bei der Gesprächsorganisation. Studierende benutzen auch gern – mehr oder weniger bewußt – die Raumaufteilung, um ihr Verhältnis zum Geschehen dort auszudrücken. Wer sich in großen Räumen in die letzte Reihe setzt, obwohl ihm andere Möglichkeiten offenstehen, beansprucht meist wenig Mitsprache. Manche erwarten, nicht angesprochen zu werden, manche benutzen ihre Position auf der 'Hinterbank', um Distanzierung vom Geschehen im Raum auszudrücken, und manchmal versuchen einzelne, von dort aus die Rolle einer inoffiziellen 'Gegenautorität' zu jener auf der anderen Seite des Raumes zu gewinnen.

Umgekehrt drücken aber auch Studierende, die sich aus freier Wahl sehr nah am Lehrpult plazieren, nicht unbedingt den Wunsch nach aktiver Mitsprache aus. Es sind fast immer eine Vielzahl an Motiven, die individuelles Verhalten bestimmen und von daher sind derlei eindimensionale Deutungen meist irreführend. Vor allem aber hat die Selbstplazierung von Studierenden oft viel weniger mit ihrem Verhältnis zu den Lehrenden zu tun, als es die autoritätsfixierte Weltsicht will: Denn wer kurzsichtig ist, richtet sich zuerst danach. Frischluftfreunde sitzen gern am Fenster. Wer zu spät gekommen ist oder früher gehen muß, sitzt rücksichtsvollerweise nah bei der Tür. Und wer beim Eintritt in den Raum freundliche Gesichter gesehen hat, mag deren Nähe gesucht haben.

Beliebig ist das Verhalten zur Sitzordnung allerdings nicht, es hat Wirkungen: Spätestens wenn jemand in die Rolle des Referenten kommt, dürfte ihm erfahrbar werden, wie unnötig ermüdend es für beide Seiten ist, wenn das Publikum dem Vortragenden zumutet, über drei leere Tischreihen hinweg mit ihm zu kommunizieren. Es bereitet auch niemandem Freude, vor Hörern zu sprechen, deren Bemühen vor allem darauf gerichtet zu sein scheint, in ihrer Haltung zu signalisieren: „Das geht mich alles nichts an!" Und in diesem Sinne appellieren Redner – ob Lehrende oder Studierende – oft dafür, eine andere, kommunikationsfreundlichere Sitzordnung einzunehmen.

Allerdings ist auch der Hörsaal oder Seminarraum kein Staatstheater. Das bedeutet für die Bewegung im Raum: Majestätisches Schreiten ist ebenso unnötig wie ein huschendes „Ich bin gar nicht da!" Stattdessen kann es aber für Vorträge längerer Art sehr hilfreich sein, wenn man sich vorab einige Gedanken über die räumlichen Verhältnisse, die übliche oder voraussichtliche Sitzordnung macht. Das folgende Beispiel zeigt eine solche Vorbereitung mithilfe einer Skizze:

Die Situation:

Der/die Studierende will ein Referat halten und abschließend mit der relativ kleinen Seminargruppe darüber diskutieren. Es ist Semestermitte und die Sitzordnung der Teilnehmenden mehr oder weniger stabil. Die Frage, die er/sie sich stellt, ist: *Wie kann ich mir eine für den Vortrag und die Diskussion möglichst günstige Position verschaffen, in der ich mich wohl fühle und guten Kontakt zum Publikum habe?* Zu Beginn der Überlegungen erstellt er/sie eine Skizze der Sitzordnung.

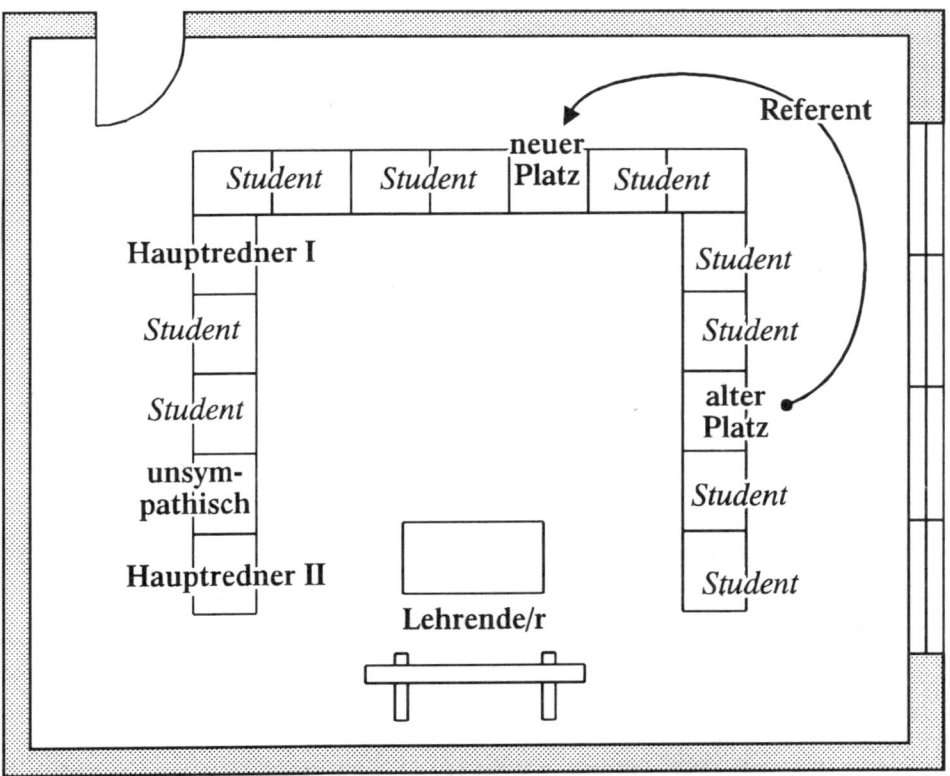

Folgende Überlegungen könnte der/die Studierende anstellen:

„Voraussichtlich habe ich von seiten des Lehrenden die freie Wahl, wo ich mich plazieren will. Es ist auch anzunehmen, daß er wie gewöhnlich die formale Diskussionsleitung im Anschluß an das Referat übernimmt, aber die Befragung an mich gerichtet bleibt. Wenn ich neben ihm sitze, kann ich ihn nicht sehen und auch nicht überblicken, wie er die Diskussion organisiert. Eine andere Möglichkeit wäre, ihm gegenüber zu sitzen. Dort hätte ich auch ausreichend Bewegungsfreiheit – die Tafel brauche ich ja nicht. Der neue Platz hätte zudem den Vorteil, daß ich meine bisherigen Banknachbarn links und rechts auch sehen könnte, wenn sie mir Fragen stellen – womit bei diesem Thema zu rechnen ist. Wenn man so über die Mitte des Raumes zueinander spricht statt in einer Reihe, nimmt es die Gruppe wahrscheinlich auch eher auf. Der neue Platz hätte auch den Vorteil, daß ich nicht wie sonst die beiden vis à vis habe, die in vielen Diskussionen die Hauptredner sind. Das könnte verhindern, daß sich das Gespräch nur zwischen ihnen und mir abspielt. Ach ja, und den einen, unsympathisch erscheinenden Kommilitonen, der immer schweigsam und ungerührt seinen Kaugummi kaut, den habe ich dann auch nicht direkt vor mir. Daß ich die Tür rechts hinter mir im Rücken habe, ist nicht so gut, aber es sind fast immer alle pünktlich. Darum ist nicht zuviel Unruhe zu erwarten, wenn ich das Referat mit Beginn der Sitzung anfange. Außerdem habe ich gutes Licht vom Fenster links von mir und es muß auch niemand in die Mittagssonne sehen (14-Uhr-Termin, Südfenster), wenn er mir beim Reden zuschauen will. In diesem Punkt ist der neue Platz viel besser als der alte …“

Das gegebene Beispiel mag eine Anregung sein, wie man bei der Vorbereitung auf eine Referat- bzw. Vortragssituation die eigene Position im Raum mitbedenken kann. Einige gegebenenfalls weiter beachtenswerte Momente, die unser Fallbeispiel nicht erwähnt, seien hier nachgetragen:

~ Wenn man einen Raum nicht kennt, in dem man sprechen will, kann man ihn möglicherweise vorher anschauen und den Platz ausprobieren, den man voraussichtlich einnehmen wird. Sprechproben – mit und ohne Mikrophon – sind oft hilfreich. Doch sollte man berücksichtigen, daß ein leerer Raum eine andere Akustik hat als jener, in dem viele Menschen sind.

~ Wenn man die Tafel benutzen will, sollte man vorab den Weg dorthin freiräumen von eventuellen Hindernissen. Will man an der Tafel Festgehaltenes erklären, empfiehlt es sich, zuerst zu schreiben und sich dann erst, dem

Publikum zugewendet, zu äußern. Was in Richtung der Tafel gesprochen wird, gelangt nicht sicher ans Ohr der Zuhörer.

~ Wer beim Sprechen herumgehen möchte, sollte darauf achten, daß er den Blickkontakt und die Kommunikation mit dem Publikum nicht behindert. Wenn er – etwa in kleineren Seminarräumen – gar in der Manier eines Schulmeisters die Zuhörer umkreist und ihnen in den Rücken geht, kann dies als unangenehme Machtdemonstration aufgefaßt werden.

~ Gewöhnlich ist die Aufmerksamkeit der Zuhörer auf den Tisch oder das Pult des Redners gerichtet. Dort hat er seine Notizen liegen und damit seine Ausgangsposition. Bei den Überlegungen, ob man davor oder dahinter stehen oder sitzen will, wäre zu beachten, daß man nicht nur den Redetext, sondern auch das Publikum sehen können sollte. In einem großen Saal kann häufig ein Redner nur im Stehen für alle sichtbar sein. In einem kleinen Kreis kann es dagegen auch deplaziert wirken, daß der Redner sich so deutlich heraushebt, etwa wenn eine eher informelle Atmosphäre die Situation prägt.

~ Wenn man Papiere, Bücher oder anderes Anschauungsmaterial im Publikum herumreicht, ist damit zu rechnen, daß es sich dann zuerst mit diesen befaßt und von der Aufmerksamkeit für die Rede abgelenkt ist. Der Vortragende muß also entweder Zeit für die Betrachtung des Materials geben oder aber die Aufmerksamkeit der Zuhörer wieder zurückgewinnen. Je nach Anliegen wird man nach einer Pause die Vorlagen besprechen oder aber um Gehör für die Weiterführung des Vortrags bitten. Unterlagen, die nicht direkt zum Verfolg der Rede benötigt werden, kann man auch im Anschluß verteilen. So erspart man sich und dem Publikum Unterbrechung und Ablenkung.

Gestik und Mimik

Ob wir wollen oder nicht, es steht uns manches, was wir denken und empfinden, im Gesicht geschrieben. Gestik und Mimik, also besonders die Bewegungen des Oberkörpers, der Arme und Hände, des Kopfes und Gesichts sind bedeutsame Ausdrucksmittel. Sie tragen wesentlich zur Wirkung eines Redebeitrags bei, gleich ob vorbereitet oder spontan gesprochen wird. Man muß neben den wortsprachlichen auch die körpersprachlichen Zeichen zwischen Menschen verstehen und benützen können, um erfolgreich zu kommunizieren.

Schon 1772 hat sich der Schweizer Theologe Johann C. Lavater in seinem Buch „Von der Physiognomik" bemüht, die körpersprachlichen Zeichen speziell des Gesichts zu erklären. Er schreibt:

> Ich getraue mich zu behaupten, daß auch derjenige, der in seinem Leben nichts von der Physiognomik gehört hat, einen Menschen nicht für aufrichtig wird halten können, der uns nie in die Augen sehen darf, der freywillig und mit einer Art von Affectation schielet, wenn er uns etwas ernsthaftes oder trauriges erzählet, dessen Rede unterbrochen und zerstreuet, dessen Stimme bald langsam, bald schnell, bald laut, bald leise, bald ängstlich und weinerlich, bald tiefathmend und zurückhaltend ist. Lasset einen solchen so schön reden als er immer will, wir werden uns schwerlich bereden, daß Aufrichtigkeit, Lauterkeit und Einfalt den Vorzug und das Eigenthümliche seines Charakters ausmachen.

Auch wenn man Lavater in der Annahme nicht zustimmen kann, daß Gestik und Mimik von Menschen derart eindeutig zu uns sprechen oder verstehbar sind, so macht er doch auf zwei wichtige Aspekte des Phänomens aufmerksam. Erstens geschehen gestischer und mimischer Ausdruck vorwiegend unbewußt und unwillkürlich. Und zweitens können sie im Widerspruch zur Wortsprache stehen, das heißt deren Aussage quasi hintergehen.

Ironisches Sprechen macht sich diese Möglichkeit oft sehr kunstvoll zunutze. Sagt etwa jemand: „Ich liebe Raucher", dann wird der Unterschied von Gesagtem und Gemeintem vielleicht nur durch ein leichtes Naserümpfen oder Zwinkern ersichtlich. Widersprüche zwischen verbalem und nicht-verbalem Ausdruck können aber auch das Gegenüber verwirren. Wenn der Gesprächspartner zwischen gefletschten Zähnen herauspreßt: „Ich bin überhaupt nicht verärgert", ist es relativ einfach zu entscheiden, auf welche der zwei einander ausschließenden Botschaften man setzen kann. Weitaus schwieriger wird es, wenn körpersprachliche Signale nicht in dieser Weise deutlich sind, etwa wenn überschwengliche Sympathieerklärungen mit – wie man meint – kalten Augen gegeben werden. Dann sieht man sich eventuell in der Zwickmühle, sich nicht für ein 'wirklich Gemeintes' entscheiden zu können. Man fragt nach, sucht weiter nach Zeichen, die das Verhältnis der anderen Person zur eigenen interpretieren helfen, oder folgert vielleicht, daß diese *gemischte* Gefühle hege.

Gestik und Mimik verkörpern die individuelle Eigenart von Personen, aber sie sind auch von gesellschaftlichen und gruppenspezifischen Konventionen geprägt. Viele Frauen zum Beispiel – erzogen als Vertreterinnen des 'liebenswerten Geschlechts' – haben die Gewohnheit zu lächeln, selbst wenn sie verärgert sind oder eine nüchterne Sachfrage besprechen. Das kann ihre Rede entkräften, mindestens aber die Zuhörer über die Ernsthaftigkeit ihres inhaltlichen Anliegens verunsichern. Andererseits kann es manchem Gesprächspartner schwerfallen, in ein Lächeln hinein zu kritisieren. Ebenso gehört zur klassischen Geschlechtererziehung die Regel, daß Männer sich keine Empfindsamkeit anmerken lassen sollen. Wenn dann ein Mann mit ungerührtem Gesicht mitteilt, er sei voller Mitgefühl für sein Gegenüber, wirkt das kaum überzeugend. Autoritäre Attituden werden dagegen den 'Herren der Schöpfung' häufiger zugebilligt als Frauen.

Gewöhnlich berücksichtigen Menschen, daß ihr gestisch-mimisches Verhalten in mancherlei Hinsicht die Beziehung zum Gegenüber mitbestimmt. Viele sprachliche Wendungen halten fest, welche Bedeutung wir Gesten geben: Man kann jemand die kalte Schulter zeigen, bei seinem Anblick erstarren oder ihn anhimmeln, sein Gesicht wie eine Maske tragen, über eine Sache die Nase rümpfen oder sie schulterzuckend abtun, jemand auf den Pelz rücken, ihm verschwörerisch zuzwinkern, ihn mißtrauisch begutachten, Kulleraugen machen oder mit einem Zucken um die Mundwinkel ein Lachen verbergen usw. Jeder besitzt auch eine Art Wissen von der Angemessenheit seines Verhaltens in Situationen. Darum muß man gewöhnlich niemandem sagen, daß es gegen die Normvorstellungen der meisten Teilnehmer verstößt, wenn er in engagierten Seminardiskussionen mit der Faust auf den Tisch haut, bei einem guten Witz seiner Nachbarin begeistert auf das Knie schlägt oder anderen im Widersprechen einen ausgestreckten Zeigefinger unter die Nase hält.

Im Idealfall der wirkungsvollen Rede erscheinen Gestik und Mimik als passend zur Situation, zum Verhältnis der Gesprächspartner, zur Person des Sprechers und den inhaltlichen Anliegen, die er sprachlich artikuliert: Sie leisten Gewähr für die ausgesprochenen Worte, sie unterstützen sie und verdeutlichen das Gemeinte. Wie lassen sich nun die individuellen Möglichkeiten zu in diesem Sinne positiver nicht-sprachlicher Bekräftigung der eigenen Rede und ein sicheres Gefühl für Wirkung entwickeln? Drei Schritte empfehlen sich: Der erste besteht darin, sich selbst zu beobachten mit dem Ziel, ungünstige Gewohnheiten wahrzunehmen. Der zweite besteht darin, sich das eigene Repertoire an Ausdrucksmöglichkeiten bewußt zu machen. Und der dritte schließlich besteht darin, sich speziell in Ausdrucksformen zu üben, die dem Gehalt der eigenen Redebeiträge entsprechen.

Die Selbstbeobachtung – der erste Schritt – kann in verschiedener Weise geschehen. Man kann sich vergangene Gesprächs- oder Vortragssituationen erinnernd noch einmal vor Augen führen. Dann wird man bemerken, daß man von manchen Verhaltensweisen weiß: Faßt man sich häufig an das Ohr oder kratzt sich am Kopf? Reibt man sich die Stirn? Preßt man die geballten Fäuste auf den Tisch? Schaut man meist, den Kopf zwischen den aufgestützen Armen versteckt, auf den Tisch? Schiebt man die Papiere hin und her? Hat man Blickkontakt mit den Zuhörern? Man kann auch Freunde fragen, welche charakteristischen Gewohnheiten sie beobachtet haben. Man kann versuchen, in aktuellen Situationen größere Aufmerksamkeit auf das eigene Verhalten zu richten. Oder aber man betrachtet sich durch das Auge einer Videokamera.

Welchen Weg auch immer man geht, man sollte darauf achten, sich nicht lieblos zu entmutigen und 'in Grund und Boden' zu kritisieren. Dadurch behindert man sich nur am Lernen. Wie andere uns erleben und wie wir uns selbst in Situationen erleben, weicht zudem gewöhnlich immer ein wenig voneinander ab. Und was andere wahrnehmen, deckt sich auch keineswegs unbedingt mit dem nüchternen Blick der Kamera, die zwar faktisches Verhalten aufnimmt, aber nicht die Atmosphäre, die zwischen Personen entsteht. Ausstrahlung in diesem Sinne ist jedoch in Redesituationen von großer Bedeutung. Und es ist darum ein zentraler Faktor für die Wirkung einer Rede, wie Sprecher sich selbst sehen und welche Gefühle sie hegen. Wenn jemand am Gegenüber interessiert ist, kann sein Glaube Berge versetzen. Er nimmt das Publikum für seine Sache und Person ein, auch wenn sein Redeverhalten keine große rhetorische Eleganz aufweist. Andersherum kann ein technisch sehr geschulter Redner, der im Publikum eine Ansammlung feindlicher Wesen vermutet, den prophezeiten Unwillen in der Tat herbeibeschwören.

Der zweite Schritt der Arbeit am gestisch-mimischen Verhalten kann darin bestehen, sein Ausdrucksrepertoire bewußt zu benutzen. Manchmal ist es auch nötig, sich von unpassenden Gewohnheiten zu verabschieden. Wenn man aber das Gefühl hat, daß dann etwas fehlt, kann man versuchen, sie durch andere Verhaltensweisen zu ersetzen und das Hauptgewicht nun auf solche Ausdrucksformen zu legen, die man vorher weniger betont hat. Das heißt konkret: Hat jemand die Gewohnheit, sich ständig die Nase zu reiben, behindert die Hand vor dem Mund den Weg seiner Stimme in den Raum. Er kann dann zum Beispiel dazu übergehen, seine Hände auf die Tischfläche oder das Redepult zu legen. Wer dazu neigt, die Fäuste auf die Tischfläche zu pressen, kann seine Energie stattdessen in Bewegungen der Hände umsetzen, die seine Äußerungen unterstreichen. Und wer dazu neigt, heftig und für das Publikum eher verwirrend zu gestikulieren, kann sich Gesten aneignen, die ihn selbst etwas beruhigen. Er könnte Pausen machen, sich ab und zu zurücklehnen und insgesamt langsamer sprechen. Auch ein Moment des Schweigens im 'richtigen' Moment kann bekanntlich 'beredt' sein.

Ein Gespräch oder eine Rede ist ja kein Wettlauf. Wer sich also üblicherweise nach dem Motto „Augen zu und durch!" dabei abhetzt, sollte nach Ausdrucksformen suchen, die ihm und den Zuhörern die Konzentration leichter machen. Andere dagegen, die dazu neigen, sich im Ausdruck zu stark zurückzunehmen und sich womöglich allzu langsam vorwärtbewegen, werden nach Formen suchen, mit denen sie ihre Rede spannender gestalten und so den Zuhörern die Aufmerksamkeit für das, was sie zu sagen haben, erleichtern. Dem Publikum gegenüber ist zuviel Bescheidenheit im Gestus ja keineswegs immer ein Entgegenkommen: Einem zaghaften und kaum 'sichtbaren' Sprecher zuzuhören, kann sehr anstrengend sein.

Die folgende Übung kann dazu dienen, das Spektrum eigener Ausdrucksformen kennenzulernen oder neue zu finden und sie daraufhin zu prüfen, ob, wann, und wie sie als passend empfunden werden könnten.

➢ *ÜBUNG*

VOR DEM SPIEGEL:

1. Der Satz „Ich sage das ganz selbstbewußt" kann mehr oder weniger glaubwürdig und mit sehr unterschiedlichem Aussagegehalt vorgebracht werden. Sie können jeweils mit und ohne Spiegel verschiedene Variationen ausprobieren, wie er sich sprechen läßt: souverän und selbstbewußt, gleichgültig, unsicher, ironisch, scherzhaft, aggressiv etc. So läßt sich herausfinden, welche Mimik und Gestik für *Sie* dazugehört. Ebenso können Sie erfahren, wie Gesichtsausdruck und Handbewegungen die Bedeutung von Äußerungen verändern können. Wahrscheinlich werden Sie aber auch feststellen, daß der

mimisch-gestische Ausdruck abhängig ist von Ihrer Einstellung und der inneren Vorstellung 'wie ich aussehe'.

2.   Vielleicht erproben Sie auch mit anderen Sätzen ihre persönlichen Ausdrucksmöglichkeiten in der oben beschrieben Weise. Dabei können Sie beobachten: Was tun die Hände, was geschieht im Gesicht? Wie unterscheiden sich die Formen und Möglichkeiten im Sitzen und Stehen? Wenn Sie sich jeweils vorstellen, in einem Gespräch zu sein oder eine längere vorbereitete Rede zu halten, werden Sie auch Unterschiede und Gemeinsamkeiten der Einstellung auf die Situation bemerken.

Beispielsätze: „Ich freue mich sehr, vor Ihnen sprechen zu können." / „Dieses Thema ist von größter Bedeutung für das Fach!" / „Das erscheint mir der Sache sehr angemessen." / „Ich bin der festen Überzeugung, daß wir das nicht hinnehmen dürfen!" / „Das ist sehr ärgerlich! Diese Probleme hätten vermieden werden können, wenn man uns früh genug informiert hätte." / „Es ist mir unerklärlich, wie Herr X zu dieser Auffassung gekommen ist." / „Wenn man sich das genau überlegt, ist es einfach zum Lachen!" / „Und wer fragt danach, was die Studierenden von dieser Sache halten?" / „Meine Damen und Herren, wir haben hier eine sehr heikle Angelegenheit zu besprechen."

3.   In einem dritten Schritt können Sie nun auch mit einem längeren Text üben, wie Sie ihre Gesprächs- oder Redebeiträge durch Gestik und Mimik unterstützen und bekräftigen können. Sie wählen also einen Sie interessierenden Text, der sich zum Sprechen eignet. Diesen versuchen Sie dann Satz für Satz möglichst frei zu sprechen und dabei dem Sinngehalt entsprechende Ausdrucksformen zu finden. Auf den nächsten Seiten dieses Kapitels findet sich zudem im Abschnitt über *Stimmführung* ein Nonsense-Text, der ebenfalls helfen kann, die gestisch-mimische Veranschaulichung einer Sache zu üben, für die man sein Publikum einnehmen möchte.   ◄

Grundsätzlich empfiehlt es sich für Redner bei Vorträgen oder in Gesprächen an der Universität ihre gestisch-mimischen Betonungs- und Ausdrucksmittel nicht zu gering zu achten. 'Farblose' Äußerungen in Seminardiskussionen oder das monotone Ablesen vorgefertigter Texte erwecken weniger den Eindruck höchster Sachlichkeit des Sprechers als den der Gleichgültigkeit gegenüber Thema und Publikum. Wer Gedanken zur Sache vermitteln will bzw. als Teilnehmer an einem Gespräch wahrgenommen werden möchte, wird dies durch Blickkontakte, Gesichtsausdruck und gestische Zeichen (Körperhaltung, Handbewegungen) auch deutlich machen.

Bei längeren Redebeiträgen ist es sinnvoll, sich durch Blicke in das Publikum zu versichern, ob den Zuhörern möglicherweise Fragen oder Widersprüche in ihren Gesichtern stehen, ob sie den vorgetragenen Gedanken eventuell nur unter höchster Anspannung folgen können – Der Redner spricht zu schnell! – , ob sie erfreut und zustimmend oder ratlos dem Vorgetragenen gegenüber wirken. Nicht selten winkt auch im Publikum schon länger jemand mit dem Arm und will eine Frage stellen, aber der Sprecher, der in sein Manuskript vertieft ist, weiß von nichts. Das Interesse von Zuhörern, die sich in dieser Weise weder angesprochen noch beachtet sehen, kann dann durchaus gedämpft werden.

In Gesprächen erfordert ohnehin der Verfolg der Redewechsel, darauf zu achten, welche Personen sich aufeinander beziehen. Manchmal wird dies allein durch ein Kopfnicken oder eine Handbewegung in die entsprechende Richtung verdeutlicht. Sprecher können aber auch ihre Rederechte durch Handbewegung absichern: Die nach vorn gehobene Handfläche kann z.B. signalisieren: „Moment noch!" Zuhörer wiederum können ihre Meinung andeuten: Zwei nach vorn gehobene Handflächen, die nach rechts und links auseinander bewegt werden, signalisieren z.B. oft Abwehr: „Nein! Nein!" Vielfach ist es auch üblich geworden, schriftsprachliche Zeichen wie die Anführungsstriche vor und nach einem Zitat in der mündlichen Rede durch 'Luftzeichnung' mit Zeige- und Mittelfinger zu ersetzen, anstatt sie verbal durch die Formeln „Ich zitiere" und „Zitatende" kenntlich zu machen.

In Gruppengesprächen ist es nicht nur für die Diskussionsleitung unverzichtbar, in die Runde zu blicken, sondern auch alle anderen Zuhörer und Redner können sich dadurch über die Gesprächssituation und Stimmung zum jeweiligen Thema informieren. Nicht zuletzt über die gestisch-mimischen Ausdrucksformen wird je aktuell in Situationen das Verhältnis der Gesprächsteilnehmer ausgehandelt. Das heißt: Wer Redesituationen aktiv mitgestalten will, versucht auch auf dieser Ebene der Verständigung aufmerksam und deutlich zu sein.

Stimmführung

Die Stimme und ihr Gebrauch stehen im Zentrum jeder mündlichen Kommunikation. Die Lautstärke, die Artikulation, die Intonation, das Sprechtempo und die Atmung wirken entscheidend dabei mit, ob und wie unser Sprechen andere erreicht. Denn ob Vortrag oder Zweiergespräch, wenn ein Beitrag zu leise oder undeutlich gesprochen ist, wird das angestrengte Gegenüber ihn kaum entsprechend würdigen können, so interessiert es auch am Thema sein mag.

Es gibt viele Gründe, warum jemand zu leise oder undeutlich spricht. Wir haben bereits erwähnt, daß die Körperhaltung eine wesentliche Rolle dabei spielt, ob jemand seine Stimme schonend und doch angemessen kräftig einsetzen kann. Wenn in großen Räumen an der Universität häufig zu leise gesprochen wird, dann liegt es meist daran, daß die Sprecher sich nicht auf die akustische Situation eingestellt haben. Oder aber sie verhalten sich so zaghaft, weil sie sich über ihr Sich-Äußern selbst oder über den Inhalt ihres Beitrags unsicher sind. Auch 'in den Bart' gemurmelte Äußerungen können so zustandekommen. Am besten lassen sich Erfahrungen mit der eigenen Stimme und Aussprache in ungewohnten Räumen machen, wenn man – beispielsweise zum Vortragsbeginn – eine Stimmprobe macht: „Können Sie mich gut hören?" Routinierte Redner sichern sich auch im Verlauf ihrer Rede immer wieder ab, ob sie stimmlich gut hörbar geblieben sind.

Grundsätzlich sollte man bedenken, daß man selbst die eigene Stimme durch den ganzen Körper hört, andere Personen jedoch nicht. Und natürlich ist zu beachten, daß z.B. in gut gefüllten Vorlesungssälen und über größere Distanzen viel vom Klang verlorengeht, also besonders klare Artikulation und Stimmkraft erforderlich ist. Die wichtigste Voraussetzung aber, um mit diesen Situationen geschickt umzugehen, ist die Haltung dazu: Nämlich, daß man tatsächlich gehört und verstanden werden *möchte*. Wer also fast durchgängig die Gewohnheit hat, undeutlich zu artikulieren oder zu leise zu sprechen, sollte dem größere Aufmerksamkeit schenken. Auch die gutwilligsten Zuhörer kann man erschöpfen, wenn sie auf Dauer unnötigerweise alles von den Lippen des Redners ablesen müssen. Freilich: Manche Mitmenschen werden gar zu laut. Vielleicht aus Furcht, kein Gehör zu finden, oder weil sie sich nicht darüber klar sind, daß sie mit der Kraft ihrer Stimme andere erschrecken und – besonders am Telefon – sehr strapazieren. Für jene, die schon mehrfach derartige Rückmeldungen von anderen erhalten haben, empfiehlt es sich sicherlich, die im weiteren folgende Übung zur Wahrnehmung der eigenen stimmlichen Kapazität und ihrer Wirkung zu beachten.

Um eine für andere leicht verständliche Aussprache zu üben, gibt es viele Möglichkeiten. Vor allem aber muß man die Zähne auseinander bewegen und die Lippen, die Wangenmuskulatur und die anderen Sprechwerkzeuge sorgfältig benutzen. Als Hilfsmittel, um sich in wohlartikuliertem Sprechen zu üben, eignet sich fast jeder Text und natürlich die im Alltag scherzhaft verwendeten Zungen-brecher-Verse besonders. Gelegentliche Versprecher müssen allerdings kein dra-matisches Ereignis sein. Mancher Redner macht auch damit noch Staat, indem er sie als Anlaß zu scherzhaften Bemerkungen nimmt, wie etwa: „Sie sehen, die Angelegenheit ist sehr diffizil!"

➢ *ÜBUNG*
   DIE AUSSPRACHE

1. Hier einige bekannte Zungenbrecher-Verse, mit denen Sie Ihre Aussprache schulen können:
   ~ Barbara saß blaß am Waldrand, kamen Knaben da gegangen.
   ~ Fischers Fritz fischt frische Fische – frische Fische fischt Fischers Fritz.
   ~ Hinter Heiners Hinterhaus hängen hundert Hemden heraus.
   ~ Meister Müller mal' mir Mehl. Morgen muß mir Mutter Milchmus ma-chen.
   ~ Der Potsdamer Postkutscher putzt den Potsdamer Postkutschkasten – den Potsdamer Postkutschkasten putzt der Potsdamer Postkutscher.
   ~ Wir Wiener Waschweiber wollten weiße Wäsche waschen, wenn wir wüßten, wo warmes Wasser wär.
   ~ Zwischen zwei Zwetschgenzweigen saßen zwei zwitschernde Schwal-ben.

2. Für die Förderung eines stimmlich und artikulatorisch klaren Ausdrucks ebenso wie einer resonanzreichen – klangvollen – Stimmführung ist es sehr hilfreich, wenn man die Herstellung von Lauten und Worten mit Kaubewe-gungen unternimmt. Zuerst kaut man – mit von den Lippen gut ausgeform-ten Vokalen – beispielsweise zwei- oder dreimal ein Wort (Marmelade; Kindergarten; Intendant; Großbaustelle; Fertigkeiten; Robbenbaby; Für-sorglichkeit; Schauspiel, Mischmaschine etc.). Dann entspannt man sich, wobei ausgiebiges Gähnen helfen kann, die Kiefernmuskulatur zu lockern. ◁

Eine aufrechte, lockere Körperhaltung und deutliche Artikulation sind wichtige Voraussetzungen, um die Stimme in der Lautstärke situationsangemessen nutzen und zugleich als Betonungsmittel in Äußerungen einsetzen zu können. Wer den

Eindruck hat, er habe wenig Erfahrung mit der Abstimmung von Kraft und Klang-
fülle im Stimmgebrauch, kann die folgende Übung machen:

> ÜBUNG
>   DIE TÖNE

Während Sie entspannt stehen, legen Sie die Hände so auf den Bauch, daß sich die
Daumen und Zeigefinger berühren. Atmen Sie in den Bauch hinein. Gewöhnlich
federt bei jedem lauteren Rufen zugleich mit dem Atemstoß die Bauchwand und
unterstützt so die Kehlmuskeln. Versuchen Sie kurze und lange Töne und Silben
jeweils lauter oder leiser zu rufen, zu schreien, zu flüstern, zu säuseln, zu hauchen
(Nein; Ja; Los!; Hallo!; Bertolt!; Hilfe!; Komm' mal!; etc.). Entspannen Sie immer wieder zwischendurch und setzen Sie ihre Stimme nicht gezwungen ein, sondern versuchen Sie stattdessen, ihr durch den ganzen Körper Unterstützung zu
geben. Möglicherweise hilft es Ihnen dabei, sich die Stimme als ein schwingendes
Band vorzustellen. Oder aber Sie stellen sich Situationen und Gefühlslagen vor, in
denen Sie ihre Stimme traurig, fröhlich, verärgert etc. benützen würden.

Während dieser Übung können Sie Erfahrungen damit machen, wann und wie
Sie Ihrer Stimme besonders viel Fülle und einen guten 'Sitz' im Körper geben
können. Achten Sie aufmerksam darauf, wie die Laute auf den Körper und im
Raum wirken. Mit ein wenig Ausdauer und Geduld können Sie bald ihre persönliche Tonart in der Rede sehr fein und situationsgerecht abstimmen.   ◄

Johann Wolfgang von Goethe hat seine Beobachtungen zum Einfluß der Atmung
auf den Stimmgebrauch in die folgenden Verse umgesetzt:

> Im Atemholen sind zweierlei Gnaden:
> Die Luft einziehen, sich ihrer entladen;
> Jenes bedrängt, dieses erfrischt;
> So wunderbar ist das Leben gemischt.
> Du danke Gott, wenn er dich preßt,
> Und dank ihm, wenn er dich wieder entläßt.

Atmung geschieht unwillkürlich und willkürlich. Jeder Mensch hat einen in-
dividuellen Atemrhythmus, in dem Einatmung, Ausatmung und Atempause ein-
ander abwechseln. Die Atmung kann dem Sprecher während des Redens innere
Haltekraft geben. Voraussetzung ist allerdings, daß er seinen unwillkürlichen
Atemrhythmus respektiert. Wer atemlos am Ende einer Äußerung ankommt oder
Atempausen machen muß, wo sie vom Sinn seiner Rede her eher störend wirken,

sollte Goethes Verse als rhetorischen Rat lesen: Der kluge Umgang mit der Atmung besteht darin, das willkürliche Sprechen mit der unwillkürlichen Atmung abzustimmen. Das heißt, daß man weder Einatmung noch Ausatmung erzwingt und auch die Atempausen so einhält, wie sie sich ergeben. Für die meisten ist das erfahrungsgemäß schwer. Sie sind es nicht gewohnt, sich im Sprechen nach der Atmung zu richten.

Gehört man zu den Rednern, denen unterwegs die Luft ausgeht, muß man erst ausprobieren, wie sich unwillkürliche Atmung und Atempausen je individuell mit einer flüssigen Sprechweise verbinden lassen. Viele Menschen neigen in der Öffentlichkeit zu einem Sprechtempo, das sie selbst, ihre Atmung und auch die Zuhörer überfordert. Gerade, wenn man vorbereitete Texte als Referat vortragen will, ist es darum angebracht, vorab die Probe zu machen, in welchem Sprechrhythmus man zügig und doch ohne Hetze ans Ziel gelangen kann und vor allem noch gewahr ist, was man überhaupt spricht. Auch die Zuhörer bemerken natürlich, ob ein Redner die vorgetragenen – oder vorgelesenen – Gedanken aktuell selbst auffaßt oder gar nicht 'dabei' ist. Es ist also im Fall einer vorbereiteten längeren Rede immer ratsam, sich im voraus zu überlegen, wo Atempausen nötig sind, und das im Manuskript eventuell auch zu markieren.

Atmung und Intonation – die sinngemäße Betonung des Ausgesagten – gehen ohnehin Hand in Hand. Insofern wird, wer einen Vortrag vorbereitet, seinen Text auch daraufhin überprüfen. In Schrifttexten werden besondere Akzentsetzungen vor allem durch Satzbau, Großschreibungen, Kursivsetzungen, Anführungszeichen und Unterstreichungen verdeutlicht. Demgegenüber hat die Stimme ein unerschöpfliches Repertoire an Nuancen der Sinngebung. Sie ermöglicht, eigenen Äußerungen eine besondere Klarheit zu geben, und ebenso, die Bewertungen oder Empfindungen als Sprecher zur angesprochenen Sache erkennbar zu machen.

Wenn man sein persönliches Repertoire an stimmlichen Nuancen zur Bekräftigung und Präzisierung von Aussagen kennenlernen oder erweitern möchte, läßt sich wie im Falle der damit verbundenen gestisch-mimischen Ausdrucksformen vorgehen. Im entsprechenden Abschnitt dieses Kapitels sind Beispielsätze angeführt, mit denen Sie unterschiedliche Betonungen erproben können. Ebenso bietet es sich an, einen Redetext eigener Wahl in unterschiedlichen Variationen laut zu lesen oder – was günstiger ist – möglichst frei zu formulieren. Sie werden

feststellen, daß sich nur das, was man vom Sinn eines Textes erfaßt hat, angemessen durch Betonung verdeutlichen läßt.

> *ÜBUNG*
> *EIN BEWEGENDER VORTRAG*

Um spielerisch mit Stimme und Betonung, Atmung und Sprechtempo, Gestik und
Mimik zu experimentieren und weitere – vielleicht überraschende – Erfahrungen
mit Ihrem Ausdrucksvermögen zu sammeln, können Sie den folgenden Nonsense-
Text benutzen. Achten Sie beim Vortrag zuerst einzeln auf die verschiedenen
Elemente der körperlich-stimmlichen Darstellung. Sie können sie übungshalber
zunächst stark pantomimisch und in der Betonung übertrieben benutzen. Versuchen Sie dann, diese Ausdrucksformen miteinander abzustimmen und in Einklang
zu bringen. Markierungen im Text (z.B. Atempause als Schrägstrich; Betonung
als Akzent oder Unterstreichung etc.) können dabei unterstützend wirken. Wenn
Sie schließlich das Empfinden haben, konzentriert und nicht zu angestrengt, frei
und Ihrer Persönlichkeit gemäß zu sprechen, sind Sie auf einem guten rhetorischen Weg.

Beispieltext:

Meine sehr verehrten Damen und Herren!

Ich bedanke mich von ganzem Herzen für die Gelegenheit, hier vor diesem ausge-
suchten Kreise von Fachleuten und in diesem so traditionsreichen Gebäude unser
Projekt vorzustellen. Wie auch immer – ich will mich kurzfassen. Ich möchte hier
vor allem über dreierlei sprechen: Erstens von der Wissenschaft. Das Fundament
nicht nur unseres Faches, sondern die Grundannahmen aller modernen Wissenschaften sind durch unsere Untersuchung zutiefst erschüttert worden. Zweitens
werde ich vom Geld sprechen – wann geht es nicht darum? – und drittens handelt
mein Vortrag vor allem – ich zitiere den Kollegen Herbert Storch – „von der fas-
zinierendsten Erscheinung im irdischen Kosmos seit der Epoche der Dinosaurier,
der Spezies der Opakfrösche."

   Der Opakfrosch ist, wie Sie gewiß aus der Presse wissen, nicht irgendein
Frosch. Hüpft er etwa bescheiden quakend zu unseren Füßen herum … ja, wo ist
er denn? Oh nein. Es handelt sich gewissermaßen um den Frosch *an sich*, die ko-
lossalste Verkörperung der Idee des Frosches. Opakfrösche erreichen nämlich im
Erwachsenenalter erstaunliche Maße. Sie sind mindestens zwei Meter breit – ungefähr von hier bis hier – und drei Meter hoch. Also bis kurz unter der Decke.

   Halt, was kommt jetzt? Bitte entschuldigen Sie, meine Unterlagen sind
durcheinander geraten. Ich bitte um Ihre Geduld. Nur einen Moment noch, gleich

geht es weiter. Wie bitte, mein Herr? Aber selbstverständlich können Sie unsere
netten Kleinen besichtigen. Ja, bitte, kommen Sie doch einfach alle mit. Wir müssen nur die Straße überqueren, unser Labor liegt direkt gegenüber. Ja, kommen
Sie, folgen Sie mir. Sie sind herzlich willkommen!   ◄

3.2   Sich Durchblick verschaffen

Wer in einer Seminarveranstaltung zu spät kommt und beispielsweise eine bereits
laufende Diskussion vorfindet, verbringt gewöhnlich die ersten Momente damit,
sich zu orientieren. Er fragt sich: Welche Form des Austauschs prägt hier die Situation? Was ist das Thema? Wie kann ich hier den Anschluß finden? Auch wenn
man sich als Dritter zum Gespräch anderer hinzugesellt, gilt es nicht immer als
passend, wenn man unmittelbar mit seinen Anliegen 'hereinplatzt'. Man kann
dann etwa zurückgewiesen werden mit einer Äußerung wie: „Wir besprechen gerade das Referat von Herrn Meier. Bitte gedulden Sie sich einen Moment."

In anderen Situationen wird der Hinzukommende sofort integriert. Dies kann
geschehen, indem die Gesprächspartner ihn über das vorhergehende Geschehen
informieren: „Wir sprachen gerade über das Referat von Herrn Meier in der letzten Woche und Frau Schubert formulierte die interessante Hypothese, daß ..." Die
Integration eines Dritten kann aber auch geschehen, indem ein Themenwechsel
stattfindet: „Schön, daß Sie gekommen sind, Frau Kron. Sind Sie einverstanden,
Frau Schubert, daß wir dann unser Gespräch erst einmal vertagen und gleich mit
Frau Kron die Tagesordnung zur nächsten Sitzung besprechen?" Offensichtlich ist
es jedenfalls notwendig, 'sich Durchblick zu verschaffen', wenn man aktiv und
zufriedenstellend an einem Gespräch teilhaben will. Man muß mindestens einige
Voraussetzungen der Kommunikationssituation kennen, in der man sich befindet,
vor allem aber Einsicht gewinnen in das sich aktuell vollziehende Geschehen. Davon handelt dieses Kapitel.

Wer sich in einem Gespräch zu orientieren versucht, unternimmt – ob mehr
unwillkürlich oder bewußt – eine Art Gesprächsanalyse. Daran anknüpfend
geht es in diesem Kapitel zunächst um Möglichkeiten, die Wahrnehmung von
Gesprächssituationen zu vertiefen. Im weiteren werden wir zeigen, wie man
sich durch aktive Einflußnahme zu besserer Einsicht in ein Gesprächsgeschehen

verhelfen kann, wie man den Einstieg in ein Gespräch findet und kontinuierlich im Verlauf absichern kann, daß man den Anschluß behält. Das Bemühen um klärende Orientierung ist eine Form der Teilhabe ebenso wie ein Schritt zur Mitsprache. *Klärung* und *Lenkung* im Gespräch sind ja eng verknüpft. Und selbst wenn eine Person die Rolle der *Diskussionsleitung* übernommen hat, ist es zur erfolgreichen Verständigung in einer Gruppe nicht verzichtbar, daß sich auch die anderen Teilnehmer um Transparenz im Gespräch – um Durchsicht und Übersicht – bemühen.

Gesprächssituationen

Die ersten Fragen, die man sich stellt, wenn man in eine neue Gesprächssituation tritt, sind jene nach den Teilnehmern, dem behandelten Thema und den Rahmenbedingungen der Situation, die zusammen den Typus des Gesprächs bestimmen. In den Kapiteln 2.1 (Kommunikation in der Institution) und 2.2 (Die Sprache der Wissenschaft) sind die Voraussetzungen der Kommunikation in der Universität ebenso wie verschiedene allgemeine Maximen der Wissenschaftssprache erklärt worden. Im Kapitel 2.3 (Grundsituationen des Studiums) werden die Voraussetzungen und Charakteristika typischer Kommunikationssituationen dargestellt. Im Abschnitt über das Seminar führen wir auch Möglichkeiten zur speziellen Orientierung in Seminargesprächen aus. Demgegenüber bleiben wir an dieser Stelle bei allgemeineren Erläuterungen, wie man sich – in diesen und anderen Situationen – ein Bild von einem Gesprächsverlauf machen und darin orientieren kann. Zudem beschränken wir uns auf mehrheitlich dialogische Situationen, das heißt solche, die – anders als Vorträge – durch viele Redewechsel bestimmt sind.

Gewöhnlich erscheint es selbstverständlich, daß für die *schriftliche* Kommunikation im Wissenschaftsbetrieb eine Vielzahl sehr verschiedener Textsorten benutzt werden. Wobei deren Gestaltung jeweils abhängig ist von den Zwecken der Kommunikation, die man verfolgt, den Adressaten, die man anspricht, und natürlich den Gepflogenheiten in der Institution: Ein Flugblatt wird sprachlich anders gestaltet als ein Gutachten für eine Doktorarbeit und das Protokoll einer Seminarsitzung anders als das Thesenpapier für eine mündliche Prüfung oder ein Schreiben an den Dekan des Fachbereichs.

Viel seltener als im Bereich der Schrift macht man sich klar, daß auch die mündliche Kommunikation eine Vielfalt an 'Textsorten' umfaßt, deren Gestaltung keineswegs beliebig ist. Wer sich neu in einer Gesprächssituation orientiert, unterscheidet mindestens, ob er in eine Monolog- oder Dialogsituation tritt. Wenn man z.B. einen Vortrag oder eine Podiumsdiskussion besucht, weiß man ungefähr, was zu erwarten ist: Zuhörer und Hauptredner werden oft schon durch die Sitzordnung geschieden. Der Gesprächsablauf ist häufig auch bei der Befragung von Referenten oder Podiumsteilnehmern aus dem Publikum formell geregelt, z.B. durch eine von der Diskussionsleitung geführte Redeliste.

Anders verhält es sich in weniger formell geregelten, offenen Gesprächssituationen. Doch auch dann läßt sich der Typus des Gesprächs bestimmen, indem man nach den *Teilnehmern*, den *Zwecken* (Themen) und anderen *Strukturmomenten* der Situation (Rahmenbedingungen) fragt. Wenn sich beispielsweise anläßlich einer Festveranstaltung des Fachkollegiums zwei, drei Studierende als Fachschaftsvertreter unter vielen Lehrenden aufhalten, stellt sich die Situation anders dar, als wenn eine kleine Gruppe Studierender mit einem Dozenten zur Besprechung eines Forschungsprojektes zusammensitzt. Ein Arbeitsgruppentreffen, das dem bloßen Austausch von Forschungsergebnissen dienen soll, wird sich wiederum anders gestalten als eines, das mit dem Zweck verbunden wird, zu einem feststehenden Termin einen gemeinsamen Bericht zu verfassen. Dann nämlich wird die Diskussion durch Zeit- und Handlungsdruck beeinflußt. Beim fröhlichen Aufenthalt einer Seminargruppe im Weinlokal zum Semesterschluß läßt sich wiederum ausführlicher plaudern, als bei der zufälligen Begegnung auf der Treppe, wenn Studierende und Lehrende auf dem Weg zu ihren Terminen sind.

Häufig werden Zwecke oder Zeitrahmen von Gesprächen auch zwischen den Teilnehmern zum Thema: Wenn etwa bei einer zufälligen Begegnung in der Warteschlange vor der Mensa Studierende organisatorische Vereinbarungen mit Lehrenden anstreben, können sie darauf verwiesen werden, daß für diesen Zweck offizielle Sprechstundentermine vorgesehen sind. Und freilich prägt auch Unausgesprochenes die Rahmenbedingungen einer Situation: Wenn beispielsweise Studierende vor dem Büro eines Professors lauthals dessen Verspätung beklagen, läßt sich nicht erwarten, daß der ebenfalls wartende Assistent eifrig mitschimpft.

Entscheidende Voraussetzungen bzw. Merkmale des aktuellen Gesprächs lassen sich also bereits feststellen, indem man fragt:

~ Wer sind die Teilnehmer und was bestimmt ihre institutionellen bzw. situativen Rollen und Beziehungen?

~ Welche Zwecke oder Ziele (themenbezogen) sind (für wen?) mit dem Gespräch vereinbar oder nicht vereinbar? Wie ist die Situation entstanden?
Durch wessen Initiative? Vereinbart oder zufällig?

~ In welchem Rahmen findet das Gespräch statt? Wie beeinflußt der Ort das
Geschehen? Wieviel Zeit steht zur Verfügung?

Sehr einfach lassen sich Gespräche – wie im Kapitel 2.3 (Grundsituationen des
Studiums) vorgeführt – nach dem dreischrittigen Muster der Phasen der Gesprächseröffnung (Eröffnungsphase), der Themenbehandlung (Kernphase) und des Ge-
sprächsabschlusses (Beschlußphase) überblicken. Will man allerdings den Verlauf
längerer Gespräche oder solcher, die viele Redewechsel enthalten, genauer betrachten, kann eine weitere Differenzierung sinnvoll sein. Wir schlagen hier dazu
eine Auffächerung in nunmehr fünf Schritte – die Hinzunahme zweier weiterer –
vor. Bei jedem Schritt liegt ein besonderes, ihn prägendes Gewicht auf einem
Aspekt, der zur Herstellung von Verständigung bedeutsam ist.

1. Schritt: Begrüßung und Kontaktaufnahme.

2. Schritt: Information und Strukturierung.

3. Schritt: Abhandlung des Themas und Argumentation.

4. Schritt: Beschluß und Strukturierung.

5. Schritt: Abschluß und Verabschiedung.

Der *1. Schritt*, der Beginn des Gesprächs, stellt das 'Raumklima' her. Grußfor-
meln, eventuell die Vorstellung der Beteiligten, Verbindlichkeiten und möglicherweise – je nach Situation und Rahmen – persönliche Bemerkungen, schaffen
eine angenehme Atmosphäre, die das Sprechen miteinander erleichtert. In dieser
Phase findet die emotionale Vorbereitung des Austauschs statt, die Gesprächsteilnehmer bringen sich 'in Stimmung'. Die psychologische Bedeutung eines solchen
Vorgangs sollte man nicht unterschätzen, denn wer eine Umgebung als angenehm
empfindet, dem fällt es auch leichter, sich auf sein Thema zu konzentrieren.

Im *2. Schritt* wird die Planung des Gesprächs vorgenommen und man tauscht
die erforderlichen Informationen aus. Eine solche Phase der Vororientierung ermöglicht es, Themen, Zeitrahmen, eventuelle Redebeiträge und Sprecherrollen

festzulegen. Vielfach – z.B. zu Beginn von turnusmäßig sich wiederholenden Seminargesprächen – wird auch zusammengefaßt und erinnert, welche Themen mit welchen Ergebnissen beim letzten Gespräch verhandelt wurden. So läßt sich die Verbindung des vorherigen mit dem aktuellen Gesprächsthema darstellen. In dieser Phase der Vorstrukturierung des Gesprächs kann es von großer Bedeutung sein, daß alle Gesprächspartner einbezogen werden. Formulieren sie ihre Vorstellungen bzw. Erwartungen, ist eine wichtige Voraussetzung geschaffen, damit das Gespräch von allen Beteiligten getragen werden kann.

Der *3. Schritt* des Gesprächs ist sein eigentlicher Kern, in dem ein Anliegen oder Thema behandelt wird. Darstellungen und Argumentationen zur angesprochenen Frage, aber auch ein Austausch über Teilfragen oder über die Art und Weise der Themenbesprechung finden hier statt. Anders als eine unverbindliche Plauderei, in der viele Themen assoziativ angesprochen und ebenso schnell wieder verabschiedet werden können, bearbeitet das fachwissenschaftliche Gespräch sein Thema zielstrebig. Im Idealfall werden Darstellungen, Definitionen, Thesen, Argumentationen usw. mit methodischer Strenge einander folgen. Zu den Besonderheiten des problemorientierten wissenschaftlichen Gesprächs geben wir in den Kapiteln 2.2 (Die Sprache der Wissenschaft), 2.3 (Grundsituationen des Studiums) und 3.4 (Verhandeln) weitere Erläuterungen.

Der *4. Schritt* in Gesprächen – die Beschlußphase – sichert und strukturiert eventuelle Ergebnisse. Sachbezogene Diskussionsergebnisse werden resümiert und organisatorische Vereinbarungen verbindlich gemacht. Das heißt, Entscheidungen werden jetzt ausgesprochen und Termine festgelegt. In dieser Phase besteht auch die Möglichkeit, ungenaue Ergebnisformulierungen zu korrigieren bzw. gegebenenfalls noch einmal nachzufragen, ob Beschlüsse von allen Beteiligten getragen werden. In dieser Weise verhilft die Beschlußphase zum inhaltlichen Gesprächsabschluß, so wie die Informationsphase im zweiten Schritt inhaltlich den Gesprächsbeginn vorbereitet.

Der *5. Schritt* – die Abschlußphase – hat eine ähnliche Funktion wie die Gesprächseröffnung (Begrüßung und Kontaktaufnahme). Auch hier besteht die Möglichkeit, durch Verbindlichkeiten und andere atmosphärische Beiträge eine angenehme Verabschiedung zu erreichen, womit der Beginn weiterer zukünftiger Gespräche eventuell leichter gemacht wird. Zugleich können Verbindlichkeiten (Dankesäußerungen, gute Wünsche, Anerkennung etc.) auch die Stimmung zwischen den Gesprächsbeteiligten nach schwierigen Auseinandersetzungen mindestens im nachhinein glätten. Unter Umständen können sie so dazu beitragen, daß nach gescheiterten Gesprächen doch ein neuer, dann vielleicht erfolgreicher Anfang gemacht werden kann.

Dieses hier vorgestellte Schema zur Orientierung in Gesprächen ist nicht nur einfach, sondern auch sehr abstrakt. Das bedeutet einerseits: Es kann dienlich sein zur schnellen Orientierung *im* Gespräch. Man fragt sich: In welcher Phase befinden wir uns gerade und welche Funktion hat sie bei der Gestaltung des Gesprächsablaufs? Andererseits – weil das Modell sehr abstrakt ist – läßt sich bei der Beobachtung 'natürlicher' Gespräche jedoch schnell feststellen, daß die Elemente der hier getrennt gesetzten Phasen der Gesprächsgestaltung sich in der Wirklichkeit meist miteinander mischen. Wenn jemand ein Teilthema als abgeschlossen betrachtet, resümiert er möglicherweise wie in der Beschlußfassung die Ergebnisse des Dialogs, bevor er ein neues Thema vorschlägt. Auch die zu Beginn gegebenen Informationen müssen eventuell im Verlauf ergänzt werden. Vielleicht wechselt man die Rollen, etwa indem der Befragte zum Fragenden wird. Oder aber man stellt fest, daß der eingeschlagene Weg, ein Thema zu behandeln, unergiebig ist und versucht es anders. Schon gar haben Verbindlichkeiten sicher nicht nur ihren Ort zu Anfang und Beginn von Gesprächen. Von Teilnehmern, die sorgsam das 'Raumklima' beachten, werden sie meist in allen Phasen des Gesprächs als unterstützendes Moment bei der Vermittlung inhaltlicher Aussagen verwendet.

> *ÜBUNG*
>
>   *EIN KURZES GESPRÄCH*

Zur Übung bietet es sich an, die nun folgende Szene einmal daraufhin zu untersuchen, wie in ihr der Fünfer-Schritt eines Gesprächs umgesetzt wird.

Beispielszene:

Ein Student betritt unangemeldet das Büro der Dozentin.

„Guten Tag, Frau Müller!"

„Guten Tag. Ach, Sie sind's, Herr Schmidt. Kommen Sie herein!"

„Haben Sie einen Moment Zeit für mich?"

„Ja, gern. Allerdings muß ich in zehn Minuten in eine Sitzung."

„Da habe ich ja Glück. Ich hätte nämlich gern einen Rat von Ihnen. Sie kennen ja meine Seminararbeit zum Thema 'Elektrosmog in Kinderzimmern'."

„Ja, ich erinnere mich."

„Ich wüßte gern, ob Sie es für sinnvoll halten, daran anknüpfend für die Diplomarbeit weiterzuarbeiten?"

„Nun, auf jeden Fall ist es eine sehr gute Arbeit und Sie haben mit dem Thema eine wichtige Forschungslücke aufgegriffen. Aber es gäbe da gewiß noch andere Aspekte zu bedenken, methodische Fragen vor allem, denke ich ... Dafür ist jetzt wohl nicht die richtige Gelegenheit."

„Ja, das ist der Punkt, der mir Kopfzerbrechen macht. Ob Sie denn in der nächsten Woche Zeit hätten für eine Besprechung?"

„Moment mal. Also, mein Kalender sagt, da wäre noch eine Möglichkeit am Dienstag um 16.00 Uhr nach der Veranstaltung."

„Ja, das paßt gut. Hier in Ihrem Büro?"

„Ja. So dachte ich das."

„Fein. Das ist schneller, als ich gehofft hatte. Da bin ich erleichtert. Danke schön, daß Sie jetzt so unkompliziert für mich Zeit hatten."

„Bitte, bitte. Also dann, bis nächste Woche. Auf Wiedersehen."

„Auf Wiedersehen. Und nochmals vielen Dank." ◁

Im Kapitel 2.3 (Grundsituationen des Studiums) haben wir bereits dargestellt, wie man verschiedene Grundformen wissenschaftlicher Gespräche bzw. die Funktionen der Äußerungen, aus denen sie bestehen, unterscheiden kann. Wir haben über die soziale Dynamik in Gruppengesprächen und über die Verteilung von Rederechten geschrieben. Hier wollen wir besonders darauf eingehen, was bedacht werden kann, wenn man den Sinn und die Funktion von Einzeläußerungen und Redewechseln interpretieren möchte.

Ebenen des Gesprächs

Im Normalfall der Kommunikation haben bekanntermaßen Äußerungen nicht nur eine inhaltliche Aussageseite, sondern stets auch Bedeutung für die Personenbeziehungen, also für die konkreten Formen des Umgangs miteinander. Sich darum zu bemühen, die Äußerungen anderer zu verstehen, bedeutet also, ihnen einen Sinn auf beiden Ebenen zuzuschreiben. Kurz: Jedes Gespräch läßt sich als

Beziehungsgeschehen – dynamisches Zusammenspiel von Verhaltensweisen – ebenso wie auf die angesprochenen Themen bezogen – die Inhaltsebene – darstellen. Was ist damit gemeint?

Der inhaltliche Verlauf eines Gespräches läßt sich bestimmen, indem man nach den Themen fragt, die besprochen wurden. So kann man etwa für die Beispielszene „Ein kurzes Gespräch" in der vorangehenden Übung eine Themenliste wie folgt aufstellen:

1. Thema: Der Zeitrahmen des Gesprächs

2. Thema: Das Anliegen des Studenten Schmidt, seine Diplomarbeit betreffend

3. Thema: Die Vereinbarung eines Gesprächstermins und -ortes zwischen den Gesprächspartnern

4. Thema: Herrn Schmidts Empfindungen, die Gesprächsbereitschaft von Frau Müller betreffend

Schon dieses kleine Beispiel läßt erkennen, daß *Inhalts- und Beziehungsebene* im Gespräch eng miteinander verbunden sind. Etwa indem das Gesprächsthema die Form der Äußerungen und Redewechsel beeinflußt: Herr Schmidt als Ratsuchender stellt sein Anliegen dar und fragt. Frau Müller als Beraterin nimmt dazu Stellung und antwortet. Aufgrund ihres institutionellen Status als Dozentin nimmt Frau Müller gegenüber dem Studenten Schmidt das Vorschlagsrecht für Ort und Zeit eines weiteres Treffens in Anspruch. Die Umgangsweise der beiden Personen ist, so läßt sich vom Schrifttext her vermuten, wahrscheinlich höflich und entgegenkommend. Freilich: Man erfährt aus dem Gesprächsprotokoll nichts über die Stimmführung und das nonverbale Verhalten der Beteiligten. Da dieses wesentlich die konkrete Beziehungsgestalt bestimmt, weiß man von daher eigentlich zu wenig.

➤ *ÜBUNG*

BEZIEHUNGSMUSTER

Übungshalber können Sie versuchen, sich nacheinander – z.B. beim lauten Lesen – vorzustellen, wie in der Szene „Ein kurzes Gespräch" sehr unterschiedliche Beziehungsmuster verwirklicht werden. Zum Beispiel: a) Der junge Mann versucht, sich anzubiedern und die Lehrende wehrt dies ab. b) Die Lehrende empfängt den Studenten mit großer Herzlichkeit und der Student reagiert befremdet

und distanziert. c) Man begegnet einander von beiden Seiten mißtrauisch oder
d) gleichgültig und ungerührt.

Mittels dieser Übung läßt sich leicht feststellen: Nicht nur die Themen und
Wortwechsel, sondern vor allem auch Stimme und Gestalt machen die 'Musik'
kommunikativer Bedeutung. Sie beeinflussen, welchen Sinn man Verhalten auf
der Beziehungsebene beimißt.   ◄

Im Alltag gerade der Universitäten haben sich manch oberflächliche Auffassungen
zu der Frage eingebürgert, wie man das Beziehungsmuster in Dialogen – die situative *Rollenverteilung* im Gespräch – bestimmen könne: Besonders verbreitet ist
die Meinung, man könne durch einfaches 'statistisches' Auszählen der erworbe-
nen Rederechte und beanspruchten Redezeit in Diskussionen herausfinden, wer
ein Gespräch am meisten beeinflußt und wer nicht. Doch wenn etwa ein Analy-
tiker in Therapiesitzungen gewöhnlich viel weniger spricht als seine Klienten,
würde man trotzdem annehmen, daß *er* es ist, der in erster Linie den Gesprächsablauf lenkt. Welche Bedeutung Einzeläußerungen in der Gruppe beigemessen wird
und welchen Einfluß Redner jeweils auf den Gesprächsverlauf nehmen, läßt sich
allein rechnerisch kaum befriedigend feststellen. Zu diesem Zweck wäre eine ge-
nauere Beobachtung der Funktion von Äußerungen und des Zusammenspiels der
Redner im jeweiligen Zusammenhang erforderlich.

Eine weitere Gewohnheit bei der Interpretation von Beziehungsmustern in
Gesprächen besteht darin, die Beteiligten auf stereotype situative Rollen festzulegen: Ein Sprecher ist machtvoll und dominiert, der andere ist unterlegen und reagiert. Einer ist der Wissende, der seine Kenntnisse ausbreiten darf, während das
unwissende Gegenüber zum andachtsvollen Lauschen verurteilt ist. Einer spielt
ungeniert seine Solos, während sich andere um den Zusammenklang im kommunikativen Orchester bemühen. Oft entsprechen diese Zuschreibungen dem tatsächlichen Verhalten von Gesprächspartnern herzlich wenig, und ohnehin können
so pauschale Beschreibungen fast nie der Wirklichkeit gerecht werden.

Gewiß, besonders in größeren Gruppen ergeben sich schnell Formen der Arbeitsteilung bei der Organisation von offenen Gesprächssituationen: Indem die
Aufgaben, die Themenbehandlung zu strukturieren, die verschiedenen Beiträge zu
verknüpfen, Standpunkte kritisch zu beleuchten, die Rederechte der Beteiligten zu
sichern und die Atmosphäre durch Scherze aufzulockern, sich unabgesprochen auf
verschiedene Personen verteilen. Solche Arbeitsteilungen können sinnvoll sein

oder auch nicht, je nach Anlaß und Zweck des Gesprächs. Wenn sich allerdings die situative Rolle, die einzelne – faktisch, nicht nur in der Phantasie anderer – einnehmen, als wenig produktiv erweist, läßt sich das in den meisten Fällen auch ändern.

Selten ist auch das Schema Sympathie/Antipathie oder Macht/Ohnmacht geeignet, verwirklichte Beziehungsmuster zwischen Erwachsenen in der universitären Öffentlichkeit angemessen zu beschreiben. Ein Beispiel: Ein äußerst wohlwollender, 'väterlicher' Dozent kann gegenüber einem von ihm betreuten Studenten durchaus ein bevormundendes Verhalten an den Tag legen. Er schneidet ihm laufend das Wort ab, übergeht dessen 'unwesentliche' Anmerkungen nonchalant mit „Ja, gewiß …" Er formuliert zahlreiche Verhaltensvorschriften, die mit der Formel beginnen „Sie müssen …" und die zudem dem Studenten selbstverständlich und überflüssig erscheinen, weil er sie ohnehin kennt. Ist der Studierende verpflichtet, sich in diese Situation zu fügen, weil es der Dozent ja 'gut meint' und er überdies zu ihm in einem institutionellen Abhängigkeitsverhältnis steht? Keineswegs. Wenn er das Gespräch auch im eigenen Sinne produktiv wenden möchte, wird er sich nun intensiv um die Umlenkung des Gesprächs und eine Veränderung seiner Gestalt bemühen.

Wie läßt sich nun steuernd auf ein Gespräch Einfluß nehmen? Wer nicht einfach 'überhaupt mal irgendetwas' reden möchte, muß als Redner zwei wichtige Voraussetzungen erfüllen: Er muß etwas zu sagen haben und er muß sich das Rederecht verschaffen. Wie man durch aufmerksames inhaltliches Verfolgen von Gesprächen zugleich den Einstieg findet, wird im weiteren am Beispiel des aktiven Zuhörens und der Frage konkretisiert. Vorab jedoch muß der 'Einsteiger' den Anschluß finden und in gewisser Weise absichern, daß seine Äußerung in das Gespräch hineinpaßt. Um sich diesbezüglich zu orientieren, bietet es sich an, die Abfolge von Einzeläußerungen und Redewechseln nicht nur themenbezogen zu beobachten, sondern auch in Hinsicht auf ihre unterschiedliche Funktion für die Situation.

Relativ handhabbar, um sich über die aktuelle *Gesprächsebene* zu versichern, kann das folgende Schema sein. Es unterscheidet Äußerungen zunächst danach,

~ ob sie auf den *Gesprächsgegenstand* – also das eigentliche Thema – des Gesprächs bezogen sind,

~ ob sie die Funktion haben, die gegenseitige *Verständigung* zu sichern,

~ ob sie sich auf den üblichen bzw. fachwissenschaftlichen *Sprachgebrauch* beziehen, oder

~ ob sie sich auf institutionelle, soziale und situative *Rollen* beziehen.

In einem weiteren Schritt versucht man dann zu gewichten, ob ein Beitrag mehr auf die Ebene der aktuell gestalteten *Personenbeziehungen* oder auf die der *Gesprächsinhalte* Einfluß nimmt. Einige Beispiele sollen diesen Interpretationsweg verdeutlichen:

Sachbezogene Äußerungen (Sa) sind solche zum Gegenstand oder eigentlichen Thema des Gesprächs. Eine sachliche Aussage könnte beispielsweise sein: „Der Teppich von Bayeux hat für den Historiker den Status einer Quelle." Es würde eine Aussage getroffen, daß einem historischen Gegenstand aus geschichtswissenschaftlicher Sicht der Wert als Informationsquelle, als 'lesbares' Dokument zugebilligt wird. Diese Aussage kann jedoch in einem Gespräch inhaltlich auch relativ belanglos sein, beispielsweise wenn jemand den Vortragsgestus seines Kommilitonen parodieren möchte und erzählt: „Erst hat er endlos und weihevoll in die Runde geblickt und dann hat er verkündet: 'Der Teppich von Bayeux hat für den Historiker den Status einer Quelle.' Als wäre das nun das Neueste vom Neuesten!"

Verständigungsbezogene Äußerungen (V) haben die Funktion, das Gesprächsgeschehen zu organisieren und – wie der Name sagt – die Verständigung abzusichern. Sie können die bloße Abfolge von Redebeiträgen betreffen: „Ich möchte zuerst hören, was Herr Römer dazu zu sagen hat. Dann mag Herr Hauff seinen Kommentar geben." Sie können den Aufbau eines Redebeitrags betreffen: „Dreierlei scheint mir dazu zu sagen: Erstens … zweitens … und drittens …" Oder: „Ich komme nun zum Ende meiner Ausführungen." Sie können die Art und Weise der Behandlung von Themen betreffen: „Ich gehe jetzt auf die These meines Vorredners ein." Oder: „So einfach läßt sich diese Frage doch nicht vom Tisch wischen!" In den beiden letzten Beispielen sind die Äußerungen *zugleich* als solche zur inhaltlichen Seite des Gesprächs wie auch zur konkreten Gestaltung der Gesprächsbeziehung zu verstehen. In gleicher Weise lassen Äußerungen, die das Sinnverstehen zwischen Gesprächspartnern absichern wollen, gewöhnlich eine Interpretation auf der Inhalts- und Beziehungsebene des Gesprächs zu. Wenn allerdings die Umgangsformen von allen Betroffenen als balanciert – angemessen – erlebt werden, wird man der Bedeutung, die solche Äußerungen für die Gestaltung der Beziehung haben, wenig Beachtung schenken. Differenzen dagegen erwecken Aufmerksamkeit. So kann zum Beispiel ja der Satz „Hast du das verstanden?" bekanntermaßen nicht nur eine echte Nachfrage darstellen, ob das Gegenüber die eigenen Gedanken mitvollziehen konnte. Je nach Zusammenhang kann er auch dem anderen bedeuten: „Du verstehst ja sowieso nichts!" Oder, im Befehlston geäußert: „Wenn du dich nicht daran hältst, was ich dir gesagt habe, dann gibt's Ärger!"

Sprachbezogene Äußerungen (Sp) lassen sich teilweise als eine spezifische Form verständnisbezogener Beiträge begreifen. Sie spielen – etwa als Begriffsdefinitionen – im Zusammenhang wissenschaftlicher Gespräche eine große Rolle: „Ich verwende hier den Rollenbegriff nach Sennett, da er mir aus folgenden Gründen geeigneter scheint als der Goffman's …" Wie das Beispiel zeigt, ist sprachbezogenes Sprechen jedoch oft zugleich auf die Inhaltsseite der Kommunikation, das Sachthema, bezogen: Mit der Entscheidung für den Rollenbegriff im Sinne Sennetts und gegen den von Goffman verwendeten kann ein Fachwissenschaftler eine wichtige inhaltliche und methodische Entscheidung getroffen haben, die durchgängig den Gehalt seiner Äußerungen zum Thema prägt. Wenn allerdings ein Sprach- oder Literaturwissenschaftler einen Fachvortrag hält, dann ist gewöhnlich Sprache auch der Gegenstand seiner Rede.

Als *rollenbezogene Äußerungen* (R) lassen sich solche zusammenfassen, die sich auf die institutionellen, sozialen oder situativen Rollen der am Gespräch Beteiligten beziehen. Sie können einerseits – als sachbezogene Äußerung – einen einfachen Informationscharakter haben: „Ich bin als Leiter des Akademischen Prüfungsamtes verpflichtet, Ihnen diese Fragen zu stellen." Andererseits kann das Hauptgewicht ihrer Bedeutung auf der Beziehungsebene des Gesprächs angesiedelt sein. Der Satz „Haben Sie das soweit verstanden?" läßt sich nicht nur als verständigungsbezogene, sondern auch auf einen institutionellen Status bezogene Äußerung einordnen, wenn ein Lehrender diese Frage einem Studenten gegenüber stellt. Fragt der jeweilige studentische Referent der Seminarsitzung „Ist soweit alles klar? Kann ich fortfahren?", so ergibt sich dieses Verhalten nicht zuletzt aus seiner situativ gegebenen Position als Vortragsredner. Soziale, das heißt gesellschaftlich bedingte Rollen werden zum Beispiel angesprochen, wenn jemand sagt: „Obgleich ich Beamter bin, kann ich ja sehr wohl etwas gegen das Berufsbeamtentum sagen."

Schwierigkeiten, sich in Gesprächen zu orientieren, ergeben sich nicht zuletzt dadurch häufig, daß unter den Beteiligten Verwirrung oder Uneinigkeit darüber herrscht, auf welcher Gesprächsebene man sich gerade aufhält, kurz: Was man eigentlich gerade tut und worum es eigentlich geht. Spricht man darüber, *wie man miteinander spricht bzw. sprachlich umgeht?* Oder darüber, *wie man zueinander steht?* Oder *über einzelne Worte und Formulierungen, die man verwendet?* Was ist wirklich jeweils *das aktuelle Thema?*

Es läßt sich ja im Alltag oft beobachten, daß zwei oder drei Personen sich miteinander austauschen und doch der außenstehende Beobachter sich des Eindrucks nicht erwehren kann: Hier geht es nicht wirklich um die Sache. Hier geht es um anderes. Dann lohnt es sich, sorgfältig darauf zu achten, welcher Art Äußerungen fallen und welche soziale Dynamik sich dabei zwischen den Sprechern entwickelt. Manche unfruchtbare Diskussion kommt zum Beispiel zustande, weil sich die Beteiligten in einem Wettkampf glauben, in dem es nur Verlierer und Gewinner gibt. Es kann für alle sehr angenehm sein, wenn dann jemand eingreift und fragt: „Können wir vielleicht einmal *miteinander* statt *gegeneinander* reden?" Konkurrenzen lassen sich in den Gesprächsbeziehungen einer Leistungsgesellschaft und ihren Institutionen – wie der Universität – freilich nicht immer vermeiden. Gewiß aber lohnt es sich, nicht zu vergessen, daß gemeinsam im Gespräch vollzogene Erkenntnisprozesse, die den Kern wissenschaftlichen Tuns ausmachen, erst dann wirklich fruchtbar werden können, wenn die Zusammenarbeit der Teilnehmer dabei auf gegenseitigem Respekt sowie Interesse an der Sache und den Gedanken des Gegenübers beruht.

Wenn Sie sich darin üben möchten, sorgfältig die Folge von Äußerungen verschiedener Art, den Wechsel von Gesprächsebenen und das Zusammenspiel von Inhalts- und Beziehungsebene in laufender Kommunikation zu beobachten, kann sich die folgende Übung empfehlen.

➢ *ÜBUNG*

EIN ZUSCHAUER BEOBACHTET

Setzen Sie sich mit Papier und Stift vor den Fernseher. Wählen Sie im Fernsehprogramm eine möglichst auf ein anspruchsvolles Sachthema bezogene Talk-Show oder Interview-Sendung aus und versuchen Sie, jeweils etwa 10 Minuten lang den Gesprächsablauf unter verschiedenen Gesichtspunkten zu beobachten:

1. Welche Themen werden besprochen? Wo halten sich die Sprecher länger auf, wann wechseln sie? Notieren Sie Stichworte und markieren Sie z.B. durch Unterstreichung die Hauptthemen.

2. Versuchen Sie nun die Äußerungen, die gemacht werden, daraufhin zu unterscheiden, welche Funktion sie im Gespräch einnehmen. Sie können die Kategorien aus dem Vierer-Schema zur Einordnung von Einzeläußerungen verwenden (Sa/Sp/V/R) und ihre Abfolge notieren. Oder aber Sie unterteilen Ihr Papier in vier Spalten und halten per Strichliste fest, welcher Art Äußerungen erfolgen. Dann erhalten Sie eine erste Übersicht über deren Häufigkeit. Vor allem aber üben Sie sich darin, sich schnell für eine Interpretation zu entscheiden. Das kann Ihnen die Beobachtung von Gesprächen erleichtern, an denen Sie sich selbst beteiligen wollen.

3. Einen dritten Weg kann man gehen, wenn man nun einzelne Äußerungen ungefähr wortgetreu mitschreibt und dann noch einmal genauer die Möglichkeiten ihrer Zuordnung (Sa/Sp/V/R) überprüft. Dies vor allem auch in Hinsicht darauf, ob der jeweilige Beitrag eher ein Hauptgewicht an Bedeutung auf der Beziehungs- oder Inhaltsebene (B/I) des Gesprächs hat bzw. welche er jeweils gleichzeitig haben könnte. Ebenso kann man sich einmal über einen kurzen Zeitraum darauf konzentrieren, wie jeweils die Äußerungsformen auf die unterschiedlichen Sprecher verteilt sind und wie sie sich gegenseitig 'die Bälle zuwerfen'.   ◄

Wer ein sorgfältiger Beobachter im Gespräch ist und sich in einem so komplexen Geschehen zu orientieren vermag, findet auch Ansatzpunkte für eine aktive Beteiligung als Sprecher. Mit den Beteiligungsformen, die man unter den Begriff des aktiven Zuhörens faßt, kann man in besonderer Weise sicherstellen, daß man die Äußerungen der Gesprächspartner angemessen aufgenommen hat und damit auch als Sprecher darauf für andere erkennbar sinnvoll Bezug nehmen kann.

Aktives Zuhören

Aktives Zuhören heißt zunächst ganz allgemein, das Sprechen anderer mit- und nachzuvollziehen. Es ist im eigentlichen Sinne keine erlernbare Technik. Denn die wichtigste Voraussetzung, damit das mit diesem Begriff beschriebene Verhalten wirksam werden kann, ist Interesse am anderen beziehungsweise an seinen Äußerungen. Wenn aber die innere Haltung des Zuhörers fremden Gesprächsbeiträgen gegenüber in Gleichgültigkeit oder Ablehnung besteht, hinterläßt das gewöhnlich nicht nur Spuren in der äußeren Haltung, sondern es beschränkt auch seine Auffassungsfähigkeit. Im Kapitel 2.3 (Grundsituationen des Studiums) haben wir bereits über das Zuhören im Zusammenhang mit der Vorlesung geschrieben. Während man in Vorlesungs- bzw. Vortragssituationen jedoch als Hörer weitgehend schweigsam bleibt, werden wir hier darstellen, wie Zuhören zu sprachlichen Äußerungen führen kann.

Aktives Zuhören meint damit: Man meldet dem Gegenüber nicht nur nonverbal, sondern auch sprachlich zurück, daß man dem Gesprächsverlauf folgt. Wie kommt ein solches 'Echo' zustande? Zunächst nimmt man einen Gesprächsbeitrag im Prozeß seiner Entstehung interessiert, aber nicht distanzlos auf. Man bleibt gewahr: Es ist der Beitrag eines anderen, nicht der meine. In dieser Weise versucht man zu vermeiden, eigene Vorstellungen in die Äußerung des anderen hinein zu interpretieren und zu ihrer kritischen Betrachtung fähig zu bleiben. Begreiflicherweise ist damit vom Zuhörer ein hohes Maß an Konzentration verlangt. Seine Rückmeldungen tragen somit zur Intensivierung von Gesprächen bei und sie ermöglichen ihm, diese im Sinne der eigenen Verständnissicherung zu beeinflussen. Der Gesprächspartner erhält Gelegenheit, die Wirkung seiner Äußerungen auf den Zuhörer noch im Verlauf des Austauschs – über nonverbale Signale hinaus – zu erkennen und im weiteren in dem von ihm gewünschten Sinne sorgfältig abzustimmen.

Hier unterscheiden wir zwei Formen aktiven Zuhörens, nämlich erstens die Aussagewiederholung in der inhaltsbezogenen Paraphrase, auch *Rekapitulieren* genannt, und zweitens die häufig als *Feedback* bezeichneten Rückmeldungen, die auch oder ausschließlich das Verhalten des Sprechers bzw. dessen Wirkung auf den Zuhörer ansprechen. Wie sich leicht erkennen läßt, ist die jeweils gewählte Form aktiven Zuhörens unter anderem davon abhängig, ob man mehr Gewicht darauf legt, klärend auf die Inhalts- oder die Beziehungsebene der Verständigung einzuwirken.

Zunächst zur ersten Form der Äußerung aus der Zuhörerposition heraus: *Rekapitulieren* – auch Paraphrasieren genannt – bedeutet, die auf das jeweilige Thema des Gesprächs oder Gesprächsabschnitts bezogene Aussage eines anderen so zu wiederholen, wie man sie inhaltlich aufgefaßt hat. Im alltäglichen Sprachgebrauch beschreibt man dieses Vorgehen häufig mit der Formel: „Ich wiederhole mit eigenen Worten." Solche Zuhörerreaktionen können beispielsweise beginnen mit Wendungen wie:

„Sie meinen also, daß ..."

„Wenn ich Sie richtig verstanden haben, dann sind Ihre Thesen die folgenden ..."

„Ich entnehme Ihrer Darstellung, daß für Sie das Problem vor allem darin besteht, daß ..."

„Was mir jetzt von Ihren Ausführungen zur behandelten Frage im Gedächtnis geblieben ist, wäre so zusammenzufassen ..."

Im Grunde weiß man: Ein Mißverständnis zieht gern das andere nach sich. Insofern verwendet man Paraphrasen gewöhnlich mit dem Ziel, Klarheit darüber zu erhalten, welche inhaltliche Aussage der Sprecher genau beabsichtigt hat. Durch die inhaltliche Wiederholung dessen, was man vom Ausgesagten verstanden hat, kann der Gesprächspartner nun eventuelle Ungenauigkeiten im Verstehen seines Hörers oder Mißverständnisse ausräumen. Und meist ist es auch angenehm, wenn man die Aufmerksamkeit und das Bemühen des anderen um bestmögliches Verstehen der eigenen Äußerungen erfährt. In der Regel wirken explizite Verstehensbemühungen dieser Art förderlich auf das Gesprächsklima.

Es kann sinnvoll sein, das Verstandene zu rekapitulieren, wenn man annimmt, daß sich ein Sprecher undeutlich ausgedrückt hat. Sei es, daß er seine Gedanken nicht erkénnbar organisiert hat, weil er zu viele unterschiedliche Aspekte in seiner Aussage unterbringen wollte. Oder daß er manches für ihn Selbstverständliche nicht mitgeteilt hat, das der Zuhörer wissen muß, um zu verstehen. Sei es, daß er aus Unsicherheit oder Engagement heraus allzu stürmisch seine Gedanken vorträgt. Oder aber auch, daß man nicht einzuschätzen weiß, inwiefern seine Äußerung für ihn mit dem Thema zusammenhängt, das gerade zuvor behandelt wurde. Kurz: Immer dann, wenn man den Eindruck hat, daß das Gespräch auseinander treibt oder daß man eventuell schon aneinander vorbeiredet, können Rekapitulationen regulierend wirken.

Ebenso wie das Sprecherverhalten kann auch das Hörerverhalten es notwendig erscheinen lassen zu rekapitulieren. Ein Moment der Unkonzentriertheit genügt, und schon hat man den Faden verloren. Vielleicht hat man sich an Details der Äußerung aufgehalten und dadurch den Blick für das Wesentliche der Aussage verloren. Oder aber man hat über eine Äußerung des Sprechers nachgedacht und dabei überhört, wie das Gespräch weiterverlaufen ist. Und vielleicht hat man auch schon Kommentare oder Einwände im Kopf vorformuliert, obwohl der Sprecher seine Argumentation noch gar nicht abgeschlossen hatte. Im Grunde gibt es in jedem Gespräch solche Momente, in denen es nötig wird, die Verbindung zwischen den Teilnehmenden und ihren Äußerungen wieder herzustellen.

Insofern erfüllt die Rekapitulation auch wichtige Funktionen dabei, für sich und die anderen den inhaltlichen Zusammenhang der im Gesprächsverlauf gefallenen Äußerungen nachzuvollziehen oder überhaupt erst herzustellen. Die erinnernde Rekapitulation ist ein Grundbaustein des Zwischenresümees, mit dem man Gespräche strukturieren und auch wieder auf das Thema hin konzentrieren kann. Man formuliert dann vielleicht:

> „Ich habe jetzt unser Gespräch so verfolgt: Zuerst hat Redner A die beiden Fragen aufgeworfen, ob … Dann hat Rednerin B die These formuliert, daß … Darauf hat der Redner C ergänzt, man müsse … Dem haben wir alle zugestimmt. Schließlich hat Redner A erwähnt, daß … wobei ich jetzt nicht verstehe, in welchen Zusammenhang diese Äußerung zu dem behandelten Problem stehen könnte. Außerdem haben wir, so wie ich es sehe, bisher auch nur die erste Frage des Redners A besprochen …"

Gerade in offenen, wenig geregelten Gesprächssituationen – etwa in Arbeitsgruppen – geht manchmal ein Thema unterwegs verloren, das zu behandeln im Grunde das Anliegen aller war. Hier können Rekapitulationen und Resümees außerordentlich von Nutzen sein, um zu vermeiden, daß man sich beim Auseinandergehen eingestehen muß: „Wir haben ja viel und interessant geredet, aber das, was wir eigentlich besprechen wollten, das haben wir vergessen." Allerdings sollte man nicht erwarten, daß Rekapitulationen immer den Sprecher beglücken, dessen Aussage man wiederholt. Mancher beklagt sich auch: „Wie kommst du denn darauf, daß ich sowas denke?" Und es fördert auch nicht immer das Gesprächsklima, wenn man dann schlicht erwidert: „Du hast es gesagt." Es kann mitunter ratsam sein, zugleich daran zu erinnern, daß man ja *gerade* mit der Rekapitulation zur Sicherung des besseren gegenseitigen Verstehens den Anstoß geben wollte.

Nicht unterschlagen werden soll auch, daß Rekapitulationen keineswegs immer nur von Sprechern dazu verwendet werden, Einigkeit und Harmonie zu stiften. Die verzerrende Wiederholung einer Äußerung kann auch eine Form polemischer bzw. entwertender Kritik darstellen: „Sie vertreten also im Ernst die Auffassung, daß …" Übertreibungen und Untertreibungen in der Rekapitulation einer

Äußerung können aber auch erhellend wirken, indem sie den gesetzten Hauptakzent der Aussage hervorheben. Paraphrasierende Unter- und Übertreibungen sind insofern als Hilfsmittel bei der Suche nach möglichst genauen Formulierungen und damit der Einübung strengen wissenschaftlichen Denkens nicht gering zu achten. („Sie sagten: 'Es war laut im Saal.' Es war also nicht mucksmäuschenstill oder war sogar ein Höllenlärm im Saal?")

Rekapitulationen sind freilich auch ein Maßstab, mittels dessen sich Sprecher und Zuhörer in ihrem Redeverhalten überprüfen können. Wer lernt, mit ihnen umzugehen, macht einen klugen Anfang, um sich in einem strengen Umgang mit Sprache in Hinsicht auf Präzision, Folgerichtigkeit und Differenziertheit zu schulen. „Weißt du, was du da sagst?", fragt der Zuhörer vielleicht. Und möglicherweise kann dann die Wiederholung seiner Äußerung durch das Gegenüber dem Sprecher eine kritische Sicht auf seine eigenen Thesen vermitteln. Oder sie verdeutlichen ihm, inwiefern er seine vorgetragenen Gedanken noch einmal in eine klarere Form bzw. Formulierung bringen müßte, damit sie anderen einleuchten. Der Zuhörer wiederum kann anhand seiner Wiederholungen überprüfen, ob er die Äußerungen anderer aufmerksam verfolgt hat oder in der Situation nur mit dem halben Ohr dabei gewesen ist.

Durch die folgende Übung kann die Fähigkeit geschult werden, dem Gegenüber aufmerksam zuzuhören und dessen Aussagen sinngemäß zusammenzufassen.

> ➤ *ÜBUNG*
>
> *KONTROLLIERTER DIALOG*

Für diese Übung brauchen Sie mindestens eine zweite Person, aber man kann sie auch in Gruppen durchführen. Der Ablauf ist wie folgt: Die Gesprächspartner unterhalten sich über ein Thema, wobei sich zum Einstieg das Pro- und Contra-Schema empfiehlt, in dem sie jeweils entgegengesetzte Standpunkte vertreten. Wählen Sie möglichst ein Thema, in dem sich alle Beteiligten argumentativ gut bewegen können. (Etwa: Sollen Studiengebühren eingeführt werden oder nicht? Sollen sich Studierende politisch engagieren oder nicht?) Mit etwas Erfahrung kann man dann auch kooperative Problemlösungsgespräche führen. (z.B. zu allgemeinen Fragen wie: Wie könnte man die Lernsituation in Seminaren verbessern? Oder auch zu einer fachwissenschaftlichen Fragestellung, die allen vertraut ist.)

Die Spielregel für den kontrollierten Dialog sieht vor: Zuerst formuliert der erste Sprecher seinen Standpunkt, und zwar möglichst nicht allzu ausgiebig.

Bevor nun der zweite Sprecher – ebenfalls vom Umfang der Rede her maßvoll – seinen Standpunkt vertritt, faßt er die Aussage seines Vorredners sinngemäß zusammen, beispielsweise indem er mit der Wendung beginnt: „Du meinst also, daß …" (Zusammenfassung der Position A). Dann erst fügt er seinen eigenen Standpunkt an: „Ich aber meine, daß …" (eigene Position B). In dieser Weise geht die Diskussion – langsam – weiter, wobei der jeweilige Sprecher immer erst die Stellungnahme seines Vorredners nach dem angegebenen Muster zusammenfaßt, bevor er selbst seine Position darlegt.

Im kontrollierten Dialog verlangsamt sich im Vergleich zu den aus dem Alltag vertrauten Gesprächsformen das Tempo des Argumentationsverlaufs. Ebenso reduziert man die Menge dessen, was die Gesprächspartner an Informationen je aktuell aufnehmen müssen. Dadurch kann die Konzentration auf das Zuhören bzw. auf die Argumentation des Gegenübers gerichtet werden.   ◄

Nun zur zweiten Form aktiven Zuhörens: Die auch *Feedback* genannten Rückmeldungen an den Gesprächspartner lassen sich zusammenfassend als *subjektive* Reaktionen auf das Gesprächsverhalten des Gegenübers beschreiben. Manche Varianten dieses vor allem im therapeutischen Bereich angewendeten Gesprächsverfahrens sind unterdessen in psychologisierenden Alltagsgesprächen so populistisch verflacht worden, daß über ihren Gebrauch schon witzige Bemerkungen kursieren. Da seufzt dann die zartbeseelte Freundin gegenüber dem faulen Liebsten: „Du, ich bin ja so betroffen, daß du die Mülleimer nicht herunterträgst." Oder ein junger Mann reagiert auf seine Kündigung gegenüber dem Chef mit der Wendung: „Oh, da muß ich aber mal in mich hineinhorchen, wie es mir damit geht. Chef, ich empfinde Ihr Verhalten als sehr ablehnend."

Abgesehen von solcherlei Verwendungen können Rückmeldungen an das Gegenüber über die Wirkung seines Gesprächsverhaltens jedoch einen sehr wertvollen Beitrag zur Klärung der Verständigungsgrundlagen darstellen und damit manches Nicht-Verstehen oder Aneinander-Vorbeireden vermeiden helfen. Da sie die Wirkung einer Äußerung auf den Zuhörer zum Thema haben, können inhaltsbezogene, verständigungsbezogene, sprachbezogene sowie beziehungs- oder rollenbezogene Aspekte des Gesprächsverhaltens angesprochen werden. Der Zuhörer formuliert seine Interpretation oder Beobachtung jedoch nicht als bloße Rekapitulation von Aussageinhalten, sondern er interessiert sich jetzt besonders dafür, ob er – salopp gesagt – überhaupt mit dem Sprecher auf einer Wellenlänge bzw.

Gesprächsebene ist. Im Grunde fragt er: Wie soll ich Ihre Aussage und/oder Ihr Verhalten interpretieren?

Subjektive Rückmeldungen zur Wirkung einer Äußerung können z.B. formuliert werden als:

> „Ich verstehe nicht, was Sie mit der Formulierung 'Der Ansatz ist mir zu hermetisch' sagen wollen." (inhalts- und verständigungsbezogen)

> „Ich wundere mich, daß Sie jetzt das Thema gewechselt haben. Ist das erste Thema damit für Sie abgeschlossen?" (inhalts- und verständigungsbezogen)

> „Mir ist nicht deutlich geworden, auf welche meiner Äußerungen Sie sich beziehen, wenn Sie sagen ..." (verständigungsbezogen)

> „Ich kann mir unter dem Begriff des 'Feedback', den Sie verwenden, eigentlich nichts vorstellen und mir ist auch nicht klar, welche Bedeutung er für Ihre Ausführungen hat." (sprach- und inhaltsbezogen)

> „Sie haben mich jetzt mit Ihrem Einwurf zum zweiten Mal in meiner Erklärung unterbrochen." (beziehungs- und verständigungsbezogen)

> „Ich habe den Eindruck, daß Sie mit dieser Äußerung zur Lage des Faches Biologie in erster Linie als Inhaber des Lehrstuhls für Genetik sprechen." (rollen- und inhaltsbezogen)

Damit eine Wirkungs-Rückmeldung zu einem für das Gespräch fruchtbaren und nicht behindernden Beitrag werden kann, empfiehlt es sich, bei der Formulierung drei Grundsätze zu beachten:

~ Mit Bewertungen, vor allem aber Entwertungen des Gesprächsverhaltens anderer sollte man vorsichtigen Umgang pflegen. Verträglicher für das Gegenüber und auch weniger anmaßend wirkt es gewöhnlich, wenn man eine Rückmeldung beschreibend formuliert und zwar, indem man einzig die eigene Reaktion auf das beobachtbare Gesprächsverhalten des anderen benennt. In dieser Weise überläßt man es auch dem anderen zu entscheiden, wie er mit der Information umgehen will. Beispielsweise kann man sagen: „Ich habe den Eindruck, Sie zögern, auf dieses Argument einzugehen", statt zu werten: „Sie sind wohl in der Verteidigung!"

~ Die Rückmeldung sollte konkret sein. Sie bezieht sich also nicht pauschalisierend – mit allgemeinen und grundsätzlichen Überlegungen – auf das Verhalten des anderen, sondern auf ein klar abgegrenztes Moment darin. Beispielsweise kann man sagen: „Bisher ist außer Ihnen noch niemand zu Wort

gekommen", statt allgemein: „Sie sind aber außerordentlich dominant!"
Oder entwertend: „Sie sind hier nicht als Alleinunterhalter eingeladen!"

~ Die Rückmeldung sollte rechtzeitig erfolgen. Sie ist ja dann am wirksam-
sten, wenn zwischen dem angesprochenen Gesprächsverhalten und der Information über dessen Wirkung nur eine kurze Zeitspanne liegt und sich alle
Beteiligten noch gut erinnern können. Beispielsweise kann man sagen: „Sie
haben zu diesem Punkt in der heutigen Sitzung noch keine Stellungnahme
abgegeben", statt rückwirkend über einen längeren Zeitraum urteilend: „Sie
haben sich noch nie für dieses Projekt engagiert."

Alle Rückmeldungen, die hier beispielhaft formuliert wurden, beziehen sich auf
beobachtbares Verhalten. Sie lassen sich als Mitteilungen an die Person verstehen, wie sie mit ihren Äußerungen in der konkreten Situation verstanden, wahrgenommen und erlebt wird. Da man mit Rückmeldungen nach Art des Feedback –
mal mehr, mal weniger deutlich – die Beziehungsebene von Gesprächen in den
Blick rücken und zum Thema machen kann, ist hier besondere Aufmerksamkeit
angebracht. Sehr persönlich-emotional gefärbte Wirkungs-Rückmeldungen oder
Interpretationen (der Persönlichkeit, der Absichten oder Befindlichkeiten) des Gegenübers sind mit dem Sachlichkeitsprinzip der – offiziellen – Kommunikation in
einer Institution wie der Universität nicht immer gut vereinbar. Etwa, wenn jemand zu einem Vortragsredner im Fach Soziologie sagt: „Ihr Sprachgebrauch und
die häufige Verwendung von Begriffen wie 'System' oder 'Regulation' wirkt auf
mich sehr kalt. Sie empfinden wohl gar kein Mitgefühl mit den Arbeitslosen, über
die Sie berichten." Oder wenn jemand eine Rückmeldung zur Praxis der Themenbehandlung im Gespräch (für andere unerklärlicherweise) als Bewertung seiner
Person oder als Angriff interpretiert: „Jetzt haben Sie das Thema XY angesprochen. Und ich wette, Sie tun das nur, weil Sie mich aus dem Gespräch ausschließen wollen."

Natürlich gibt es ebenso Situationen, in denen ein direktes Ansprechen der
Beziehungsebene, das über die rein gesprächspragmatische Verständigung hinausgeht, im universitären Umgang wichtige und wertvolle Klärungen leisten
kann. Ebenso wie man auch gelegentlich mit Fug und Recht die Formulierungs-
grundsätze für Feedbacks außer Acht lassen kann. So etwa, wenn ein unbekannter Kommilitone, der zufällig Zeuge einer Absprache mit dem Lehrenden war,

herablassend verlautbaren läßt: „Du schaffst das schon!" Dann kann es durchaus angebracht sein, ironisch zu erwidern: „Danke, gerade auf deine Ermutigung war ich angewiesen!"

Fragen stellen

Neben Rückmeldungen stellen auch Fragen eine Möglichkeit dar, klärend auf Gespräche Einfluß zu nehmen und sie unter Umständen in eine bestimmte Richtung zu lenken. Gemeinhin wird allerdings die Bedeutung der Fähigkeit, zielsicher und geschickt Fragen stellen zu können, unterschätzt. Fragen gelten dann wohl als Zeichen von Interesse an der Gedankenwelt eines Gesprächspartners. Aber häufig werden sie eben auch als Ausdruck von Unsicherheit angesehen oder gar als Offenbarungseid, über dieses und jenes nicht Bescheid zu wissen.

Allerdings ist es bekanntlich – nicht nur an Universitäten – auch so: Wer wenig fragt, erfährt wenig. Wissenschaftliches Denken und Arbeiten ist ohne wißbegierige Fragen undenkbar. Jedes kleine oder große Forschungsprojekt ist überhaupt nur darum in der Welt, weil jemand eine Frage hatte, die ihm und anderen wichtig erschienen ist. Die Fragestellung, die mit einer Untersuchung behandelt wird, bildet auch den roten Faden, der sie inhaltlich und methodisch leitet. Und nicht wenige entnehmen vor allem aus der Leidenschaft für komplexe Fragen an die Welt die erforderliche Geduld und Ausdauer für die oft langwierige und mühselige wissenschaftliche Erkenntnissuche. Natürlich finden sich oft andere Antworten als die, die man erwartet hat. Aber ohne orientierende Frage gäbe es keine wissenschaftliche Einsicht. Es läßt sich eben nicht systematisch suchen, wenn man gar nicht weiß, *was* man sucht. Und so ist auch für die Teilnahme an Gesprächen Neugier und die Lust auf Frage und Antwort unentbehrlich. Als Fragender aber läßt sich ein Einstieg in ein Gespräch gewöhnlich leicht finden.

Was können nun Fragen in Gesprächen leisten? Zunächst einmal ist es hilfreich, zwischen zwei Grundformen von Fragen zu unterscheiden: den *offenen* und *geschlossenen Fragen*. Beide Fragetypen haben ein je spezifisches Profil und eröffnen einen unterschiedlichen Erwartungshorizont bezüglich der darauf erfolgenden Antwort. Dies einmal abgesehen davon, daß natürlich auch von Bedeutung ist, mit welcher Absicht und in welcher Situation sie gestellt werden.

Offene Fragen enthalten meist ein Fragewort, also z.B. Wer? Warum? Wann? Weshalb? Wie? Wieso? Was? Wo? Welche? Als Gesprächseinsteiger kann man etwa formulieren:

„Wie meinen Sie das, wenn Sie sagen, daß Sprache kein System sei?"

„Welche Literatur zu diesem Thema können Sie empfehlen?"

„Wieso haben Sie sich für diesen methodischen Weg entschieden?"

„Welche Folgerungen für die Landwirtschaftspolitik ergeben sich aus Ihrer Untersuchung?"

„Was unterscheidet die Ergebnisse Ihrer Studie von der des Kollegen Zaster?"

Offene Fragen lassen dem Befragten gewöhnlich viel Handlungsspielraum. Er kann sich relativ ungezwungen äußern und seiner Antwort eben die Richtung geben, die er weiter verfolgen möchte. Da sich auf eine offene Frage nicht gut mit „ja" oder „nein" antworten läßt, stellt ihm der Fragende in gewisser Weise frei, wieviel Zeit er – im Rahmen des Üblichen – für seine Äußerung beanspruchen will. So kann er den eigenen Standpunkt in das Zentrum seiner Antwort stellen. Aus diesem Grunde eignet sich die offene Frage besonders als Aufforderung zur Rede, wenn man etwa die Vorstellungen des Gegenübers näher kennenlernen möchte. Ebenso ist sie in Argumentationen und Auseinandersetzungen bzw. wissenschaftlichen Problemlösungsgesprächen von entscheidender Bedeutung. Aber auch zur Eröffnung eines Gesprächs werden offene Fragen gern benutzt, da sie lockernd auf die Gesprächsatmosphäre wirken können.

Geschlossene Fragen dagegen beginnen meist mit einem Verb oder Hilfsverb. Sie werden manchmal auch als Entscheidungsfragen bezeichnet, da der Beantwortungsspielraum, den sie nahelegen, sehr eng umgrenzt ist und damit eine Festlegung und Entscheidung des Antwortenden nahelegt. Solche Fragen können beispielsweise formuliert sein wie:

„Haben Sie das Buch von Hofmann gelesen?

„Sind Sie mit dem Prüfungsergebnis einverstanden?"

„Gehen Sie heute zur Veranstaltung von Frau Rüschen?"

„Wird Herr Wallenstein das erste Gutachten schreiben?"

Die hier angeführten Fragen stellen die Erwartung in den Raum, daß der Befragte mindestens nicht vor ihrer Beantwortung ein neues Thema anschneidet. Vielmehr wird der Antwortende dazu bewegt, lediglich die Frageinhalte wahrzunehmen und sie entweder abzulehnen oder zu befürworten. „Ja" oder „nein" mit knappen Ergänzungen sind dann auch die Antworten, die man in der Regel auf geschlossene Fragen erhält. Wenn eine Reihe von Fragen des geschlossenen Typs ein Gespräch oder einen Gesprächsabschnitt prägt, kann das sehr ermüdend sein. Manchmal gewinnt das Gespräch dann nahezu den Charakter eines Verhörs.

Geschlossene Fragen benutzt man vor allem mit der Absicht, eindeutige Informationen oder Urteile zu erhalten. Da ihre Beantwortung zudem mit knappstem Zeitaufwand erfolgen kann, eignen sie sich beispielsweise vorzüglich in der Beschlußphase eines Gesprächs, wenn man danach strebt, Ergebnisse verbindlich zu machen oder um z.B. in größeren Gruppen – quasi in Form einer Rundum-Abstimmung – organisatorische Fragen schnell zu klären: „Können Sie diesen Termin wahrnehmen?" – „Und Sie?" – „Und Sie?" Selbstverständlich kann man nicht davon ausgehen, daß Befragte grundsätzlich dem jeweiligen Erwartungshorizont offener oder geschlossener Fragen entsprechend antworten. Enthusiastische Redner können auch auf geschlossene Fragen äußerst ergiebig reagieren. Und umgekehrt wird eine wie auch immer offen gestellte Frage einen einsilbigen Menschen nicht zu größeren sprachlichen Exkursionen verführen. Das heißt, die unterschiedlichen Frageformen können wohl einen bestimmten Antwortstil nahelegen, sie können aber die Richtung der Antwort keineswegs erzwingen.

Grundsätzlich gilt jedoch im Rahmen konversationeller Höflichkeitsregeln: „Antworte, wenn du gefragt wirst." Man kann annehmen, daß die meisten Befragten der Aufforderung zur Rede durch eine Frage mindestens formal und knapp nachkommen. Entsprechend bietet es sich an, die Möglichkeit zur Lenkung von Gesprächen durch Fragen gerade auch in schwierigen Situationen zu nutzen. Mit Fragen können

~ schweigsame Gesprächspartner aktiviert werden: „Bitte, wie ist Ihre Meinung zu diesem Aspekt?",

~ Informationen abgerufen werden: „Können Sie mir bitte den Standpunkt von Uschi Obermeier noch einmal erläutern?",

~ Argumentationsverläufe im Verlauf von Diskussionen zwischenzeitlich abgesichert werden: „Ist allen Anwesenden die Argumentation soweit verständlich?",

~ und auch kritische oder unsachliche Bemerkungen zurückgewiesen werden: „Wie kommen Sie denn zu dieser Einschätzung?"; „Was meinen Sie genauer mit Ihrer Anschuldigung?"

Fragen sind durchaus vielseitig zu verwenden. Wenn Sie Interesse haben, Ihr eigenes Frageverhalten einmal zu beobachten, so bieten Ihnen die folgenden Übungen dafür Anregungen.

➤ *ÜBUNG*

FRAGEN

1. Suchen Sie sich einen Essay in einer einigermaßen anspruchsvollen Zeitschrift oder aber einen fachwissenschaftlichen Aufsatz und protokollieren Sie während der Lektüre Absatz für Absatz Fragen, die sich Ihnen stellen. Welche Frageformen haben Sie verwendet? Welche Erwartung war Ihrer Erinnerung nach mit dem jeweils gewählten Fragentypus verbunden?

2. Stellen Sie sich die Aufgabe, in einem Gespräch ganz bewußt mindestens eine offene Frage zu stellen, die Sie – das ist die Voraussetzung – in der Tat interessiert. Sie können auch eine befreundete Person, die dazu bereit ist, ausführlich interviewen, z.B. zu ihrer Biographie, ihrem beruflichen Werdegang oder zu interessierenden Sachthemen. Achten Sie darauf, wie Ihr Gesprächspartner jeweils auf Ihre Fragen reagiert, ob Sie sie wiederholen müssen, neu oder anders stellen und auch, in welcher Weise die Befragten ihren Handlungsspielraum nutzen.   ◄

➤ *ÜBUNG*

ICH SEHE WAS, WAS DU NICHT SIEHST!

Das Ziel dieses Ratespiels ist die bewußte Handhabung geschlossener Fragen, auf die nur mit „Ja" oder „Nein", bei Unklarheiten mit „Ja *und* Nein" geantwortet werden darf. Es bedarf dazu mindestens zweier Spieler. Eine Person erdenkt sich still den Suchgegenstand, woraufhin dann zunächst die andere fragt und der Geheimnisträger antwortet. Nach der ersten Runde werden die Rollen getauscht. Der Wortwechsel kann beispielsweise beginnen mit:

Befindet sich der Gegenstand hier im Raum? (Ja oder Nein)

Kann ich ihn von meiner Position aus sehen? (Ja oder Nein)

Ist es ein eher großer Gegenstand? (Ja oder Nein) etc.

Diese Übung läßt sich auch mit Fragen nach berühmten oder im Freundeskreis bekannten Persönlichkeiten durchführen. Oder – und dann ist die Annäherung an

die methodische Suche nach Antworten im wissenschaftlichen Arbeiten ganz
deutlich – indem man die Frage nach einer fachwissenschaftlichen Richtung, Untersuchung, einem allen Beteiligten bekannten Wissenschaftler verfolgt.   ◁

Die hier vorgenommene Unterscheidung von Fragen als jeweils offen oder ge-
schlossen ermöglicht eine erste Orientierung bezüglich fragenden Gesprächsverhaltens. Selbstverständlich sind zur Beobachtung der Funktion von Fragen in
konkreten Situationen wesentlich feinsinnigere Differenzierungen möglich und
sinnvoll. Im Rahmen diese Buches bleibt es jedoch bei der Empfehlung, die Fähigkeit zielbewußten Fragens in diesem Sinne weiter zu schulen, nicht zuletzt,
indem man die jeweils besonderen Umstände, Zusammenhänge und Funktionen
von verschiedenen Fragetypen sorgfältig beobachtet und natürlich ihre Wirkung
erprobt. Zur Anregung einer weiter differenzierenden Hinsicht auf Fragen sollen
hier einige besondere Fälle aufgeführt werden:

RHETORISCHE FRAGEN

Rhetorische Fragen werden manchmal auch als Scheinfragen bezeichnet. Das
geschieht, weil sie sich für den Betrachter häufig von anderen Fragen dadurch
unterscheiden, daß er den Eindruck hat, eine 'echte Frage' liege nicht vor bzw. der
Fragende habe die Antwort schon mitgegeben. So kann beispielsweise ein Redner
in einem Vortrag formulieren: „Sie sagen: Normale Menschen empfinden abstrak-
tes Denken als anstrengend. Aber sind denn Wissenschaftler keine normalen Menschen?" Wahrscheinlich wünscht dieser Redner keine Auseinandersetzung darüber, ob Wissenschaftler 'normal' sind. Er kann also seine Rede fortsetzen mit der
Antwort „Natürlich sind sie das …" Oder er überläßt es den Zuhörern, die Frage
als Behauptung „Wissenschaftler sind ganz normal" von sich aus aufzufassen.
Vielleicht gelingt es ihm so, Interesse bei seinen Hörern zu wecken. Eventuell
provoziert er aber auch Gegenfragen, wie etwa: „Wer sagt denn, daß Wissenschaft
nicht anstrengend ist?"

SUGGESTIVFRAGEN

Die Suggestivfrage kann als Versuch zur Beeinflussung der Zuhörer interpretiert werden. Ein wirkliches Erkunden der Meinung der Befragten ist nicht beabsichtigt. Der Redner glaubt zu wissen, wie es um sie steht. Anders als bei dem
oben genannten Beispiel einer rhetorischen Frage wird hier jedoch den Befragten

die Antwort nicht als inhaltsbezogene Folgerung nahegelegt, sondern unter anderem durch Ansprache der Person in den Mund gelegt. In solchen Fragen werden häufig Wörter wie „sicher", „bestimmt", „gewiß" etc. verwendet, die die Überzeugtheit eines Redners von seinen Auffassungen unterstreichen: „Es wird Sie doch sicher interessieren, daß ...?"; „Sie sind doch gewiß auch der Meinung, daß ...?" Nicht selten sieht man dann überraschte Redner, wenn auf ihre suggestiven Fragen doch jemand etwa mit „Nein, da irren Sie sich" reagiert.

Bestätigungsfragen

Bestätigungsfragen werden gestellt, wenn ein Sprecher wissen möchte, ob andere seine Ansichten teilen oder nicht: „Ein Kanzler muß doch ein kluger Mann sein, oder?" Häufig werden sie auch dann benutzt, wenn der Fragende wünscht, seine Interpretationen von Äußerungen, seine Rekapitulationen oder Resümees als Gesprächsergebnisse abzusichern: „Meinen Sie damit, daß ...?"; „Gehe ich recht in der Annahme, daß ...?" „Wir sind uns also einig, daß ...?" Gelegentlich kann die Bestätigungsfrage auch suggestiv wirken: „Deutet das nicht darauf hin, daß ...?"

Stimulierungsfragen

Das lateinische Verb 'stimulare' bedeutet anspornen, antreiben. Entsprechend versucht die Stimulierungsfrage, Eigenschaften oder Fähigkeiten des Gegenübers positiv herauszustreichen und ihn zu Äußerungen zu bewegen: „Was sagen Sie als Fachmann dazu?"; „Du bist doch so klug, kannst du das nicht machen?"; „Können Sie als Spezialist auf diesem Gebiet uns den strittigen Punkt verständlich machen?"

Alternativfragen

Die Alternativfrage stellt Möglichkeiten der begrenzten Entscheidung zur Wahl. Sie suggeriert damit in gewisser Weise eine vorgegebene Antwort: „Trinken Sie Sekt oder Selters?"; „Kommen Sie heute oder nächste Woche?" Sich als Antwortender *nicht* für eine der Möglichkeiten zu entscheiden, fällt aufgrund des Erwartungshorizonts, den sie mitbringt, manchmal schwer. Jedoch kann man etwa durch die Antwort „Weder-noch" stets die gestellte Alternative grundsätzlich in Frage stellen.

Rückmeldungen und Fragen ermöglichen es also nicht nur, sich 'Durchblick' in einem Gespräch zu verschaffen, sondern auch lenkend einzugreifen. Allerdings: Welche Erwartungshorizonte für eine Reaktion des anderen eine Äußerung auch immer andeuten mag, es entscheidet letztlich der Angesprochene, ob er in diesem Spielraum bleibt, darüber hinausgeht oder ob er *überhaupt* reagiert. Im Kapitel 3.4 dieses Buches (Verhandeln) werden weitere Möglichkeiten zur aktiven Mitgestaltung von Diskussionen vorgestellt. Zwei der dazu wesentlichen drei Verhaltensweisen haben wir hier besprochen, nämlich das *Zuhören* und das *Eingehen auf das Gegenüber*. Die dritte, die darin besteht, einen *eigenen Standpunkt zu beziehen*, hat die beiden anderen zur Voraussetzung. Wer nicht zuhört und sich auch mit seinen Äußerungen nicht bezugnehmend im Zusammenhang des Gesprächs bewegt, kann kaum zu einem produktiven Austausch gelangen. Anders herum ergeben sich die Übergänge nicht nur von der Rückmeldung zur Frage, sondern auch von der Frage zur Darlegung eines Standpunkts häufig im Gesprächsfluß ganz selbstverständlich.

Das wird besonders deutlich, wenn man sich eine sehr gebräuchliche Form der Erwiderung auf eine Argumentation vor Augen führt: *Die Ja-aber-Wendung.* Sie enthält einerseits die Bestätigung des Gegenübers („Ja") und manchmal auch Rekapitulationen oder Feedbacks. Andererseits grenzt sie die eigene Äußerung von der des anderen ab („aber") und leitet damit meist die Darlegung eines eigenen Standpunktes ein. Eine solche Äußerung kann z.B. formuliert werden als:

> „Ja, wenn Sie sagen, daß ... (*Aktives Zuhören: Bestätigung, Rekapitulation*)
> ... gebe ich Ihnen insofern Recht, daß ... (*auf das Gegenüber eingehen*) ...
> Aber dagegen steht aus meiner Sicht, daß ... (*Abgrenzung*) ... Daher bin ich
> für/gegen ... möchte ich ergänzen ... gebe ich zu bedenken ... (*Standpunkt
> beziehen*)."

Die Ja-aber-Wendung kann deutlich machen, wie Positionen, die man vorträgt, zur vorangehenden Äußerung anderer in Bezug stehen. Sei es, daß sie aus der Argumentation des anderen erst erwachsen sind, sei es, daß sie nun abweichend, ergänzend oder einen Aspekt anders gewichtend dazugesellt werden sollen. Insofern kann man durch ihren Gebrauch nicht nur eigene Gedanken in das Gespräch hineintragen, sondern ebenso die Zusammengehörigkeit von Einzeläußerungen in Redewechseln klären und sichern. Ohne Gesprächsteilnehmer, die in dieser und anderer Weise die Verknüpfung der 'getrennten' Redebeiträge zu einem zusammenhängenden Ganzen vornehmen, kann sich kein wirklicher Dialog entwickeln.

3.3 Zur Sache kommen

Hört man andere in einer nicht vertrauten Fremdsprache miteinander reden, so läßt sich dies manchmal wie eine theatralisch-musikalische Darbietung erleben. Man sieht Gestik, Mimik und anderes Körperverhalten der Gesprächsteilnehmer, man hört die Melodie ihrer Rede und den Rhythmus ihrer Redewechsel. Unwillkürlich deutet man die Haltung der Beteiligten und ihre Rollen im Gespräch: Einer scheint ein lustiges Erlebnis zu erzählen und der andere freut sich daran. Oder aber da verhandeln zwei und scheinen sich uneins. Aber in welcher Sache?

Manchmal läßt sich sogar das erahnen. Wenn sich z.B. herumturnende Kinder in einem Eisenbahnabteil nach Einwendungen zugehöriger Erwachsener wieder auf die Bank setzen, dann haben sie mit großer Wahrscheinlichkeit eine Aufforderung erhalten, ihre akrobatischen Vergnügungen einzustellen. In den meisten Situationen ist es jedoch nötig, einer Sprache mächtig zu sein, um Thema und Inhalt einer Rede aufzufassen. Was wiederum *nicht* heißt, daß man das Thema *jeglicher* Rede in vertrauten Sprachen – und auch nicht den Muttersprachen – versteht. Im Wissenschaftsbereich ist das eine ganz alltägliche Erfahrung: So kann es zwar beispielsweise für eine Pädagogin hochinteressant sein, den Kollegen aus der Informatik während seines Vortrags zu beobachten. Vielleicht versteht sie aber von den Sachverhalten, über die er spricht, nicht das Mindeste. Sie hört nur 'Fachchinesisch'.

Gar nicht so selten sind sich auch Sprecher über das Thema ihrer Rede kaum im klaren. „Worüber redest du eigentlich?", fragt man vielleicht. Und jemand antwortet: „Hm, ich weiß selbst nicht, was ich eigentlich sagen will." Für die wirkungsvolle Rede ist es aber sehr wesentlich, daß ein Sprecher eine Vorstellung von der Sache hat, über die er sich äußern möchte. Und nicht nur das: Er muß auch mit seiner sprachlichen Äußerung 'zur Sache kommen', wenn er seine Gedanken den Zuhörern nahebringen will. Das heißt, er sollte nicht nur – wie man sagt – um den heißen Brei herumreden. In seinem Roman „Selim oder Die Gabe der Rede" schreibt Sten Nadolny: „Schlechte Reden zu halten ist nicht schwer:

man braucht nur jedem nötigen Satz einen unnötigen folgen zu lassen." In diesem Sinne handelt dieses Kapitel davon, wie man in seiner Rede zur Sache kommt und diese einem Publikum vermitteln kann.

Es behandelt verschiedene Fragen: Zum einen erläutert es einige Besonderheiten, die mündliche Kommunikation von schriftlicher unterscheiden. In Vortrags- bzw. Referatsituationen müssen die Sprecher meist sowohl mit einem – mehr oder weniger ausführlichen – Schrifttext umgehen, als auch der Situation der mündlichen Verständigung gerecht werden. Darum werden wir hier auf dieses 'Spagat' besonders eingehen, das die Formen der Teilnahme am wissenschaftlichen Austausch etwa in Seminaren oder auf Tagungen entscheidend prägt. Wir verfolgen den Prozeß der Erstellung von Textvorlagen für fachwissenschaftliche Referate bzw. längere, vorbereitete Beiträge und äußern uns zur Situation der Rede mit Manuskripten oder anderen Vorlagen vor einer Zuhörerschaft.

Gesprochene Sprache

Referate sind eine besondere Form der Rede. Üblicherweise wird ein schriftlich vorbereiteter Text mündlich gesprochen, also in gewisser Weise auch vor*gelesen*, ob dies nun wortwörtlich geschieht oder nicht. Für den Redner stellt sich damit die Aufgabe, seine *Lektüre eines Schrifttextes* – Manuskriptes – und dessen *mündliche Vermittlung an das Publikum*, das gewöhnlich den Text nicht vor Augen hat, angemessen zu vollziehen. Daß er um die Unterschiede gesprochener und geschriebener Sprache weiß, kann dabei sehr von Nutzen sein. Die vororganisierte Rede in Referatform versucht ja, die für wissenschaftliche Kommunikation günstigsten Momente von Schriftlichkeit und Mündlichkeit zu verbinden.

Ein Referat unterscheidet sich damit gewöhnlich von frei formuliertem und spontanem Sprechen in nicht vorbereiteten Gesprächssituationen. Der Monolog und die gestellte Kommunikation überwiegen. Der Verlauf ist planerisch vorbereitet, mindestens in seiner thematischen Folge, meist aber auch in seinen Formulierungen. Wir zeigen hier an einem kleinen Beispiel von nicht gestellter, spontaner Rede, wie schwer es andernfalls im Wechselgespräch sein kann, zur Sache zu kommen:

Nach dem Seminar:

Student A: ich wollt mal fragn ehm wie stehn sie eigntlich zu dem buch von dem kollegn X?

Dozent (lacht): liegt auffer hand, die frage, haha

Student A: und was haltn sie also von seinem

Dozent: ja also mh

Student B (gleichzeitig mit Dozent): o nee was is das für ne frage

Student C: das tut hier ja wohl nichts zur sache und außerdem

Student A: wieso denn nich?

Dozent: da will ich wohl was zu sagn mh# und ich denk

Student A (gleichzeitig mit Dozent ab #): so kollegien von unis davon weiß man ja nie was# und ich mein so als studi als studi also man will## das ja einschätzn

Student C (gleichzeitig mit A ab #): oh mann laß gut sein!

Student B (*gleichzeitig mit A ab* ##): du ich finde son thema da da muß man nich alles wissn

Dieser Versuch, einen spontanen Dialog als Schrifttext wiederzugeben, läßt schon auf den ersten Blick entscheidende Unterschiede erkennen: Schrifttexte zeigen uns nicht, *wer* spricht. Sie haben keine Stimme und kein Gesicht. Daß in einer Situation *gleichzeitig* gesprochen wird, ist schriftlich schwer darstellbar. (Im Beispiel sind Sprechereinsätze anderer während einer Äußerung durch das Zeichen # markiert.) Auch die für die Bedeutung einer Äußerung oft entscheidende lautliche Betonung ist z.B. durch Satzzeichen (Frage, Ausruf) eigentlich nur anzudeuten. Weitere spezielle Merkmale der spontan gesprochenen Sprache können sein:

Besonders bei häufigen Sprecherwechseln – wie im obigen Beispiel – stellen die Sprecher durch *direkte Anrede* Kontakt zueinander her. Oft werden sogenannte Abtönungspartikel benutzt, kleine Laut-Wörtchen wie „mh" und „oh", die die Stellung des Sprechers zum Gesagten kennzeichnen. Sätze werden gern mit „und" eingeleitet. Manche Sätze werden nicht zuende geführt. Die Äußerungen können sehr kurz sein und Aussagen mit Unterbrechungen vorgetragen werden. Teile der Äußerung können wiederholt werden, beispielsweise um etwas zu betonen, um den eigenen Beitrag zu gliedern oder auch den Dialog zu lenken („und außerdem …"; „so als studi als studi"; Fragen und Ausrufe etc.). Im Vergleich zur

Schriftform werden gesprochene Worte oft 'verschliffen' („fragn" statt „fragen").
Und vor allem – das ist sein Vorzug – können im mündlichen Austausch mißverstandene oder unklare Aussagen unmittelbar korrigiert werden. Bedeutungen können durch Mimik, Gestik, Intonation und anderes nichtsprachliches Verhalten
präzisiert werden. Die schriftliche Äußerung, die diese Möglichkeit – abgesehen
von Hervorhebungen durch Kursivsetzungen, Unterstreichungen etc. – nicht hat,
muß darum wesentlich strenger, ausführlicher und genauer formuliert werden.

Soweit es im Vermögen der Schreiber liegt, machen schriftliche im Vergleich
zu mündlich spontan gesprochenen Äußerungen ihre Aussage 'dichter' und durch
komplexere Aussageverknüpfungen auch differenzierter: Sätze werden weniger
mit „und" oder „oder" aneinander gereiht und häufiger zueinander neben- und
untergeordnet. Die dialogischen Momente des Mündlichen werden gemindert
(Anrede, Sprecherwechsel). Im grammatischen Sinne nicht wohlgeformte oder
unvollständige Äußerungen vermeidet man. Ebenso bemüht man sich in Schrifttexten, Wiederholungen von Aussagen, Wortgruppen oder Worten zu umgehen.
Das Referat sucht sowohl die Qualitäten des Mündlichen (z.B. Dialogizität, Korrigierbarkeit) als auch die des Schrifttextes (z.B. Strenge, Strukturiertheit und
Klarheit) miteinander zu verbinden.

➢   *ÜBUNG*

   SPRECHEN UND SCHREIBEN

Versuchen Sie das obige Protokoll eines spontan geführten Gesprächs umzu-
schreiben, indem Sie die jeweils wichtigsten Aussagen der Beteiligten erfassen
und im Sinne eines lesbaren Schrifttextes neu formulieren. Versuchen Sie dies in
zwei Schritten: In der ersten Version behalten Sie die Form der direkten Rede bei
(*Student A:* Ich …) und in der zweiten Version formulieren Sie eine Beschreibung
des Gesprächsablaufs in der indirekten Rede (Der Student A fragte den Dozenten
nach seinem Standpunkt zu einer Veröffentlichung des Kollegen X …).

Durch Vergleich der Textversionen können Sie sich einen Eindruck von den
sehr unterschiedlichen Qualitäten einerseits spontaner mündlicher Äußerungen
(z.B. direkter Hörerbezug) und andererseits Schrifttexten (z.B. konzentrierte
Themenbehandlung) verschaffen und auch Erfahrungen damit machen, welche
sprachlichen Elemente und Formen jeweils verwendet bzw. nicht verwendet
werden.   ◄

Indem wir nun von der gesprochenen Sprache aus zum Geschriebenen gegangen sind, haben wir den Weg umgekehrt, den Vortragsredner gewöhnlich einschlagen, wenn sie Schrifttexte zum Vortrag auf mündliche Vermittelbarkeit und Sprechbarkeit hin zubereiten. Vorab können Redner die Möglichkeiten der schriftlichen Formulierungsarbeit nutzen, um ihr Thema gedanklich-sprachlich konzentriert zu bearbeiten und zu strukturieren. Bevor es mündlich vorgetragen werden kann, muß ein Referat zuallererst von der Sache her erarbeitet werden.

Das Referat

Ein fachwissenschaftliches Referat ist natürlich kein öffentlich vorgetragener Besinnungsaufsatz. Gewöhnlich läßt es sich als argumentative Auseinandersetzung mit einem wissenschaftlichen Problem beziehungsweise als Darstellung eines methodisch durchgeführten Untersuchungsweges beschreiben, der der Bearbeitung einer bestimmten Fragestellung dient. Dabei maßgebliche Grundprinzipien wissenschaftlicher Kommunikation und Sprache werden in den Kapiteln 2.3 (Die Sprache der Wissenschaft) und 3.4 (Verhandeln) erläutert. Für die Ausbildung der Studierenden spielen Referate in den verschiedenen Fächern eine unterschiedlich große Rolle. Gewiß aber ist es in allen Fächern sinnvoll und erforderlich, daß Studierende sich darin üben, auch mit vorbereiteten mündlichen Stellungnahmen an der wissenschaftlichen Diskussion teilzunehmen.

Die Konventionen, die in den Fächern bezüglich der *schriftlichen* Formen wissenschaftlichen Arbeitens gelten, werden Studierenden meist unmittelbar zu Beginn des Studiums – etwa in Einführungsveranstaltungen – vermittelt. Darüber hinaus gibt es etliche allgemeine oder fachspezifische Bücher über die Verfassung wissenschaftlicher Arbeiten, von der Seminar- bis zur Doktorarbeit. Wir werden dieses Thema hier übergehen. Als Schrifttext interessiert in unserem Zusammenhang nur das Vortragsmanuskript. Dessen Gestaltung muß – da ja ein Referat dem Prinzip der Mündlichkeit verpflichtet ist – mitunter ganz andere Gesichtspunkte berücksichtigen als ein Lesetext. Wenn es auf der Grundlage einer wissenschaftlichen Arbeit erstellt wird, ist das jedoch häufig von Vorteil. Konzentrierte Denk- und Formulierungsarbeit bei der Auseinandersetzung mit wissenschaftlicher Fragestellung, Thema und Stoff ist auf jeden Fall unabdingbar.

Die verschiedenen Arbeitsphasen bei der Erstellung eines Referates lassen sich mit Hilfe eines Stufenmodells überblicken, das schon die antike Rhetorik für das Abfassen von Redetexten aufgestellt hat. Dieses Modell ordnet die 'Produktion der Rede' in fünf Schritte:

1. Das Finden der Gedanken (inventio),

2. das Anordnen der Gedanken (dispositio) ,

3. die Bearbeitung des sprachlichen Ausdrucks (elocutio),

4. die Verwirklichung der Rede und der körperlichen Beredsamkeit (pronuntiatio und actio), und

5. das Einprägen der Rede (memoria).

Im weiteren werden wir die einzelnen Arbeitsschritte oder Stufen bis zur Situation des Vortragens selbst verfolgen.

Der 1. Arbeitsschritt besteht in der Erkundung der leitenden wissenschaftlichen Fragestellung und Thematik, in der eigentlichen Forschungsarbeit. Man befaßt sich zielgerichtet mit den verschiedenen Dimensionen und Aspekten des Feldes, für das man sich interessiert. Aus der anfangs häufig eher expansiven und offenen Haltung dem Gegenstand und Thema gegenüber gelangt man dann gewöhnlich zur Konzentration auf einen abgegrenzten Bereich, man setzt Akzente und der Untersuchungsgegenstand gewinnt Konturen. In dieser Phase werden Informationen, Ideen, Quellen, Daten und Argumentationen gesucht und gesammelt. Je nach Studiengang kann das Archiv-, Bibliotheks- und Laborarbeit, umfassende Lektüre, die Durchführung von Interviews, die Aufstellung von Versuchsanordnungen, das Ansetzen von Experimenten und anderes bedeuten. Ob streng methodisch oder auch einmal lockerer suchend strebt man auf eine Antwort zu: die Ergebnisse der Untersuchung.

Da die Verfahrensweisen wissenschaftlichen Arbeitens bei allen fachlichen Unterschieden doch manches gemeinsam haben, läßt sich ein Rahmen skizzieren, in dem man sich in aller Regel bewegt:

~ Ausgangspunkt ist eine Themenformulierung, eine Fragestellung und die Festlegung eines Untersuchungsgegenstandes. (z.B. *Thema:* Alkohol im Pflaumenmus – muß das sein?; *Fragestellung*: Wie läßt sich Pflaumenmus ohne Alkoholzusatz herstellen und haltbar machen?; *Gegenstand* der Untersuchung: Pflaumenmus und die Verfahren seiner Herstellung.)

~ Einer wissenschaftlichen Untersuchung liegt weiter gewöhnlich ein Erkenntnisinteresse zugrunde, das über die konkrete Fragestellung hinausreicht. Indem man es formuliert, gibt man an, welchen Wert man den erhofften Ergebnissen im Rahmen des Faches oder darüber hinaus beimißt. Man macht Annahmen darüber, was sich mit dem angestrebten Wissen, den erhofften Einsichten weiter tun läßt oder was man daraus folgern könnte. (z.B. Perspektive der Untersuchung: Ein Verfahren zur Herstellung haltbaren und doch alkoholfreien Pflaumenmuses könnte möglicherweise auch zur Herstellung von alkoholfreier Erdbeermarmelade geeignet sein.)

~ Ebenso liegen wissenschaftlichen Untersuchungen leitende Thesen oder Prämissen zugrunde, die den Gegenstand betreffen (In unserem Beispiel die eines Kinderliedes: Die Wissenschaft hat festgestellt, daß Marmelade Schnaps enthält.), beziehungsweise die Methoden und Verfahren, mittels derer man zu Erkenntnissen kommen kann (Erkenntnistheorien; Wissenschaftstheorie; fachwissenschaftliche Theorie und Methoden). Aus dem Repertoire der allgemeineren Vorüberlegungen werden die konkret für die Durchführung der Untersuchung notwendigen abgeleitet: Man erkundigt sich über den Stand der Forschung im interessierenden Bereich, reflektiert die methodischen Wege, die erfolgversprechend sein könnten, und organisiert notwendige Materialien oder Apparaturen etc. (z.B. Ernährungswissenschaftliche Untersuchungen und Kochbücher lesen; Musrezepte vergleichen; Pflaumen pflücken und Kochtöpfe herbeischaffen).

~ Auf den damit bezeichneten Grundlagen baut der eigentliche wissenschaftliche Untersuchungsgang auf, der nun im Dreischritt von Versuchsanordnung, Versuchsdurchführung und Versuchsauswertung die leitende Fragestellung bzw. verschiedene Teilfragen, aus denen sie besteht, verfolgt. (z.B. Pflaumen und Kochtöpfe bereitstellen; Mus kochen; seine Haltbarkeit prüfen usw.).

~ Abgeschlossen wird die Untersuchung mit der Analyse der Einsichten oder Erfahrungen, die man auf seinem Forschungswege machen konnte, das heißt mit der Ergebnisformulierung und möglicherweise einem Ausblick darauf,

was der Wert der Ergebnisse über den Rahmen der Themenstellung hinaus
sein könnte. (z.B.: Pflaumenmus ohne Rumzusatz schmeckt miserabel; er ist
zwar haltbar, aber unverkäuflich).

Der 2. Arbeitsschritt auf dem Weg zu einem fachwissenschaftlichen Referat besteht darin, das nun Vorliegende an Informationen, Erfahrungen, Einsichten und
Argumentationen zu ordnen. Zuallererst ist diese Anordnung davon abhängig,
welchen Zweck ein Vortrag verfolgt und welcher Art Mitteilung er darstellen soll:
Wird ein noch beabsichtigtes Forschungsvorhaben im Konzept vorgestellt? Soll
ein Zwischenbericht gegeben werden über die Erfahrungen mit einer Untersu-
chungsmethode in einem noch nicht abgeschlossenen Projekt? Oder sollen Ergebnisse einer abgeschlossenen Untersuchung vorgestellt beziehungsweise diskutiert und mit denen anderer verglichen werden? Kurz: Man fragt sich zum Beispiel: Entspricht meinem Anliegen ein mehr darstellender oder mehr argumentie-
render Text? Und weiter: Auf welche Aussagen möchte ich inhaltlich das Hauptgewicht legen, welche sind unverzichtbar, welche eher nebensächlicher Art und
welche überflüssig?

In dieser Weise legt man den inhaltlichen Aufbau des Textes – sein Gerüst –
fest und überprüft dann, ob die vorgenommene Zusammenstellung von Themen-
bereichen und ihre Reihenfolge tatsächlich einen sinnvollen Zusammenhang ergeben können. Sind notwendige 'Brücken' zwischen zwei Teilthemen weggefal-
len? Kann man Thema B behandeln, bevor man etwas zu A gesagt hat? Als Ansammlung von zusammenhanglosen Stellungnahmen wird ein Vortrag nicht zur
wirkungsvollen Rede. Darum ist die Aufmerksamkeit für das Gesamtbild, das
sich die Hörer durch ihn Schritt für Schritt von einer Sache machen können,
von zentraler Bedeutung. Daß sich eine Gliederung im Laufe des Bearbeitungs-
prozesses verändern kann, liegt dabei auf der Hand. Denn natürlich kann die im
weiteren durchgeführte genaue Analyse des Gegenstandes auch zu Einsichten
führen, die einen neuen Aufbau sinnvoll machen. Um jedoch von Beginn an
zielstrebig vorgehen zu können, ist es günstig, sich in dieser Weise einen Überblick zu verschaffen.

Die erste systematische Anordnung des Textes orientiert sich also daran,
welche *Wirkungsabsicht* man mit seinem Vortrag in Bezug auf dessen Inhalte
verfolgt. Sie bezieht bereits den erwarteten Hörerkreis – die Adressaten – mit
ein. Man fragt danach, wie dem Publikum das Gewünschte am sinnvollsten und

einsichtigsten vermittelt werden kann: Die Aussage des Gesamten, seiner Teilbereiche und deren Zusammenhang sollen deutlich werden. Die Hörer sollen – z.B. durch den großen oder geringen Raum, der Aspekten im Text gegeben wird – erkennen, was dem Referenten besonders wichtig erscheint und was nebensächlich. Ihnen soll klar werden, welche Bedeutung mitgegebene Informationen für ihr Verständnis der Sache haben. Je nachdem, ob man voraussetzen kann, daß das Publikum diese Informationen hat oder nicht, wird man einen kurzen Hinweis geben oder das Notwendige ausführen. Sollen die Hörer die Untersuchungsergebnisse oder Folgerungen daraus nachvollziehen, müssen sie Einsicht gewinnen können in den Prozeß ihrer Entstehung. Auf dieser Basis und natürlich bei Kenntnis der Kriterien und Kategorien, die die Analyse geprägt haben, wird es ihnen eventuell auch einleuchten, warum und wie ein Referent seine Resultate beurteilt. Sie müssen ihm darum nicht zustimmen. Doch auch sachgerechte Kritik setzt ein solches Verstehen voraus.

Die inhaltsbezogene Gliederung eines Referattextes wird also bestimmt durch *Thema* und *Ziel* des Vortrags, durch die *Wirkungsabsicht* und den *Hörerbezug*. Als Grobstruktur hat sich eine dreigliedrige Form eingebürgert, die die *Einleitung* oder das Vorwort, den *Hauptteil* mit Unterkapiteln und eventuellen Exkursen, und das *Schlußwort* – als Resümee und/oder Ausblick – unterscheidet. Die folgende Skizze zeigt, wie die Orientierung an Fragen aus der Zuhörerperspektive zum Aufbau eines Textes führen kann:

1. EINLEITUNG

Was sind Thema, Fragestellung und Gegenstand des Vortrags? Welche dem Hörerkreis nicht selbstverständlichen Voraussetzungen der Untersuchung muß man kennen, um die Ausführungen angemessen zu verstehen? (Forschungsstand; Erkenntnisinteresse; leitende Thesen; andere Informationen)

2. HAUPTTEIL

Wie – und aus welchen Gründen so und nicht anders – wurde die Untersuchung durchgeführt? (Methoden; Erfahrungsbericht; eventuell erforderliche Informationen zu den Berichten) Zu welchen Ergebnissen ist man in Teilbereichen bzw. insgesamt gekommen? (Ergebnisformulierung) Wie und mittels welcher Kriterien der Beurteilung werden sie bewertet? (Analyse) In welchem Verhältnis stehen die Ergebnisse zu den Ausgangsvermutungen? Sind sie erwartungsgemäß in der Zahl, in der Qualität, oder nicht? Inwiefern? Läßt sich das erklären? In welchem Verhältnis stehen sie zu anderen Forschungen in diesem Gebiet?

3. SCHLUSSWORT

Wie lassen sich die Erfahrungen, Ergebnisse der Untersuchung zusammenfassen? (Resümee) Welche Folgerungen lassen sich aus ihnen ableiten? Für das Fachgebiet und/oder andere Bereiche? (Ausblick)

➢ *ÜBUNG*

   TEXTAUFBAU

Versuchen Sie, mit Hilfe des obigen Fragenkatalogs eine Skizze zum inhaltlichen Aufbau eines Referates zu erstellen. Wählen Sie Thema, Fragestellung und Gegenstand aus einem Gebiet Ihres Faches, mit dem Sie sehr vertraut sind, und notieren Sie dann jeweils im Sinne der aufgeführten Fragen, welche Aussagen im entsprechenden Textabschnitt zu machen wären: „Hier würde ich erklären, wieso … an Kategorien nennen z.B. … die Begriffe F und E definieren … darstellen, wie … argumentieren, daß …" usw.   ◄

Auch eine auf das Sachthema bezogen sinnvolle Gliederung des Referats erschließt sich dem Publikum nicht selbstverständlich. Aus diesem Grund begleiten Redner häufig ihre Hörer durch den Vortrag hindurch, wobei ihre 'Nebenrede' in Strukturierungs- und Verständnishilfen besteht. Diese orientieren die Hörerschaft, halten ihr Interesse wach, lenken die Aufmerksamkeit im Sinne des Redners und machen transparent, was geschieht und worum es dem Sprecher geht. Gewöhnlich werden sie auf die Funktion der verschiedenen Phasen des Referats abgestimmt:

In der *Einleitung* werden Thema, Fragestellung und Gegenstand des Referats genannt, das bearbeitete Problem wird dargestellt. Wenn der Redner hier eine kurze Übersicht über den Aufbau seiner Ausführungen gibt, kann er damit wesentlich zur Orientierung der Zuhörer beitragen. Sie gewinnen eine Vorstellung davon, was sie erwartet, und erfahren den Vortragenden als jemanden, der nicht nur *vor* ihnen reden, sondern sich *mit* ihnen zu verständigen sucht und dafür Sorge trägt, daß sie Anschluß an seine Ausführungen haben. Man kann etwa formulieren:

„Im ersten Teil des Referats stelle ich … dar. Dann untersuche ich die Frage, ob … Davon ausgehend werde ich zeigen, wie … Und schließlich werde

ich in Thesen die Ergebnisse der Untersuchung zusammentragen und abschließend diskutieren."

Der *Hauptteil* des Referats setzt sich häufig aus verschiedenen Gliederungspunk-
ten zusammen. Jetzt wird das zu behandelnde Problem ausführlich und möglicherweise in einer Folge von mehreren Schritten bearbeitet oder erläutert. Hier
kann es sehr hilfreich für Hörer sein, wenn der Redner sie von einem Thema zum
nächsten führt, wenn er sagt, wie sich die Themen aufeinander beziehen und
möglicherweise auch seine Vorgehensweise begründet. Man kann zum Beispiel
formulieren:

> „Nach diesen theoretischen Ausführungen zur Methode der Untersuchung
> werde ich nun die praktische Durchführung demonstrieren, indem ich … Zu
> erläutern ist in diesem Zusammenhang die Verwendung des Begriffes der …
> Im folgenden beschäftige ich mich zunächst mit dem Problem XY … So-
> weit also zum Problem XY. Jetzt erörtere ich den Aspekt Z, der im Zusam-
> menhang der dargestellten Beobachtungen besondere Bedeutung gewinnt …
> Die Beobachtung der … hat gezeigt, daß … Diese Annahmen werden in den
> weiteren Schritten insofern berücksichtigt, daß …"

Der *Schluß* eines Referats soll noch einmal ein Fazit ziehen, Einzelergebnisse
können hervorgehoben, offen gebliebene Fragen formuliert oder Perspektiven er-
öffnet werden. Meist kündigen Redner den Schluß einer Rede an: „Ich komme
jetzt zum Schluß." Mit einer solchen Geste läßt sich auch nach längeren Ausführungen noch einmal die Aufmerksamkeit der Hörer für das Resümee gewinnen.
Der Sprecher setzt wichtige Akzente, wie der Vortrag im Gedächtnis des Publikums bleibt, und er kann auch Impulse geben für eine eventuelle Diskussion im
Anschluß daran. Vermutlich erinnert jeder Situationen, in denen nur die plötzlich
eintretende Stille im Raum vermuten ließ, daß der Redner zum Ende gekommen
ist. Und so mag einleuchten, daß erst ein deutlich gesetzter Schluß ein Referat zu
einer 'runden Sache' macht.

> ➤ *ÜBUNG*
>
> *HÖRERLENKUNG*

Benutzen Sie die thematische Gliederung zu einem fachwissenschaftlichen Refe-
rat, die Sie in der vorangehenden Übung erstellt haben. Ergänzen Sie nun in Ihrer
Skizze den begleitenden 'Nebentext', das heißt Formulierungen, mithilfe derer Sie
Ihren Hörern ermöglichen, vorauszuschauen, was sie erwartet, sich zu erinnern,

was bereits thematisiert wurde, und das Verhältnis der Ausführungen in den jeweiligen Abschnitten des Vortrags zueinander zu erkennen.   ◁

Ist der Referattext nun schon fertig? Keineswegs. Jetzt – *im 3. Arbeitsschritt* seiner Erstellung – widmet man sich der sprachlichen Gestaltung, den Feinheiten des Ausdrucks. Das bedeutet: Der Text wird in Hinsicht auf verschiedene Aspekte noch einmal überprüft beziehungsweise erst erarbeitet. Man achtet weiter auf eine sachgemäße Gliederung sowie eine sorgfältige Hörerlenkung in Hinsicht auf die inhaltlichen Zusammenhänge der Aussage und des rednerischen Vorgehens, aber nun steht die Ausarbeitung sprachlicher Formulierungen im Mittelpunkt: Satz für Satz, Abschnitt für Abschnitt und als ganzer Text soll die inhaltliche Aussage eine sprachlich exakte Form erhalten.

Die Rhetorik setzt sich ja die Angemessenheit der Rede als oberstes Prinzip, was meint: Der Sprachgebrauch soll der Sache, der außersprachlichen Situation, dem Publikum und natürlich auch dem Redner gerecht werden. Die notwendigen Vorüberlegungen zu diesen Rahmenbedingungen der Rede beeinflussen entscheidend die Formulierungsphase, in der seine sprachliche Gestaltung und der stilistische Charakter des Vortrags geprüft und bestimmt werden. Dreierlei ist zunächst einmal bei der sprachlichen 'Einkleidung' der Redeinhalte zu beachten: Die *Sprachrichtigkeit* (puritas), die *Klarheit und Deutlichkeit des Ausdrucks* (perspicuitas), sowie der *Redeschmuck* (ornatus).

Einen Text auf seine *Sprachrichtigkeit* hin zu überprüfen, bedeutet zuerst einmal, die grammatische Korrektheit von Wortverbindungen, Einzelsätzen und Satzverknüpfungen herzustellen und in Zweifelsfällen eine Grammatik heranzuziehen. Es ist wohl eher selten, daß jemand durch einen längeren Text hindurch alle Sätze gleich in jeder Hinsicht grammatisch korrekt formuliert. Bekanntlich wechselt das Denken gelegentlich mitten im Schreiben die Richtung, der grammatikalische Satzbau kann durcheinander geraten. Und gerade vor dem Computer erstellte Texte neigen oft dazu, sehr fragmentarisch zu sein, weil die Schreiber sich durch die leichte Korrigierbarkeit am Bildschirm zur allzu eiligen Produktion verführen lassen. Hier ist also eine erste Korrekturphase vonnöten. Da ein Referattext allerdings auch an der Mündlichkeit orientiert ist, kann es manchmal angebracht sein, von der Grammatik der Schriftlichkeit abzuweichen.

Sich um *Deutlichkeit* oder Klarheit des sprachlichen Ausdrucks zu bemühen besagt zunächst einmal, daß die Gedanken des Redners zur Sache mit möglichster

Genauigkeit in Worte und Sätze gefaßt werden. Formulierungen sollen sachgemäß, treffend und präzise die Aussageabsicht des Redners bzw. die Vorstellung, die er vor Augen hat, vermitteln. Vereinfacht gesagt heißt das, man sollte nicht von Möbeln reden, wenn man nur Nierentische meint und umgekehrt. Man versichert sich also darüber, daß die gewählten Formulierungen nicht nur für die Person des Redners, sondern auch für die Hörer mit einer eingegrenzten und bestimmbaren Bedeutung verbunden sind. Insofern muß man sich über die Unterschiede zwischen dem eigenen, individuellen Sprachgebrauch und dem seines Hörerkreises ein Bild machen. Man überlegt, wie eine Beobachtung, Vorstellung oder Idee möglichst unmißverständlich, klar eingegrenzt, aber auch ausreichend ausführlich in Sprache gefaßt werden kann. Und ebenso, welche Bewertungen man durch seine Formulierungen mitgibt oder welche nicht-gesagten Behauptungen sie mit sich tragen. Die Aussage: „Ich sehe in dieser Erklärung keine vollkommen befriedigende Antwort auf die Frage" sagt unter anderem als Nicht-Formuliertes mit: „Es gibt vollkommen befriedigende Antworten auf diese Frage" und: „Die Erklärung ist als Antwort auf die angesprochene Frage geeignet und begrenzt akzeptabel." Klarheit des Ausdrucks in diesem Sinne läßt auf die gewünschte Wirkung der Rede beim Publikum hoffen.

Das bedeutet nicht zuletzt, daß die vermutliche Verständlichkeit für das Publikum ein wichtiges Kriterium zur Wahl von Formulierungen darstellt. Geheimnisvolle Ausführungen eines Juristen vor Laien über das Verfahren der Eviktion mögen imponieren. Aber wenn ihnen dann im Laufe der Zeit klar wird, wovon er spricht (der Entziehung eines Besitzes durch richterliches Urteil, weil ein anderer ein größeres Anrecht darauf hat), fragen sie wohl zu Recht: „Warum sagt er das nicht gleich?"

Verständlichkeit in der Formulierung sollte allerdings nicht auf Kosten des Aussagegehalts hergestellt werden. Wer eine Aussage *angemessen* vermitteln will, muß sie in einer der Hörerschaft vertrauten Sprache formulieren, also möglicherweise eine Übersetzungsleistung erbringen. Leider ist die irreführende Auffassung weit verbreitet, man müsse komplexe – wissenschaftliche – Aussagen nur ‘vereinfachen’, um sie auch für die mit der Thematik Unvertrauten verständlich zu machen. Eine Aussage in diesem Sinne ‘primitiv’ zu machen, bedeutet aber, sie zu verfälschen, so wie es im folgenden Bespiel geschieht:

Aussage: „Die marxistische Geschichtsphilosophie nimmt an: In der historischen Phase der kapitalistischen Produktionsweise wird durch ihre Teilnahme an der gesellschaftlichen Produktion die Emanzipation der Frauen angebahnt."

Verfälschende Wiedergabe: „Die Marxisten denken, daß Arbeiten Frauen freier macht."

Eine deutliche und verständliche Formulierungsweise erfordert es weiter, daß die Verknüpfungen von Einzelaussagen – Sätzen und Redeabschnitten –, die der Redner nahelegen will, erkennbar, plausibel und also in der wissenschaftlichen Argumentation logisch nachvollziehbar sind. Eine Reihung von Aussagesätzen mit wenig expliziten Bezügen kann zum Beispiel verschiedene Verknüpfungen anbieten. Die Satzfolge „Kinder sehen gern Comicfilme. Eine imaginäre Verarbeitung von Problemen ist wahrscheinlich" könnte – je nach Zusammenhang – verstanden werden als: „Kinder sehen wahrscheinlich *darum* gern Comicfilme, *weil* sie dadurch ihre Probleme imaginär verarbeiten können." Oder aber als: „*Wenn* Kinder gern Comicfilme sehen, ist es wahrscheinlich, *daß sie dann in dieser Situation* ihre Probleme imaginär verarbeiten." Daß sich die Hörer für genau *den* Bedeutungsgehalt einer Äußerung entscheiden, den der Redner beabsichtigt, ist keineswegs selbstverständlich. Somit gehört es zur Überprüfung der Klarheit von Formulierungen auch, daß man das Feld möglicher Interpretationen mitbedenkt und sie im gemeinten Sinne 'engführt' bzw. Mehrdeutigkeit dort zu mindern sucht, wo sie nicht zur gewünschten Aussage beiträgt.

Die Entscheidung über die *Stilebene*, die man bei der Formulierungsarbeit an einem fachwissenschaftlichen Referattext wählt, ist durch den universitären Rahmen und entsprechende Konventionen bereits in großen Zügen festgelegt. Wenn diesbezüglich eine Überprüfung vorgenommen wurde, ob man sich im Rahmen des für den wissenschaftlichen Sprachgebrauch üblichen Sprachniveaus bewegt, können weitere Überlegungen angestellt werden, wie man durch etwaige besondere Akzente einzelne Passagen des Vortrags anschaulicher oder interessanter gestalten kann. Verwendet man den Redeschmuck zur Veranschaulichung und auch zur Verschönerung des sprachlichen Ausdrucks, ist freilich zu bedenken: Vergleiche, ironische Setzungen, Beispielerzählungen, bildlicher Ausdruck etc. sollten in einem fachwissenschaftlichen Referat die Konzentration der Hörer auf die behandelte Sachfrage nicht behindern.

Sehr wohl aber können stilistische Momente der genannten Art eine wichtige Funktion bei der Vermittlung eines Gedankenganges erfüllen: Im Kontext der Psychologie beispielsweise dienen Fallbeispiele unter anderem der Veranschaulichung einer vorab oder im Anschluß erfolgenden theoretischen Überlegung. Ebenso läßt sich manchmal auch die Besonderheit der physikalischen Analyse eines Phänomens betonen, indem man die 'Allerweltssicht' darauf zum Vergleich anführt. Es empfiehlt sich, die Entscheidungen über die jeweils gewählten Redefiguren stets mit Blick auf das Publikum, die Situation und auch die eigene Person zu treffen. Ironische Bemerkungen etwa, die gezwungen vorgetragen werden, verfehlen ihre Wirkung, und darüber hinaus weiß sie ein Publikum auch nicht in jeder Sache zu schätzen. Manchmal aber kann es sehr hilfreich sein, wenn Redner eine langwierige Darstellung auflockern und damit die möglicherweise angestrengten Hörer – und sich selbst – zur weiteren streng-sachlichen Beschäftigung mit ihrem Thema motivieren.

Im Rahmen dieses Buches ist es nicht möglich, ausführlicher auf die Frage der Stilebene in Texten und die Vielzahl möglicher Redefiguren einzugehen, die sie jeweils prägen können. Die folgenden Übungen mögen jedoch verdeutlichen: Was als Stil eines Textes bezeichnet wird, wie er sich aus Wortwahl und Wortverknüpfungen, gewählten Satzkonstruktionen und der Gesamtkomposition herstellt, ist in vieler Hinsicht beobachtenswert – bezogen auf die Klarheit der thematischen Darlegung, bezogen auf die Persönlichkeit des Redners oder die von ihm beachteten Konventionen und bezogen auf die Situation der Rede. Da die gewählte Stilebene zur Atmosphäre der Verständigung – im guten wie im schlechten – wesentlich beiträgt, bemüht sich der Redner gerade auch mit der Frage nach Angemessenheit der getroffenen Wahl um Kontakt zu den Hörern.

➢ *ÜBUNG*

   STILEBENEN

Betrachten Sie die folgenden vier Kurztexte. Untersuchen Sie Wortwahl, Wortverbindungen, Satzkonstruktionen, Satzverknüpfungen und Gesamtbild. Überlegen Sie sich, wer wem gegenüber in welchen Situationen – warum? – die jeweilige Stilebene gewählt haben könnte. Überlegen Sie weiter: Inwieweit werden der Aussagegehalt bzw. seine Einzelaspekte in der jeweiligen Formulierung deutlicher oder undeutlicher? Wann und wem gegenüber könnte eine solche Formulierung als ausreichend/nicht ausreichend klar beurteilt werden? Vielleicht versuchen Sie, auch andere kleine Texte in verschiedene Stilebenen zu übersetzen.

1. Die Interaktion zwischen Rhetor und Adressaten progrediert diskursiv, soweit eine intrinsische Motivation der ersteren existiert und sich eine strukturelle Kompatibilität habitualisierter Diskursmodi konstituiert, respektive Assimilation evoziert werden kann.

2. Die Verständigung zwischen einem Redner und seinen Hörern schreitet von einer Vorstellung zur anderen mit logischer Notwendigkeit voran, soweit eine innere, auf die Sache bezogene Motivation des Redners vorliegt und sich die Muster der gewohnten Verständigungsformen vereinbaren lassen, beziehungsweise eine Angleichung aneinander hervorgerufen werden kann.

3. Wann verstehen sich Redner und Hörer und teilen im Verlauf einer Rede ihre Vorstellungen? a) Wenn der Redner in der Sache engagiert ist, und b) wenn die Verständigungsgewohnheiten von Redner und Hörer zueinander passen oder aber sie ihr Verhalten aneinander anpassen.

4. Wie's aber sein kann, daß du mich verstehst? Und wie, daß zwei wie einer eintauchen in den Fluß der Bilder? Ach, ist es nicht, weil ich dir dies aus vollem Herzen sage? Weil wir zwei Schiffchen nur auf einer Welle sind, zwei Saiten einer Geige, die – wenn sie gestimmt – zusammen klingen?   ◄

> ***ÜBUNG***

DIE WAHL DER WORTE

1. Formulieren Sie die beiden Textbeispiele so um, daß Sie Ihrer Meinung nach der jeweils angedeuteten Situation angemessen sein können:

Selbstdarstellung gegenüber einem Seminarteilnehmer:

„Ich schaffe gern, weißt du. Ich hau das so in den PC. Ich krieg' die Sachen hin. Bin nicht von Pappe. Da macht mir so schnell keiner was vor mit Effektivität und so."

Zurückweisung in der Mensaschlange:

„Junger Mann, haben Sie schon bemerkt, daß Ihr Ellenbogen in den zehn Minuten, die Sie hier stehen, den meinigen äußerst intensiv und für meine Person schmerzhaft und unangenehm berührt? Bitte entfernen Sie doch dieses Körperteil."

2. Formulieren Sie die folgenden Textbeispiele um. Text a) als abgeschwächte Aussage wird verstärkt im Sinne des folgenden Beispiels: „Ich bin nicht ganz so sicher." < „Darauf wette ich keinen Pfennig." Text b) wiederum wird moderater formuliert im Sinne des Beispiels: „Wir werden Himmel

und Hölle für Sie in Bewegung setzen." > „Wir werden uns bemühen, Sie zufriedenzustellen."

 a) „Gutachten: Die Teilnehmerin hat zumeist versucht, die angebotenen Lehrinhalte und Übungen mitzuvollziehen. Es ist eigentlich anzunehmen, daß gewisse Fortschritte erzielt wurden und der Kurs als zur Zufriedenheit absolviert betrachtet werden kann."

 b) „Protokoll zur Sitzung vom 1.4.97: Natürlich hat kein Mensch die Lauscher aufgestellt. Nachdem ich genug Süßholz geraspelt hatte, habe ich voll aufgedreht, den Verein auf Trab gebracht und die Sachen radikal durchgehauen. Das ist ja wohl absolut klar: Wer nicht hören will, muß fühlen."

3. Versuchen Sie, verschiedene stimmungsbezogene Variationen zu finden (freundlich / ungeduldig / distanziert / vertraulich / vorsichtig), wie die hier angeführten Bitten bzw. Aufforderungen auch formuliert werden könnten. Denken Sie sich unterschiedliche Situationen dazu.

„Soll ich raten, wie das Ding funktioniert?" (Stereoanlage)

„Meinst du, ich bin taub?" (Lautstärke des Sprechens)

„Sind Sie noch ganz dicht?" (Beurteilung zur Sache)

4. Versuchen Sie aus den folgenden Äußerungen unnötige Abschwächungen herauszunehmen und sie so zu formulieren, daß das Anliegen klar und deutlich gesagt wird:

„Ich möchte dazu vielleicht noch sagen: Ich glaube nicht, daß wir das realisieren können, oder?"

„Unter Umständen könnte es sein, daß wir uns mit verschiedenen Fragen befassen müssen."

„Liebling, wollen wir vielleicht ins Kino gehen? Wir können natürlich auch zu Hause bleiben, wenn du Filme nicht magst, oder so."

„Ich möchte eventuell noch mit den Hund ungefähr eine halbe Stunde spazieren gehen."

„Also, ich möchte vielleicht noch rasch einiges besprechen, wenn das geht."   ◄

➤ *ÜBUNG*

 REDEFIGUREN

Betrachten Sie die folgenden Beispiele von gebräuchlichen Redefiguren. Erinnern Sie andere Beispiele aus kürzlich geführten Gesprächen oder haben Sie einige

selbst verwendet? Welche würden sich eignen für das Manuskript zu einem Referat, das sie übungshalber in diesem Kapitel erstellt haben? Welche Wirkung auf
die Zuhörer erwarten Sie sich jeweils von einer Figur?

AUSLASSUNG:

„Sie kennen doch den Chef. Da wissen Sie selber, wie er darüber denkt …"

BEISPIEL:

„Lassen Sie mich das konkret machen. Wenn …"

BILD, METAPHER:

„Herr Zander ist ein schlauer Fuchs."

VERHARMLOSUNG:

„Auf der Autobahn gab es einen unangenehmen Zwischenfall. Niemand hat
überlebt."

GEGENSATZ-ARGUMENTATION:

„Ja, es stimmt, daß dieses Gerät teuer ist. Aber ich empfehle es Ihnen, denn
es hat die dreifache Lebensdauer eines anderen Apparates."

IRONIE, VERDREHUNG:

„Nie würde ich Geld aufheben, wenn ich es auf der Straße finde."

RHETORISCHE FRAGE:

„Wer kann sich das denn merken?"

STEIGERUNG:

„Unsere Pralinen sind nicht einfach aus irgendeiner Schokolade gemacht,
nur die allerbesten Zutaten werden verwendet."

UNTERTREIBUNG:

„Eine Kleinigkeit war lästig. Mein Bein war gebrochen."

ÜBERTREIBUNG:

„So ein gutes Konzert werden Sie im Leben nicht mehr hören."

VERGLEICH:

„Seh'n Sie, manche Lehrende sind wie Autos. Sie fallen immer dann aus,
wenn man sie dringend braucht. Nur gibt es dafür keinen Pannendienst."

WORTSPIEL:

„Lieber Konsens als Nonsens."

VORWEGNAHME VON EINWÄNDEN:

„Vielleicht denken Sie, das ist nicht klug. Aber ich sage Ihnen …"

VERZÖGERUNG:

„Warum ich dieses Thema nicht angesprochen habe? Nun, das will ich Ihnen gern sagen. Doch zuvor erzähle ich, wie es dazu kam …"

WIEDERHOLUNG:

„Das ist wirklich reizend von Ihnen, wirklich, das ist ganz reizend von Ihnen."

WORTERLÄUTERUNG:

„Er kam mir vor wie ein Pfarrer. Ich meine: seriös, gradlinig und sehr moralisch."

ZITAT, WÖRTLICHE REDE:

„Meine Oma sagt immer: 'Nichts wird so heiß gegessen, wie man's kocht.'"

Neben der stilistischen Qualität ist ein weiteres, sehr bedenkenswertes Moment bei der Gestaltung eines Vortragstextes mit Blick auf das Publikum das, was man unter den Begriff der *Topik* faßt. Als Topos bezeichnet man üblicherweise ein Meinungs- bzw. Denkbild oder Deutungsschema, das in einer Gesellschaft, einem gesellschaftlichen Feld oder einer Gruppe besonders verbreitet ist. Gewöhnlich – und viel häufiger unbewußt als bewußt – greifen Redner, die ihr Publikum für eine Sache gewinnen wollen, solche Topoi auf, von denen sie annehmen, daß sie über diese 'Brücke' den Hörern den Zugang zu ihrer Thematik besonders gut ermöglichen.

Beispielsweise könnte ein Germanist sagen: „Auch wir Geisteswissenschaftler schweben bekanntlich nicht ununterbrochen in höheren Sphären, wir wissen das Geld zu schätzen." Damit spielt er an auf den in der Wissenschaft und wohl auch darüber hinaus populären Topos von den 'abgehobenen' oder weltfremden Geisteswissenschaftlern. Diese, so behauptet zumindest das Deutungsschema, mißachten gern die schnöde materielle Wirklichkeit, für die symbolisch besonders das Geld steht. Stellt man sich noch vor, daß nun dieser Referent etwa vor einem

Kreis von Wirtschaftswissenschaftlern – also dem 'entgegengesetzten Lager' – spricht, so läßt sich nachvollziehen, daß der Gebrauch von Topoi eine sehr wichtige Rolle einnehmen kann bei dem Bemühen eines Redners, Gemeinsamkeiten zwischen sich und den Hörern herzustellen und also ihnen den Anschluß an seine Rede oder Äußerung zu ermöglichen.

Man kann sich aber auch schnell vergreifen. So beispielsweise, wenn jemand in einer studentischen Versammlung einen Vorschlag zur Auseinandersetzung mit den Lehrenden kommentiert mit dem Satz: „Die da oben machen eh, was sie wollen." Möglicherweise sehen sich die anderen Versammlungsteilnehmer keineswegs als Gemeinschaft ohnmächtiger Untertanen, wie er mit Anspielung auf den Topos „Wir hier unten, die da oben" eventuell andeuten wollte. Grundsätzlich ist aber die Suche nach im Hörerkreis populären Topoi eine wertvolle Hilfe für jeden Redner, der sich die Frage stellt, wie er seine Gedanken anknüpfend an gebräuchliche Denkbilder seines Publikums am besten vermitteln kann.

Auch über das Genannte hinaus haben Referenten zur Einbeziehung der Zuhörer viele Möglichkeiten. Nicht zuletzt in Form einer Anrede oder eines Appells kann der Vortragende die Aufmerksamkeit des Publikums bündeln und dafür sorgen, daß die Hörer sich angesprochen fühlen. Besonders zu Beginn eines Vortrags ist eine direkte Kontaktaufnahme notwendig. Man muß jedoch bei der bloßen Anrede nicht stehenbleiben. Am Redebeginn oder auch, wenn es sich im Verlauf ergibt, kann der Referent zusätzlich auf gemeinsame Erfahrungen verweisen, etwa den Seminarvortrag der letzten Sitzung, in dem verschiedene Aspekte des jetzt behandelten Themas bereits angeschnitten wurden. Damit erleichtert er es dem Publikum, den Anschluß an seine Rede und ihr Thema zu finden.

Grundsätzlich auf Deutlichkeit bzw. Erkennbarkeit hin angelegt ist der Gebrauch fremder Formulierungen. Das heißt, im Vortrag werden Zitate mit einem gesprochenen „Ich zitiere" eingeleitet, um so die fremde von der eigenen Äußerung abzusetzen und für den Zuhörer kenntlich zu machen. Das Zitatende wird üblicherweise mit einem gesprochenen „Ende des Zitats" oder „Zitatende" verbal markiert.

Eine Besonderheit des wissenschaftlichen Vortrags im Unterschied zum wissenschaftlichen Schrifttext ist die Rede in der Ich-Form. Im Schrifttext ist der über das Unvermeidbare hinausgehende Gebrauch der ersten Person Singular eher verpönt, da er der geforderten intersubjektiven bzw. objektiven Darstellungsweise im

Wege stehen kann. In der Situation der Mündlichkeit dagegen ist das gesprochene Ich üblich, wobei mit „Ich" im Vortrag meist eine relativ neutrale Position bezeichnet wird, die vor allem die Aufgabe übernimmt, zu strukturieren und zu organisieren. Je nach Anlaß kann aber auch das personale Ich des Redners gemeint sein und damit ein subjektiverer Standpunkt eingenommen werden. Etwa, wenn jemand von seinen persönlichen Erfahrungen spricht oder aber eine ausgesprochen subjektive Wertung vornimmt.

Das Manuskript

Nun wäre der Redetext soweit in Hinsicht auf Wirkungsabsicht und Hörerbezug fertiggestellt. Getreu dem Stufen-Modell der Rhetorik zur Herstellung einer Rede wird jetzt *im 4. Arbeitschritt* die Umsetzung der Schrift in gesprochene Sprache und ihre Verbindung mit der körperlichen Beredsamkeit vorbereitet. Um die Eignung eines Manuskriptes als Textvorlage für den mündlichen Vortrag zu prüfen und es gegebenenfalls weiter umzuarbeiten, sind unter anderem die folgenden Überlegungen sinnvoll:

Ist der Text gut lesbar?

Für getippte oder gedruckte Manuskripte bewährt es sich, Schriften mit nicht zu hoher Buchstabendichte bzw. einer lesbaren Buchstabengröße zu nehmen und ebenso einen nicht zu kleinen Zeilenabstand zu wählen. Wer eine Sehhilfe braucht, sollte das berücksichtigen. Wenn das Manuskript handschriftlich verfaßt ist oder handschriftliche Abschnitte enthält, sollte man sich sicher sein, daß man sie nicht mühsam entziffern muß. Unnötiges Rätselraten vor Publikum läßt sich so vermeiden.

Ist der Text übersichtlich und sinnvoll gegliedert?

Abschnitte markieren Sinneinheiten und Sprechpausen für den Redner. Entsprechen sie dem Text-Sinn? Manchmal kann es sinnvoll sein, Teilthemen – z.B. im Hauptteil – durch Überschriften oder andere Markierungen hervorzuheben, damit man während des Vortrags den Überblick behält oder auch in der Diskussion später die eventuell angesprochenen Passagen schnell wiederfindet. Wenn man ein

Referat auf der Grundlage einer wissenschaftlichen Arbeit erstellt hat, kann die Übersichtlichkeit des Manuskripts beeinträchtigt sein durch lange Literaturhinweise im Lauftext oder große Anmerkungsapparate etc. Was davon während des Vortrags oder in der Diskussion später von Nutzen sein kann, sollte dem Redner vorliegen. Doch Textpassagen, die für diesen Zweck überflüssig sind und nicht vorgetragen werden, empfiehlt es sich, aus dem Manuskript zu streichen.

Ist der Text so formuliert, daß der Redner ihn gut sprechen kann? Oder gerät er über seinen eigenen Endlos-Sätzen außer Atem? Ist der Text auch so formuliert, daß man ihn als Hörer gut verstehen kann? Oder müssen Sätze gekürzt und umgestellt werden? Müssen eventuell zusätzliche Verweise und Bezugnahmen in den Text eingefügt werden, damit der Zusammenhang der einzelnen Aussagen nicht verfehlt wird?

Wiederholungen können beispielsweise nötig sein, wenn sich mehrere nacheinander folgende Äußerungen auf einen vorab gesetzten zentralen Satz beziehen. („Manche Menschen sind nervös. Sie sind es, weil sie ... Und natürlich sind manche Menschen auch als nervös zu bezeichnen, weil ...") Oder aber es genügen zusammenfassende Verweise auf länge zurückliegende Äußerungen. („Wie ich eingangs ausführlich dargestellt habe ...") Eventuell müssen Bedeutungszusammenhänge betont werden. („Der unklaren Beschreibung in der Untersuchung von Cooper, daß ... sei, also dieser Vagheit Coopers gegenüber steht die Beschreibung Kernbergs, der wie folgt formuliert ...") Ob ein Vortragstext ausreichend auf eine gute Sprechbarkeit hin bearbeitet worden ist, ergibt sich am besten durch eine Vortragsprobe. Auch eventuelle 'Stolpersteine' für die Aussprache finden sich im lauten Lesen schnell. Besonders für ungeübte Redner kann es hilfreich sein, wenn sie ihr Manuskript mit Markierungen für Atempausen, besondere Betonungen etc. versehen, die freilich die Lesbarkeit des Textes nicht beeinträchtigen sollten. Wir haben im Kapitel 3.1 (Erscheinung und Kontakt) mehr dazu gesagt.

Werden die Hörer ausreichend durch eine mitformulierte Gliederung über den Fortgang des Vortrags informiert und von Thema zu Thema geleitet?

Durch vorangestellte Gliederung, indem Vorausschauen formuliert werden („Ich befasse mich im weiteren zunächst mit ..."), thematische Bündelungen oder

Rückverweise stattfinden („Soweit zu den Fragen, die den Bereich B betreffen ...") und Zwischenzusammenfassungen gegeben werden („Zusammenfassend läßt sich sagen, daß ... „), orientiert der Redner seine Zuhörer über sein Vorgehen. Der rote Faden der Darstellung oder Argumentation bleibt für sie erkennbar.

Ist das Manuskript auf die verfügbare Redezeit eingerichtet?

Acht Seiten Standard-Schrift mit Schreibmaschine bzw. den gebräuchlichen Textverarbeitungsprogrammen auf 1 1/2 Zeilen Abstand trägt ein weder langsamer, noch hastiger Redner in etwa 20 Minuten vor. Falls damit zu rechnen ist, daß man den Vortrag eventuell in der Situation abkürzen muß, kann man Abschnitte markieren, die dann entfallen könnten oder sich in einer kurzen Bemerkung zusammenfassen lassen, ohne daß der Sinnzusammenhang und Aussagegehalt des Referats beeinträchtigt wird.

Zeit ist ein Faktor, der die Situation der Rede grundsätzlich bestimmt. Je länger der Vortrag dauert, desto weniger aufnahmefähig wird oft das Publikum. Es kann insofern sinnvoll sein, wenn der Redner gleich zu Beginn die geschätzte Dauer seines Referats angibt. In diesem Sinne strukturierende Ankündigungen („In der nächsten halben Stunde werde ich mich vor allem mit xy beschäftigen ...") oder Versicherungen, sich kurz zu fassen, ermöglichen es den Zuhörern, sich auf ein bestimmtes Zeitmaß einzustellen. Man sollte diese Versprechungen allerdings auch einhalten. Gibt der Redner das Versprechen der Kürze, so bedeutet es für die Inhalte seine Äußerungen, daß er sich auf das Wesentliche konzentriert und zum Verständnis nicht unbedingt erforderliche Nebenaspekte streicht. Eine Straffung des Vortrags insgesamt oder in einigen Abschnitten bzw. Formulierungen erbringt oft auch eine größere Klarheit des Referenten in der Sache, die sein Thema ist.

Der freie Vortrag

Von einem 'freien Vortrag' spricht man üblicherweise in zwei Bedeutungen: Zum einen, wenn ein Redner ohne ausgearbeitetes Manuskript oder z.B. nur ausgestattet mit einer thematischen Gliederung, einem Thesenpapier oder einem Konzept mit Stichworten spricht. Und zum zweiten, wenn man sagen will, jemand habe sein Referat im stimmlich-nonverbalen Ausdruck lebendig und in gutem Kontakt

zum Publikum gehalten: Seine Sprech- bzw. Vortragsweise ähnelt dem spontanen
Sprechen, man fühlt sich in einen Dialog verwickelt. Das Manuskript wird nicht
'verlesen', sondern die Ansprache des Publikums prägt deutlich das Rednerverhal-
ten. Daß er 'mit Papier' spricht, wird für den Eindruck der Zuschauer und -hörer
nebensächlich.

Der 5. Arbeitsschritt, den die Rhetorik auf dem Wege der Herstellung einer
Rede vorsieht, zielt in diese Richtung: Sie empfiehlt, sich den Redetext und auch
den erprobten und beabsichtigten stimmlich-gestischen Ausdruck – die Momente
der körperlichen Beredsamkeit – einzuprägen. Damit ist gesagt: Wer frei spricht,
ist ganz entscheidend auch auf sein Gedächtnis angewiesen. Denn alles das, was
der Redner auf seinen Vorlagen nicht findet, das muß er 'im Kopf' haben oder
mindestens in der Situation der Rede deutlich und klar formulierend entwickeln
können. Bekanntlich kann es jedoch sehr schwierig sein, wissenschaftliche Gedankengänge, Definitionen und Argumentation in der erforderlichen präzisen
Formulierung parat zu haben, warum auch Vorbereitungen – je nach Thema,
Situation, Anlaß, Ziel und Rednerpersönlichkeit unterschiedlich umfassend –
eigentlich unverzichtbar sind.

Manchen Menschen fällt nicht nur das Denken im Sprechen leichter, sie machen auch mündlich differenziertere Aussagen als in der Schrift. Andere fühlen
sich schriftlich sicherer und es fällt ihnen auch im Schreiben leichter, präzise zu
formulieren. Die ersteren mögen mit einer relativ offen formulierten Textvorlage,
die als Gedächtnisstütze für den Aufbau dient (Gliederung; Konzept) oder aber die
besonders zentralen und komplexen Aussagen des Referats festhält (Thesenpapier), einen Vortrag halten können. Für die zweiten wird das Manuskript von
tragender Bedeutung sein. Und wenn sie sich vielleicht eine größere Unabhängig-
keit ihrer Rede vom 'Papier' wünschen, kann es sich anbieten, zwar eine genaue
Vortragsformulierung auszuarbeiten, sich dann aber in geeigneten Situationen
Schritt für Schritt auch mit weniger Text und Konzepten zu versuchen. Grundsätzlich gilt freilich, daß eine gut abgelesene Rede allemal mehr überzeugt als ein
schlecht dahergeredeter Vortrag. Im wissenschaftlichen Austausch werden Redebeiträge ja nicht zuallererst nach der Spontaneität der Rednerpersönlichkeit be-
messen, sondern nach der Qualität ihrer inhaltlichen Aussage.

Daß aber – anders herum – alle Weisheit niemandem zukommen kann, wenn
sie nicht entsprechend vermittelt wird, ist in der Vorbereitungsphase zum Referat

ebenso wie in der Situation des Vortrags stets zu berücksichtigen. Wie ein Redner die Überzeugungskraft seines Vortrags in der Sache durch die Präsentation selbst stützen kann, haben wir im Kapitel 3.1 (Erscheinung und Kontakt) ausgeführt. Raumverhalten, Körperhaltung und Atmung, sowie Gestik und Mimik können wesentlich die Wirkung eines Vortrags bestimmen. Da in wissenschaftlichen Referaten komplexe Gedankengänge oder auch dem Publikum wenig vertraute Begrifflichkeiten *gesprochen* werden, sollte man der Artikulation besondere Aufmerksamkeit schenken.

Keinesfalls ist auch die Betonung beliebig. Grundsätzlich muß sie drei zusammenhängenden Aspekten gerecht werden: Sie muß den Satzkonstruktionen und -verknüpfungen angemessen sein. Sie muß insofern dem Aussagesinn entsprechen und beispielsweise Gewichtungen verdeutlichen. Und sie muß in dieser und anderer Weise den Zuhörern zusätzliche Hilfestellungen zum Verständnis des Gesagten geben. So wie Schrifttexte durch Satzzeichen, Absatzwechsel und Markierungen strukturiert und in ihrer Aussage präzisiert werden, wirken im Sprechen stimmliche und körperliche Zeichen. Der monotone Stimmgebrauch eines ungerührten Redners *entkräftet* in diesem Sinne den Gehalt der Rede.

Außer am Telefon hört *und* sieht man gewöhnlich den Sprecher in Situationen des mündlichen Austauschs. Das heißt, Gestik und Mimik können die Verständigung unterstützen, ohne daß Darstellungen von pantomimischer Bravour erforderlich wären. Der Blickkontakt mit dem Gegenüber läßt sich dazu als tragende Säule der Beziehung von Redner und Hörer bezeichnen. Der Redner versichert sich durch seinen wiederholten Blick in die Runde der Aufmerksamkeit, und zugleich gibt er den Zuhörern das Gefühl, wirklich angesprochen zu sein. Das Interesse aneinander bleibt wach.

Auffälligere Raumbewegungen ebenso wie Handlungen des Vortragenden können notwendig werden, wenn man Hilfsmittel zur Demonstration oder Veranschaulichung von Ideen bzw. Sachverhalten heranzieht. Das betrifft also z.B. den Gebrauch von Tafel, Diaprojektoren, Episkopen, Videogeräten und fachspezifische Demonstrationen mit anderen Mitteln, wie etwa bei einem geographischen Vortrag den Umgang mit Landkarten. Gerade bezogen auf derlei Hilfsmittel vergessen viele Redner, daß die Zuhörer nicht unbedingt ohne Lenkung sehen, was man ihnen zeigen, veranschaulichen oder verdeutlichen möchte. Sagt jemand etwa: „Diese Statistik beweist, daß …", dann kann es – je nach Publikum – sehr notwendig sein, einen Kommentar anzufügen, wie man diese Abbildung seiner Auffassung nach interpretieren sollte.

Nicht zuletzt wird ein Redner sich auf den durch Zeit und Ort bestimmten äußeren Rahmen einrichten. In einem Seminarraum an einer sehr befahrenen Straße sollte man beispielsweise gar nicht erst versuchen, mit dem Verkehrslärm zu konkurrieren, sondern gleich die Fenster schließen. Und ein Referent in einer Veranstaltung kurz nach Mittag kalkuliert unter Umständen ein, daß er anfangs einer tendenziellen Schläfrigkeit der Hörer entgegenreden muß. Wie auch immer die besonders zu bedenkenden Bedingungen eines Vortrags sich darstellen: Wer eine Rede hält, sollte – so er das beeinflussen kann – für Umstände sorgen, in denen er sich bestmöglich auf sein Thema konzentrieren, kurz: frei und ungehindert zur Sache kommen kann.

3.4 Verhandeln

„Hast du 'nen Taler, kauf' dir 'ne Kuh ..." Bereits einfache wirtschaftliche Tauschbeziehungen bedürfen der sprachlichen Verhandlung zwischen den Geschäftspartnern. Wer einen 'Kuhhandel' macht und sich dabei 'übers Ohr hauen' läßt, der hat – so will es die Redensart – seine Interessen nicht bestmöglich vertreten. Während sich der Austausch von Geld- und Warenwerten jedoch eindimensional rechnerisch beschreiben läßt (1 Taler = 1 Kuh), ist über den Austausch von Standpunkten und Argumenten in wissenschaftlichen Diskussionen so keine befriedigende Aussage zu machen. Die Beschreibung „Sprecher A und B tauschten 2 gegen 5 Argumente" besagt allzuwenig. Der kommunikative Austausch zwischen Gesprächspartnern läßt sich sinnvoll nur darstellen, wenn man auch andere als rechnerische Qualitäten benennt.

Im Kapitel 3.2 (Sich Durchblick verschaffen) haben wir bereits ausgeführt: Gespräche lassen sich jeweils auf einer Beziehungs- und einer Inhaltsebene beschreiben. Dort und im Kapitel 2.3 (Grundsituationen des Studiums) ist zudem dargestellt worden, daß Äußerungen in Gesprächen sich auf das zentrale Sachthema, die Form des Gesprächsablaufs, das Medium Sprache, auf Rollen und Verhalten der Teilnehmer beziehen können. Und schließlich erläutern wir bereits im Kapitel 2.2 (Die Sprache der Wissenschaft), was eine wissenschaftliche

Argumentation charakterisiert: Nämlich vor allem die Sachlichkeit, logische Folgerichtigkeit und intersubjektive Nachprüfbarkeit der Aussage, sowie selbstverständlich, daß sie Angelegenheiten thematisiert, die von allgemeinem Interesse sind.

An diese Vorgaben knüpft dieses Kapitel an. Es fragt danach, wie Redner ihre argumentierenden Beiträge in wissenschaftlichen Gesprächen aufbauen können, mit welchen Formen der Argumentation man möglicherweise umgehen muß, und schließlich, wie sich jemand als Redner oder auch in der Rolle als Moderator einer Diskussion orientieren und verhalten kann. Der damit vor allem angesprochene Gesprächstypus ist jener des wissenschaftlichen Problemlösungsgespräches, das die gemeinschaftliche Reflexion und Auseinandersetzung über eine Sachfrage zum Anliegen hat. Darin erhalten Argumentationen eine zentrale Rolle.

Was aber heißt nun in diesem Rahmen 'argumentieren'? Zur Erläuterung ein Beispiel: Der Philosoph und Forscher Galileo Galilei, der im 17. Jahrhundert lebte, gilt als Begründer der modernen Naturwissenschaft nicht nur, weil er herausfand, daß sich die Erde um die Sonne bewegt. Er trägt diesen Titel vor allem, weil er zwei Methoden in Frage stellte, mittels derer man bis zu dieser Zeit in Europa maßgeblich die Wahrheit von Aussagen über die Welt bestimmte: Den Beweis durch bloßen Augenschein (Die Sonne geht auf und unter) und den Beweis durch Übereinstimmung von Aussagen mit den Glaubenswahrheiten der christlichen Religion und Kirche, die dem Gotteswort der Bibel entnommen werden (Der Prophet Salomo spricht vom Auf- und Untergehen der Sonne). Stattdessen führte Galilei als Beweismittel für die Wahrheitsfähigkeit seines Weltbildes die rational nachprüfbaren Ergebnisse astronomischer Experimente und mathematischer Berechnungen an. Er argumentierte wissenschaftlich.

Kurzum: Wissenschaftliches Argumentieren bedeutet also, seine jeweiligen Behauptungen mittels rational nachprüfbarer Belege oder Beweismittel zu begründen. Damit erhalten sie den Status der Vernunfterkenntnis im Unterschied zur Glaubenstatsache. Freilich zeigt das Beispiel Galileis, der seine Aussagen vor einem Inquisitionsgericht widerrufen mußte, auch: Es genügt nicht, in der Sache geeignete und wissenschaftlich gültige Argumente zu haben. Man muß sie auch durchsetzen können. Das heißt in wissenschaftlichen Argumentationszusammenhängen, daß man andere von ihrer Plausibilität überzeugen muß. Dazu bedarf es neben Kompetenz in der Sache zweierlei: Erstens muß der Argumentationsgang der beabsichtigten inhaltlichen Aussage entsprechend aufgebaut sein, und zweitens muß der Redner seine Argumentationen für andere ersichtlich *sinnvoll* in einem Gespräch plazieren, damit sie überzeugen können.

Aus diesem Grunde sprechen wir in diesem Zusammenhang vom 'Verhandeln'. Über den Gesprächsverlauf in der Wechselrede und die Position der einzelnen darin ebenso wie über die Form und Qualität der Behandlung des Sachthemas wird im Verlauf immer wieder – ob explizit oder nicht – verhandelt und entschieden. Wer konstruktiv mitentscheiden möchte, was geschieht, muß also nicht nur verstehen, was vor sich geht, sondern auch einen Weg finden, durch seine Beteiligung am Gespräch Einfluß darauf zu nehmen. Ob man sich in einem Zweier- oder Gruppengespräch, in einer Seminardiskussion oder einer studentischen Arbeitsgruppe befindet, stets geht es darum, mit den eigenen Beiträgen dreierlei 'unter einen Hut' zu bringen: Das *Eigeninteresse*, das *Gruppeninteresse* und das *Sachinteresse*. Man stellt sich von daher die Frage: Wie kann ich mich argumentativ mit anderen und ihren Gedanken oder Positionen auseinandersetzen und dabei meine eigenen wirkungsvoll in den Austausch hineintragen, damit die zur Diskussion stehende Sachfrage in der hier bestmöglichen Weise geklärt wird?

Die Argumentation

Eine Argumentation besteht, wie bereits angesprochen, aus mindestens einer *Behauptung* und einer *Begründung*. Die Behauptung oder These gibt die Überzeugung einer Person oder Gruppe wieder, während die Begründung oder Beweisführung versucht, die geäußerte Behauptung so weit wie möglich zu stützen bzw. zu belegen. Das Ziel der Argumentation besteht darin, den Zuhörer auf rationale Weise von der Richtigkeit oder Wahrheitsfähigkeit der Behauptung zu überzeugen. Manchmal folgen aber auch Behauptungen in Redewechseln aufeinander, ohne daß sie begründet werden und man sich über die Begründungen verständigt: „Die Erde ist eine Scheibe." – „Nein, sie ist eine Kugel." Dann findet eine problemorientierte Diskussion in dem hier gemeinten Sinne nicht statt, denn allein durch eine solche Reihung von (Nebeneinander-) Setzungen läßt sich weder eine inhaltliche Fragestellung entfalten noch ein Gedankengang miteinander entwickeln. Dann entscheidet darüber, was als wahr gelten soll, allein der, der – wie im Falle Galileis das Inquisitionsgericht – die größere Macht hat.

Vorausgesetzt aber, daß man mit einem Gespräch den allgemeinen Anspruch kooperativer Denkarbeit verbindet, ist es sinnvoll, sich auch *vor* einzelnen Diskussionsbeiträgen klar zu machen, welche Absicht und welchen Zweck man mit ihnen verfolgen will. Denn je deutlicher man sein *Redeziel* vor Augen hat, um so strukturierter und klarer läßt sich auch die Argumentation aufbauen und formulieren. Eine klare Formulierung und erkennbare Strukturierung der Aussage durch den Sprecher trägt nicht nur dazu bei, daß seine Argumente Wirkungsraum gewinnen, sondern ebenso können ja auch seine Gesprächspartner übersichtlichen und deutlichen Beiträgen besser folgen. Wenn sich durch eine Aussage auf der Basis einer genauen Zieldefinition das Eigen-, Gruppen- und Sachinteresse verbinden lassen, setzt der Redner im Gesprächsverlauf zudem einen inhaltlichen Punkt, der nicht selten einen unergiebig scheinenden Redewechsel abschließen hilft.

Vor einer Äußerung kann also zunächst die Selbstbefragung nach dem Muster eines dreischrittigen *Denkplans* stehen:

 Worauf will ich hinaus? Welche zentrale Behauptung will ich vertreten? (*zentrale These*, Zielsatz)

 Welche Gründe sprechen für meine Behauptung? Wie argumentiere ich? (*Begründung*, Beweisführung)

 Welcher Beitrag oder Aspekt eines Beitrags gab mir den Anstoß zu reden? Wo, bei welchem Beitrag anderer knüpfe ich an? (*Einstieg*)

Der tatsächliche Redeverlauf hat dann häufig eine umgekehrte Reihenfolge, wobei man diese Struktur als eine Art *Sprechplan* im Dreischritt von Einstieg/Begründung/Behauptung oder Einstieg/Behauptung/Begründung schematisieren kann. Den Einstieg in das Gespräch findet man, indem man die Verknüpfung der eigenen Äußerung mit dem bisherigen Gesprächsverlauf vornimmt: „Ich knüpfe an die These des Redners A an …"; „Frau Nizami hat gesagt …" Darauf folgen entweder zuerst die Begründungen zur eigenen These, die dann als Höhepunkt der Aussage abschließend formuliert wird. Oder aber man setzt die eigene Behauptung vorweg, beispielsweise um zu betonen, wie sehr sie sich von der des Vorredners unterscheidet, auf die man sich bezieht. Dann führt man seine Begründungen aus. Manchmal ist es auch geschickt, in einem Beitrag zuerst die eigene Behauptung und ihre Begründungen anzuführen und erst im Anschluß daran den Bezug auf andere Sprecher vorzunehmen, etwa wenn man zu einer Reaktion auffordern möchte: „ ... So sehe *ich* die Angelegenheit. Damit ergibt sich, daß ich natürlich der vorhin von Herrn Bobert geäußerten These nur sehr bedingt zustimmen kann."

Wie eine Argumentation jeweils konkret gestaltet wird, ergibt sich damit zum einen aus der Aussageabsicht des Sprechers und zum anderen daraus, in welcher Art und Weise er am Diskussionsverlauf teilnehmen und diesen beeinflussen möchte. Will man die Analyse eines Problems als Antwort auf aufgeworfene Fragen vortragen und begründen? Oder will man an den Kreis appellieren, eine Angelegenheit genauer zu betrachten und diesen Vorschlag begründen? Soll eventuell auch ein Verfahren empfohlen werden, wie man dabei vorgehen könnte? Dann wird man auch Argumente nennen, die dafür sprechen. Oder will man zu einer vorangehenden Argumentation ergänzend, bestätigend oder widersprechend Stellung beziehen?

Um eigene Argumentationen sinnvoll und geschickt zu plazieren, empfiehlt es sich insofern, sich über die Qualität der Äußerungen *anderer* ebenso wie über die beabsichtigten *eigenen* ein möglichst genaues Bild zu machen. Was können aber Argumentationen leisten? Allgemein betrachtet können sie wie alle Kommunikation dreierlei: die Aussage des Gegenübers bestätigen, verwerfen oder sie ignorieren:

> „Ich unterstütze die These von Sprecher G, und zwar mit der
> Begründung ..."
> „Ich bin überhaupt nicht dieser Meinung, und zwar ..."
> „Das interessiert hier nicht. Meine These ist, daß ..."

Im Rahmen wissenschaftlicher Problemlösungsgespräche können Argumentationen sich auf alle Aspekte wissenschaftlicher Untersuchungen beziehen: Sie können die – genannten oder nicht genannten – theoretischen Voraussetzungen einer These betreffen, Fragestellungen, Definitionen und Begriffe, Beobachtungen und Darstellungen, die Verfahren und Methoden des wissenschaftlichen Arbeitens oder aber Analysen und Schlußfolgerungen, sei es jeweils in Aspekten oder grundsätzlich:

> „Wenn Sie von der These Flokatis ausgehen, daß ... sind Ihre Folgerungen
> natürlich nachvollziehbar. Ich gehe aber davon aus, daß ... Und zwar, weil
> ..."

„Sie definieren Genese hier als ... Das erscheint mir ungenügend, und zwar aus folgendem Grund ... Ich schlage vor, Genese zu definieren als ... Dafür spräche, daß ..."

„Herr Keuner analysiert das Phänomen XY als ... Ich kann seiner Analyse nicht zustimmen, und zwar aus folgendem Grund: ... Stattdessen erscheint es mir sinnvoll, das Phänomen als ... aufzufassen und einzuordnen, denn ..."

Und schließlich können sich Argumentationen auf den Gesprächsverlauf selbst beziehen, also sowohl auf die Themenbehandlung als auch auf die unterschiedlichen Gesprächsebenen, wie sie im Kapitel 2.3 (Sich Durchblick verschaffen) vorgestellt werden:

„Ich bin im Unterschied zu Frau von Lichnowsky der Meinung, daß wir diesen Aspekt der Frage ausführlicher behandeln müssen. Denn ..." (Inhaltsebene; verständigungsbezogen)

„Es ist doch so, daß Herr Panter sich in dieser Sache am besten auskennt. Er hat ja diese Untersuchung durchgeführt. Zuerst sollten wir also ihn befragen, welche Schußfolgerungen ihm die wichtigsten erscheinen. Denn sonst vertun wir unsere Zeit unnötig ..." (verständigungsbezogen; auf situative Rollen bezogen)

Nicht nur die Einschätzung der Argumentationen anderer, sondern auch das Gesamtbild, das sich ein Sprecher von der Diskussion macht, beeinflußt die Art und Weise, wie er seine Äußerung aufbaut. Eine schleppende Diskussion kann dazu motivieren, besonders starke Akzente zu setzen. Wenn man eher daran interessiert ist, ein Meinungsbild im Kreis zu erstellen als eigene Thesen herauszuheben, wird man vielleicht sehr zurückhaltend formulieren, um es möglichst vielen anderen leicht zu machen, sich daran anschließend zu äußern. Oder die Zeit wird knapp und man möchte eine Entscheidungsfindung bzw. Ergebnisformulierung in der Gruppe beschleunigen. Dann wird man in diesem Sinne profiliert argumentieren.

In einer Diskussion zu argumentieren heißt damit meist, auf die im Verlauf bereits geäußerten Beiträge einzugehen. Der Einstieg oder die abschließende Anbindung der eigenen Argumentation an das Gespräch stellen einen mehr oder weniger ausführlichen Rückbezug dar, der auch Paraphrasen oder Resümees enthalten kann. Dem gegenüber läßt sich die Thesenformulierung mit den zugehörigen Begründungen als ein das Gespräch voranbewegender, vorausgreifender Bestandteil sehen. Je nach dem Anliegen, das ein Sprecher mit seiner Äußerung

verbindet – die Aussage betreffend wie seine Einflußnahme auf das Gesprächsgeschehen – erhalten diese Bestandteile unterschiedlich Gewicht bzw. Umfang.
Gelegentlich werden Argumentationsweisen darum als eher defensive (mehr rück-
bezügliche) oder aber offensive (mehr voranschreitende) unterschieden.

Mit der Argumentationsweise des *Vergleichs* beispielsweise läßt sich in hohem Maße auf fremde Positionen eingehen, bevor man die eigene Stellungnahme
zur Sprache bringt. Der Vergleich entwickelt seine These, indem er zunächst einmal andere und gewöhnlich voneinander abweichende Positionen zum Thema
mitsamt der dazugehörigen Begründungen referiert. Erst nach der Darstellung der
Auffassungen, auf die man sich bezieht, wird die eigene Position formuliert.

> „Redner A vertritt die Auffassung, daß ... Er begründet seine These mit dem
> Argument ... Redner B dagegen bezieht den Standpunkt, daß ... Er begrün-
> det ihn mit dem Argument, es sei ... (⇐ *rückbezüg*lich; *vorausgreifend* ⇒)
> Beide Positionen überzeugen nicht. Gegen die These von A spricht ... Und
> gegen die These von B spricht ... Im Unterschied dazu möchte ich also die
> Auffassung vertreten, daß ... Denn ...“

Durch die rückbezüglichen Paraphrasen im ersten Teil der Argumentation bietet
der Vergleich den Hörern die Möglichkeit, die These des Sprechers im Zusammenhang mit anderen zu prüfen, die zu dieser Frage geäußert wurden oder nen-
nenswert sind. Natürlich lenkt der Sprecher damit das Gespräch auch in die von
ihm gewünschte Richtung: Er möchte, daß die verschiedenen Vorschläge in seinem Sinne eingeschätzt und beurteilt werden.

Ähnlich geht die Argumentationsform des *Kompromisses* vor. Wiederum referiert man mehrere, voneinander abweichende Positionen. In diesem Fall geschieht dies jedoch mit der Absicht, die Gemeinsamkeiten zwischen den unterschiedlichen Stellungnahmen herauszuarbeiten. Die eigene Behauptung wird dann
auf der Grundlage dieser Gemeinsamkeit aufgebaut.

> „Redner A vertritt die Auffassung, daß ... Redner B dagegen meint, daß ...
> Beide sind sich aber einig, daß ... (⇐ *rückbezüglich; vorausgreifend* ⇒) Ich
> bin der Auffassung, man sollte dort ansetzen, weil ... Und insofern sehe ich
> diese Angelegenheit wie folgt ... Für eine solche Sicht spricht vor allem,
> daß ...“

Im Unterschied zum Vergleich, der eine Behauptung von den Positionen anderer absetzt, arbeitet der Kompromiß den gemeinsamen Nenner einer Position mit denen anderer heraus.

Ein anderes Anliegen hat meist ein Sprecher, der die Argumentationsweise *Vom Allgemeinen zum Besonderen* wählt und damit etwa einen Sonderfall herausstellen will oder für eine spezifizierende Sicht auf ein Problem eintreten möchte. Er verfährt dann z.B. so, daß er herausarbeitet, was die eigene These von jener unterscheidet, an die er in seiner Argumentation anknüpfen will:

> „In der Regel wird die Sache so gesehen ... (⇐ *rückbezüglich; vorausgreifend* ⇒) In diesem Fall aber geht es darum ... Insofern ist in diesem Falle zu berücksichtigen: Erstens ... und zweitens ... Das bedeutet also, daß die Sache wie folgt zu beurteilen ist ...“

Hier erhält die Darstellung der eigenen Position mehr Gewicht als in den vorangehenden Beispielen. Den Diskussionsteilnehmern wird nur knapp – und eventuell auch sehr verallgemeinernd – die Ausgangsposition der Argumentation dargestellt. Dann aber wendet sich der Sprecher der eigenen Sichtweise zu und führt sie argumentativ auf die abschließende These zu.

Auch im Argumentationsverlauf der *Ausklammerung* kann man der eigenen Position im Unterschied zu jener, an die man anknüpft, Gewicht verleihen. Beispielsweise, wenn man das Anliegen hat, seine eigene These aus der Kritik einer bereits geäußerten Argumentation herzuleiten.

> „Hier wurde bisher die Angelegenheit so dargestellt, daß ... sei. Und man begründete diese Sichtweise mit dem Argument ... oder aber führte an, daß ... (⇐ *rückbezüglich; vorausgreifend* ⇒) Ich bin jedoch der Auffassung, daß das hier gar nicht unser Problem ist, denn ... Vielmehr geht es hier doch darum ... Daher meine ich, man muß ...“

Ein grundsätzliches Ignorieren oder Entwerten der Äußerungen anderer kann, muß aber keineswegs mit einer Ausklammerung einhergehen. Beispielsweise kann sie auch dienlich sein, wenn man veranlassen möchte, daß ein Aspekt des behandelten Problems erst zu einem späteren Zeitpunkt diskutiert wird („Im Moment spielt diese Frage hier, wie ich meine, keine Rolle, weil ...“). Oder aber, wenn man ein Gespräch wieder auf sein zentrales Thema führen möchte, da nun – wie man meint – allzu Nebensächliches besprochen wird. („Ich meine, wir sollten die Behandlung dieser Probleme vertagen. Sie sind nur von geringer Bedeutung, weil …") Die Entscheidung darüber, ob eine Ausklammerung akzeptiert wird oder nicht, verweist diese Argumentationsweise häufig an die Runde der Gesprächsteilnehmer. Diese kann sie also auch zurückweisen und/oder darauf drängen, daß die 'abgeschobene' Aussage doch in das Gespräch einbezogen bzw. ausführlich behandelt wird.

➢   *ÜBUNG*

   ARGUMENTIEREN

1.   Wählen Sie ein fachwissenschaftliches Themengebiet, das Sie erst kürzlich diskutiert haben oder das Sie zumindest sehr interessiert. Welche Thesen zu welcher Frage möchten Sie gern vertreten? Welche Thesen anderer zu dieser Frage sind Ihnen bekannt, an die Sie anknüpfen könnten? Formulieren Sie verschiedene Argumentationsverläufe mit Einstieg, Behauptung und Begründung, die entweder als Bestätigung, als Kritik oder als abwägende teilweise Bestätigung/teilweise Kritik angesehen werden können.

2.   Betrachten sie die hier vorgestellten Beispiele, wie man einen Argumentationsgang aufbauen kann, und formulieren Sie einen *Vergleich*, einen *Kompromiß*, eine Argumentation *Vom Allgemeinen zum Besonderen* und schließlich eine argumentative *Ausklammerung*.   ◄

Argumentationen sinnvoll aufzubauen und in einem Gespräch zu plazieren, lernt niemand an einem Nachmittag. Der hier vorgeschlagene Weg, eigene Argumentationen stets an die anderer anzubinden, mag sogar manchem zunächst besondere Schwierigkeiten bereiten. Denn erwartet wird ja, daß man nicht nur die eigenen Standpunkte in Worte faßt und begründet, sondern daß man sie zudem zu denen anderer in ein Verhältnis setzt. Das bedeutet aber wiederum, daß man gedanklich auch vor sich selbst die möglichen Positionen anderer argumentativ entfalten und überprüfen muß. Und die Erfahrung, daß bei Verstehensbemühungen um einen Argumentationsgang anderer auch schon einmal die eigenen Gedanken in Vergessenheit geraten, kennen die meisten. Umso hilfreicher ist es dann, Argumentationen mit nüchternem Blick auf ihre Struktur und Absicht hin zu untersuchen. So bleibt man zum einen im 'sachlichen' Abstand. Zum zweiten läßt sich in dieser Weise durch Beobachtung das eigene Repertoire zur Auswahl je einer Situation und einem Anliegen entsprechender Argumentationsmuster erweitern. Und

schließlich schult man auch seinen Orientierungssinn in Argumentationszusammenhängen sowie seine Beweglichkeit, im gewünschten Sinne und zum
Gesprächsablauf passend zu reagieren.

Die hier charakterisierten Argumentationsweisen werden ja in Sprechsitua-
tionen verwendet, in denen *spontan* gehandelt werden muß. Und während man
seine Argumentationen für vororganisierte Redesituationen wie Referate schriftlich in aller Ruhe erarbeiten kann, verlangt das Sprechen in einer Diskussion ein
hohes Maß an Präsenz *zugleich* bezüglich einer Vielzahl Faktoren: Man beachtet
den Gesprächsablauf auf seinen verschiedenen Ebenen und die einzelnen Äußerungen anderer, man muß sich auf ein eigenes Redeziel besinnen und man muß
einen günstigen Moment wahrnehmen, in dem man dann reaktionsschnell, strukturiert und gut formuliert seine Argumentation vorträgt. Zutrauen in die eigenen
Gedanken und die Fähigkeit zu improvisieren gehört gewiß dazu, um sich in die
'Arena der Argumente' zu wagen. Durch sorgfältige Vorbereitung und ausdau-
ernde Übung läßt sich darauf bezogen jedoch viel erreichen.

Um sich neben der Aneignung fachlicher Kompetenz auf Diskussionen vorzubereiten, empfehlen manche, schriftlich sogenannte *Argumente-Listen* aufzu-
stellen. In verschiedene Spalten trägt man dort eigene Argumente, mögliche
Gegenargumente sowie deren mögliche Entkräftung ein. Manchen hilft eine solche Vorbereitung, beispielsweise als Gedächtnisstütze in der Hitze argumentativer
Gefechte. Freilich: Sie läßt sich nur nutzen, wenn das Gespräch tatsächlich das
verabredete Thema behandelt. Reaktionen, durch die man eventuell auf nicht
Vorhersehbares im Gesprächsverlauf Einfluß nehmen will, müssen weiter in der
Situation spontan entwickelt werden. Man kann sich ja, so zeigt die Erfahrung,
auch bei Sitzungen mit detailliert festgelegten Tagesordnungen keineswegs darauf
verlassen, daß ein Gespräch wie erwartet verläuft.

Und man kann auch davon ausgehen, daß die Maximen der Sachlichkeit, intersubjektiven Prüfbarkeit und logischen Folgerichtigkeit keineswegs durchgängig
alle Äußerungen in wissenschaftlichen Diskussionen prägen. So gibt es beispielsweise Argumentationen, die im Gewand des Sachlichen daherkommen und doch
alles andere sind als das. Es empfiehlt sich, mit einigen *rhetorischen Finessen* dieser Art, die im Alltag besonders gebräuchlich sind, vertraut zu werden und die
Möglichkeiten ihrer Prüfung bzw. der Reaktion darauf zu bedenken. Hier einige
Beispiele:

Es kann etwa jemand sagen : „Der Fall liegt ganz klar ..." Er schließt daran eine weitere Behauptung an: „ ... Diesen Ansatz kann man nur befürworten" und wartet vielleicht sogar auf Zustimmung. Die Zuhörer vermissen jedoch die Begründung. Solange der Redner keine Argumente für seine These anführt, läßt sich unter Umständen sagen: Er versucht, *Meinungen als Tatsachen auszugeben.* Wenn zweifelhafte Feststellungen getroffen wurden, kann es darum angebracht sein zu erbitten, daß der Redner eine Beweisführung zu seiner Behauptung ergänzt: „Bitte begründen Sie doch, wie Sie zu dieser Einschätzung kommen." Auch Redner, denen es besonders dringlich ist, ihr Publikum zu überzeugen oder die Gesprächspartner zu aktivieren, wählen häufig Wendungen wie „Logischerweise ..." oder „Es ist ja deutlich geworden, daß ..." Da ihre Argumentationen ohne die Anteilnahme der Hörer nicht wirken können, lenken sie deren Aufmerksamkeit darauf, was ihnen evident – offensichtlich – scheint: „Sehen Sie mal, wie ...!"; „Wenn Sie das bitte einmal mitvollziehen ..."; „Wie Sie leicht erkennen können ..."

Üblich in wissenschaftlichen Diskussionen ist es auch, fachwissenschaftliche *Autoritäten zu zitieren*: „Wie schon Einstein sagte ..."; „Seit Adorno steht fest ..."; „Weingarten weist ja nach, daß ..." Nicht immer sind diese Verweise nur als eine bei Zitaten oder Paraphrasen natürlich notwendige Literaturangabe aufzufassen. Manchmal sollen sie auch Begründungen für eine Behauptung ersetzen, oder der Redner stellt einen 'großen Bruder' hinter seine Argumentation, um nahezulegen, daß sie unangreifbar sei. In diesen Fällen kann es also sinnvoll sein zu prüfen, ob überhaupt ein Sachbeitrag durch den Verweis gegeben wurde, bzw. Begründungen für eine These oder gegebenenfalls eine genaue Quellenangabe zu erbitten: „Auf welche Äußerung/Schrift Adornos beziehen Sie sich?" Manchmal allerdings, wenn man den Eindruck hat, daß die fachlichen Grundlagen im Gesprächsverlauf verloren gehen, lassen sich auch über die 'Anrufung' von Autoritäten knapp und damit pragmatisch diese Selbstverständlichkeiten in Erinnerung rufen; die Diskussion wird zurückgeführt auf das gewünschte Fundament.

Sehr häufig hat man in Diskussionen auch mit *vage formulierten oder verkürzten Argumentationen* zu tun. Jemand sagt: „Ich verzichte, auf die Ungenauigkeiten im einzelnen einzugehen ..." Durch die nur angedeutete Kritik an einer vorangegangenen Argumentation versucht er vielleicht, seine Hörer zu verunsichern. Nun führt er die eigene an. Soll man ihm Glauben schenken, daß 'irgendetwas' an der Aussage, auf die er sich bezogen hat, ungenau war? Ebensogut kann man darum bitten, Aufklärung zu erhalten: „Bitte konkretisieren Sie, in welchen Punkten Ihnen diese Aussage ungenau erscheint." Eine verkürzte Argumentation, die zur Bestätigung einer anderen eingesetzt wird, kann z.B. beginnen mit: „Das ist doch logisch ... Dieses Experiment führt zu nichts. Darum ..." Vielleicht konnten aber andere die 'Logik' der angesprochenen Argumentation gar nicht entdecken? Dann werden sie den Redner entsprechend zu Ausführungen auffordern oder widersprechen: „Ich kann nicht sehen, daß sich diese Schlußfolgerung so selbstverständlich ergibt. Würden Sie Ihre Argumente bitte noch einmal vortragen?"

Durchaus alltäglich sind auch unsachliche *Argumentationen zur Person* des Gesprächspartners, die statt Ausführungen zur Sache seine Disqualifizierung betreiben: „Ihre Argumentation zeigt Ihre Praxisferne ..." Solche Beiträge kann man allerdings zurückweisen, etwa mit Formulierungen wie: „Bitte nehmen Sie doch zu meinen Argumenten *inhaltlich* Stellung!" Ähnlich häufig geschieht es auch in Diskussionen, daß jemand *Tatsachenfeststellungen bestreitet.* Beispielsweise mit Formulierungen wie: „Was Sie da sagen, stimmt einfach nicht ..." Oder auch: „Sie irren sich ..." Es wäre unsinnig, zu jeder einfachen Tatsachenfeststellung wie „Die Sitzung war am 26. Februar" oder „Der Aufsatz wurde in der Zeitschrift 'Social Text' veröffentlicht" eine Beweisführung zu erwarten. Eventuell notwendige Korrekturen dazu gehen meist auch problemlos vonstatten: Man kann sich ja schließlich irren. Darüber hinaus bestehen Gespräche auf weiten Strecken naturgemäß aus Feststellungen, also in darstellender, berichtender, erzählender Rede. Manchmal ist es allerdings auch angebracht, Belege für Feststellungen zu erbitten, besonders wenn sie ein wichtiger Teil der Gesprächsgrundlage sind. Kann man also jemandem in seinen Behauptungen über den Text eines Autors, eine Darstellung auf einer Folie etc. nicht folgen, mag es notwendig sein, den Beleg heranzuziehen, um zu prüfen, was man jeweils unterschiedlich aufgefaßt hat.

Ein Urteil darüber, ob Argumentationsweisen wie die hier angeführten einer Gesprächssituation angemessen sind oder nicht, läßt sich pauschal nicht fällen. Auch unsere Beispiele sollten nicht dazu verführen, nun 'gute' und 'schlechte' Argumentationsweisen zu ordnen. Jedes einzelne läßt sich wahrscheinlich in unterschiedlichen Zusammenhängen und je nach der Perspektive des Betrachters als angebracht oder nicht angebracht ansehen. Hier ging es uns darum, den Blick auf Argumentationsabsicht und -aufbau zu richten. Es mag deutlich geworden sein, daß Argumentationen stets auch ein Moment der *Hörerlenkung* enthalten. Indem die eigene Position mehr oder weniger stark profiliert wird und die Argumente anderer entsprechend stärker oder schwächer berücksichtigt werden, legt man bereits den Teilnehmern eine Wendung des Gesprächs in die eine oder andere argumentative Richtung nahe. Andere Formen der Hörerlenkung werden in den Kapiteln 3.2 (Sich Durchblick verschaffen) und 3.3 (Zur Sache kommen) behandelt. Sie zu kennen empfiehlt sich nicht nur, wenn jemand die Rolle als Diskussionsleiter übernehmen möchte, sondern für jeden andern Gesprächsteilnehmer, der den Ablauf mitbestimmen möchte.

Die Diskussionsleitung

Die Moderation von Diskussionen stellt je nach Gruppe, Situation und Typus des Gesprächs sehr unterschiedliche, aber auch vergleichbare Anforderungen an die Diskussionsleitung. Prinzipiell läßt sich sagen: Ihre Aufgabe besteht erstens darin, dafür Sorge zu tragen, daß der inhaltliche Verlauf des Gesprächs sinnvoll vor sich geht (*Sachinteresse*), und zweitens darin, die Gesprächsbeziehungen der Teilnehmer so zu organisieren, daß die einzelnen sich als Gruppe miteinander verständigen können (*Einzelinteresse und Gruppeninteresse*).

Moderatoren sind eine Art geistige Reiseführer. Sie begrüßen die Gesprächsteilnehmer, begleiten sie durch das Gespräch und verabschieden sie. Sie achten darauf, daß die zur Verfügung stehende Zeit für die 'Besichtigung' des zentralen Themas bzw. der Teilthemen sinnvoll genutzt wird und die gewünschten Ziele erreicht werden (Entscheidungen, Ergebnisformulierungen). Sie überblicken also die Themenfolge und erinnern daran, was geplant war. Sie ordnen und gewichten gegebenenfalls die Beiträge im Sinne des Themas und der Fragestellung, aber ebenso im Sinne der Verständigung der Beteiligten. Sie erteilen und *ver*teilen Rederechte, sichern aber auch die Zuhöreraufmerksamkeit und – soweit möglich – ein kooperatives Verhalten der Teilnehmer. Je nach Gelegenheit bemühen sie sich zudem, die Beteiligung möglichst vieler als Sprecher anzuregen. Grundsätzlich bedeutet das, daß ein Diskussionsleiter eigentlich durch das ganze Gespräch hindurch seine Augen und Ohren 'überall' hat und zugleich die Übersicht zu behalten versucht. Daß er sich dabei selbst klar und deutlich formulieren sollte, liegt auf der Hand.

Wenn Diskussionen ohne Leitung verlaufen, übernehmen gewöhnlich einzelne oder alle Teilnehmer moderierende Funktionen. Ein mitmoderierender Gesprächsteilnehmer muß jedoch seine Aufmerksamkeit in gewisser Weise teilen und das eigene Anliegen zugleich mit dem der Gruppe im Auge behalten. Insofern ergeben sich oft auch unverabredete Arbeitsteilungen in Gesprächen, oder aber – so in der universitären Selbstverwaltung – es wird von vornherein festgelegt, wer den Vorsitz oder die leitende Rolle in einem Gespräch übernimmt. Zusätzliche strukturelle Rahmen wie Redelisten, zeitliche Begrenzungen, Geschäftsordnungen bzw. Tagesordnungen können sehr entlastend wirken. Sie erleichtern die pragmatische Durchführung des Gesprächs, da nicht mehr jeder einzelne Schritt, der getan wird, verhandelt werden muß und eine grundsätzliche Einigung der Beteiligten über die Form des Gespräches oder auch seine Zwecke damit bereits vorgenommen worden ist.

Es ist abhängig von Anlaß, Thema und Typus eines Gespräches, in welchem Maße von der Gesprächsleitung 'Neutralität' erwartet wird. Wenn jemand eine Podiumsdiskussion leitet, kann es sein, daß man von ihm erwartet, die Äußerungen der verschiedenen geladenen Repräsentanten bestimmter Positionen zu organisieren, aber nicht selbst explizit Stellung zu beziehen. Anders herum wird eine solche Zurückhaltung von Seminarleitern oder Referenten gewöhnlich nicht gewünscht. Ihre Aufgabe der Vermittlung fachwissenschaftlicher Inhalte verlangt in den meisten Situationen danach, daß sie selbst deutlich zur Sache sprechen. Wie ein Diskussionsleiter sich dem Gesprächskreis gegenüber verhält, ob als bloßer Organisator von Redemeldungen und 'Verwalter' einer Redeliste, oder aber auch, indem er sich bemüht, einzelne zu Äußerungen zu motivieren, kann abhängig von seiner institutionellen Rolle, von Konventionen oder dem Zweck der Gespräche sein: Manche Studierende fühlen sich 'schülerhaft' behandelt, wenn man sie im Seminargespräch direkt anspricht, ohne daß sie sich zur Rede gemeldet haben. An die Allgemeinheit gerichtete Aufforderungen zur Mitsprache werden aber weitgehend akzeptiert, wenn sie in der erwartbaren respektvollen Weise formuliert sind. Daß wiederum ein Referent in der Sache seines Spezialgebietes zu Aussagen aufgefordert werden kann, gilt gewöhnlich als selbstverständlich.

Was nun charakterisiert die Aufgabe der Moderation im einzelnen? Ein Diskussionsleiter, da er das Sachinteresse ebenso wie die Einzel- und Gruppeninteressen im Gespräch beachten sollte, muß sich zunächst einmal darin umfassend orientieren. Bevor er sinnvoll organisieren, eingreifen und steuern kann, muß er beobachten und zuhören. Wir haben im Kapitel 2.3 (Grundsituationen des Studiums) verschiedene Schritte vorgeschlagen, wie man sich in einem laufenden Gesprächs vor allem in Seminaren als Zuhörer zurechtfinden kann. Ebenso werden im Kapitel 3.1 (Sich Durchblick verschaffen) Wege gezeigt, wie man Gesprächssituationen unterscheiden, wie man wichtige Rahmenbedingungen – z.B. die Teilnehmerrollen betreffend – bestimmen kann, und wie man die Ebenen, auf denen ein Gespräch stattfindet, unterscheiden kann. Daran läßt sich anknüpfen.

Moderieren bedeutet, ein aufmerksamer *und* ein *aktiver* Zuhörer zu sein, der die Hörerlenkung nicht nur sporadisch, sondern kontinuierlich durch das Gespräch hindurch übernimmt. Der Diskussionsleiter muß also – so ließe sich sagen – für den gemeinsamen 'Haupttext' die begleitende Gliederung – den 'Nebentext' – formulieren, soweit dies die Sprecher nicht selbst tun. Wir haben diese Form der Hörerlenkung im Kapitel 3.3 (Zur Sache kommen) ausführlicher besprochen. Der Moderator organisiert die Themenbehandlung, das heißt: Er sorgt durch Ordnen und Verknüpfen von Äußerungen, durch Zusammenfassungen und die Anregung von Ergebnisformulierungen dafür, das der rote Faden des Themas bzw. der jeweiligen Fragestellung verfolgt wird. Ebenso sichert er durch Rückfragen und andere klärende bzw. strukturierende Beiträge die Verständigung der Gesprächsteilnehmer in dem Sinne, daß sie möglichst nicht aneinander vorbeisprechen und ihnen der Gesprächsverlauf von seinen Inhalten her einsichtig ist.

Das bedeutet ganz besonders, daß der Diskussionsleiter selbst erfaßt, welche Gesprächsebene mit jeweils stattfindenden Äußerungen gewählt wird, und auch nachvollziehen kann, warum etwa ein Ebenenwechsel stattfindet. Ein Beispiel: Im Vorlauf eines Gesprächs gab es verschiedene informierende bzw. darstellende Äußerungen über die bei wissenschaftlichen Untersuchungen angewandten Methoden (*Inhaltsebene; sachbezogen*). Nun sagt ein Sprecher: „Ich kann mit dem Begriff der Dichotomie nicht viel anfangen. Was ist damit gemeint?" Der Diskussionsleiter mag entscheiden, daß eine sprachbezogene Klärung Vorrang haben muß vor weiteren Darstellungen zur Sache, da andernfalls damit zu rechnen ist, daß die Zuhörer den Ausführungen zum Thema nicht mehr folgen können.

Ebenso könnte aber ein Sprecher in der oben angedeuteten Situation gesagt haben: „Das ist alles ganz neu für mich und geht mir viel zu schnell. Welche

Methode hat jetzt wer angewendet?" Auch bei einem solchen verständigungs-
bezogenen Beitrag wird der Diskussionsleiter wahrscheinlich vorschlagen, daß
die vorhergehenden Ausführungen zur Sache – langsam – wiederholt werden,
bevor man thematisch weiter voranschreitet. Und freilich kann sich ein Diskussionsleiter auch unsicher sein, mit welcher Absicht Äußerungen verbunden sind
oder auf welcher Ebene des Gesprächs eine Reaktion erwartet wird. Etwa wenn
in der geschilderten Situation jemand sagt: „Was soll Dichotomie hier denn heißen?" Dann kann er nachfragen: „Sollen wir die Begriffe noch einmal erklären
(*sprachbezogen*) oder möchten Sie kritisch zu diesem Ansatz Stellung nehmen
(*sachbezogen*)?"

In ähnlicher Weise können Moderatoren verfahren, wenn es darum geht, die
Beiträge verschiedener Teilnehmer zu koordinieren:

„Ihre Stellungnahme bezieht sich auf die des Redners A?"

„Insofern stimmen Sie mit der Beurteilung des Redners S nicht überein,
wenn ich Sie richtig verstehe?"

„Mit den Äußerungen der Redner H und J stehen also jetzt hier zwei Positionen zur Diskussion, und zwar ...."

„Sieht jemand eine Möglichkeit, wie wir mit diesen sehr konträren Standpunkten umgehen können?"

Oder aber, wenn er ein Gespräch zurückführen möchte auf das zentrale Thema, da
man sich vorwiegend mit anderem befaßt, beziehungsweise wenn er absichern
will, daß Themenwechsel im Sinne des Gesprächskreises sind:

„Ich habe den Eindruck, wir haben uns vom Thema entfernt. Die Frage, die
wir hier behandeln wollten, war ja ..."

„Erscheint es Ihnen vorrangig, jetzt diese Frage zu behandeln, oder sollen
wir zum Thema ABC zurückkommen?"

„Kann ich davon ausgehen, daß wir übereinstimmend nun das Thema ABC
zu den Akten legen und BCA behandeln?"

Des weiteren hat ein Diskussionsleiter die Aufgabe, die *Beziehungsdynamik* innerhalb eines Gesprächskreises als Kooperation zu regulieren. Sie kann sich unter
Umständen ähnlich kompliziert gestalten wie jene bei der Organisation der Themenbehandlung. Beides geht Hand in Hand, jedoch können Differenzen auf der
Beziehungsebene des Gesprächs manchmal jede inhaltliche Verständigung unmöglich machen. Sehr geläufig ist die Situation, daß ein Diskussionsleiter für die

jeweiligen Redner die Konzentration der Zuhörer erst einmal zusammenrufen muß, weil diese mit ihren Nachbarn plaudern oder anders beschäftigt sind. Oder aber, es wiederholen sich Argumente mehrfach in einer Diskussion – vielleicht, weil man einander nicht gut zuhört – und einige Teilnehmer werden ärgerlich: Für sie ist das Gespräch in einer 'Endlosschleife' hängengeblieben. Hier müßte er vermutlich einen Weg finden, die Unzufriedenen zu beruhigen. Etwa, indem er um Verständnis wirbt für das offensichtliche Bedürfnis der anderen Teilnehmer, jedes gefallene Argument zur Sache mehrfach in Äußerungen zu bearbeiten. Oder auch, indem er einen inhaltlichen oder auf das Gesprächsverhalten bezogenen Impuls in den Kreis gibt, der eine straffere Themenbehandlung bewirkt.

Ein Diskussionsleiter muß gewöhnlich mit einem bunten Querschnitt menschlicher Eigenheiten rechnen, die es im Sinne der Kooperation auszubalancieren gilt. Gehen etwa zwei auf 'Konfrontationskurs', muß er manchmal schlichtend eingreifen. Häufig sind Feindseligkeiten nicht einmal durch inhaltliche Differenzen von Sprechern, sondern durch ein gegenseitiges Unverständnis für die Formulierungsweise des anderen veranlaßt. Dann kann die 'Übersetzung' der Äußerungen durch den Moderator klärend auf die Inhalts- wie Beziehungsebene einwirken und damit die Verständigungsgrundlagen neu schaffen. Offensichtliche Mißverständnisse in der Sache wird er eventuell bereinigen, bevor sie weitere nach sich ziehen. Im Falle gravierender Differenzen kann der Diskussionsleiter jedoch auch eine sachliche Argumentationsweise erbitten oder – falls das strittige Problem ihm für das Sach- bzw. Gruppeninteresse nicht von Bedeutung erscheint – vorschlagen, man möge den Disput andernorts führen.

Gern äußern Sprecher in Diskussionen auch pauschale Urteile zu den anstehenden Sachfragen oder über den Diskussionsverlauf, worüber sich dann wiederum andere entrüsten mögen. Oft ist es in solchen Situationen hilfreich, wenn der Diskussionsleiter differenzierte Stellungnahmen bzw. Argumentationen erbittet oder auch Unangebrachtes zurückweist. Etwa wenn jemand sagt: „Das hier ist doch ein lahmer Haufen." Dann kann es klug sein, dieses Urteil als für die Teilnehmer kränkend zurückzuweisen oder aber den Redner aufzufordern, selbst 'schwungvolle' Impulse *zur Sache* in die Diskussion zu tragen.

Manchmal haben Moderatoren auch mit Gesprächteilnehmern zu tun, die sachliche Kritik an ihren Standpunkten bzw. Argumentationen als persönliche

Kränkung auffassen. Und mancher reagiert auch empfindlich und mit Mißstimmung, wenn die Diskussionsleitung ihn auffordert, sich an die verabredeten
Begrenzungen der Redezeit für einzelne zu halten. In solchen Situationen kann
diplomatisches Geschick erforderlich sein, um die Verständigungsbasis in der
Gruppe wieder herzustellen. Andererseits ist von Moderatoren in wissenschaftlichen Diskussionen nicht unbedingt therapeutisches Eingehen auf die eventuell
gekränkten Eitelkeiten einzelner zu erwarten. Man wird je nach Naturell, Situation
und Anlaß auf eine 'Versöhnung' dieser Teilnehmer hinzuwirken suchen, oder
aber – auch das kann angebracht sein – daran erinnern, daß man zusammenge-
kommen ist, um sich über *Sachfragen in kooperativer Weise* zu verständigen. Zur
Frage der Diplomatie in Gesprächen ebenso wie konflikthafter Situationen führen
wir im Kapitel 3.5 (Das letzte Wort) weiteres aus.

Daß auch der Diskussionsleiter selbst in einem Gespräch störend bzw. behindernd wirken kann, läßt sich denken. Wenn jemand als Moderator seine Rolle
nutzt, um vor allem die eigenen Positionen darzustellen, kann dies unter Umständen dem Zweck des Gespräches widersprechen. Hinderlich können seine Eingriffe
in die Redewechsel auch wirken, wenn er ganz offensichtlich weniger den Überblick über den Verlauf der Themenbehandlung oder die Beziehungsdynamik hat
als die anderen Beteiligten. Dann hat er sich vermutlich nicht ausreichend um die
eigene Verständigungssicherung mit der Gruppe bemüht, die ja eine unverzichtba-
re Grundlage seines Tuns darstellt. Und so kann es dazu kommen, daß das Gruppeninteresse sich zunehmend von den Zielen der Diskussionsleitung entfernt. Beispielsweise, wenn sich die Gruppe über eine strittige Sachfrage engagiert auseinandersetzen will, während der Moderator in dem Irrtum, er müsse sich als Frie-
densstifter betätigen, eine Themenwechsel versucht.

Ein Moderator ist darum eigentlich überflüssig, wenn ihm die Gruppe die
Rolle der Steuerung gar nicht zubilligt, also nicht mit ihm kooperiert. Nur in Abstimmung mit den anderen Teilnehmern kann er seine Aufgabe in ihren vielfältigen Funktionen erfüllen. Wenn er erfindungsreich ist, was die Möglichkeiten betrifft, in Gesprächen zu verfahren, wird ihm das besonders von Nutzen sein. Nicht
immer weiß das Publikum ja eine Antwort auf die Frage „Wie sollen wir jetzt vorgehen?" Oder aber es werden gleich viele Vorschläge geäußert, die womöglich
einander ausschließen. Ein geschickter Diskussionsleiter würde dann beispielsweise Kompromißvorschläge machen, die allen Seiten gerecht werden könnten.

In gewisser Weise verkörpert ein erfahrener Diskussionsleiter all jene rhetorischen Qualitäten, von denen in diesem Buch die Rede ist: Er ist ein aufmerksamer, aktiver Zuhörer. Er überblickt den thematischen Aufbau und die Themenwechsel einer Diskussion ebenso wie die soziale Dynamik des Geschehens. Er begleitet die Wechselrede durch inhaltsbezogen strukturierende und durch verständigungssichernde, klärende bzw. steuernde Beiträge. Er erfaßt, auf welcher Gesprächsebene einzelne Äußerungen sich bewegen und in welcher Weise sie aufeinander bezogen oder beziehbar sind. Er sichert ab, daß im Gespräch der Zeitrahmen, andere situative Bedingungen sowie die Ziele des Gesprächs bedacht werden. Und schließlich scheut er sich nicht, auch deutlich eingreifend dafür zu sorgen, daß Vereinbarungen zur Gesprächsorganisation – z.B. Redelisten – eingehalten oder kooperative sachliche Umgangsformen gepflegt werden. Das bedeutet, daß ein Diskussionsleiter auch in gewisser Weise von seiner Rolle überzeugt ist. Wenn er selbst allzusehr zweifelt, ob er überhaupt eine dirigierende Position einnehmen 'darf', wird es schwer sein, andere davon zu überzeugen.

Zumeist wird außerdem erwartet, daß ein Diskussionsleiter stärker als andere Redner sein Eigeninteresse dem Gruppen- und Sachinteresse unterordnet. Was bedeutet, daß es tunlich sein kann, trotz größter Präsenz in der Situation sich nicht allzu engagiert in das Gesprächsgeschehen zu verwickeln. Kündigt man einen Rollenwechsel vom Moderator zum Mit-Redner jedoch an, bleibt die Situation für alle Beteiligten übersichtlich: „Ich habe mich jetzt einmal selbst auf die Redeliste gesetzt …"

Als Übung, um in die Rolle eines Diskussionsleiters hineinzufinden, eignet sich die folgende zum sogenannten 'sokratischen Dialog'.

> *ÜBUNG*

GESPRÄCH MIT SOKRATES

Für diese Übung brauchen Sie mindestens zwei Mitspieler. Sie wählen sich ein Gesprächsthema im Sinne einer Fragestellung, die eine allgemeine 'philosophische' und entwickelnde Reflexion möglich macht – eine 'Sinnfrage': „Was ist eigentlich der Sinn von Bildung?"; „Was kann Erkenntnis für Menschen bedeuten?" Eine Person übernimmt jeweils für die Behandlung einer Frage die Rolle der Diskussionsleitung, des Sokrates. Das bedeutet: Diese Person nimmt in der Sache nicht selbst Stellung. Ihre Aufgabe besteht darin, sich nach dem Vorbild des antiken Philosophen als 'Hebamme' für die Gedanken und Äußerungen anderer zu betätigen. Sie soll also

~ die anderen Teilnehmer um Stellungnahmen und Argumentationen bitten oder dazu motivieren,

~ verständnissichernde Rückmeldungen zu diesen Beiträgen geben, sie miteinander verknüpfen und dafür Sorge tragen, daß der rote Faden des Gesprächs die anfängliche Fragestellung bleibt, und schließlich

~ soll sie Rückfragen oder paraphrasierende Rückmeldungen im Sinne eines In-Frage-Stellens, der Konkretisierung oder Differenzierung geben, die die Sprecher bewegen können, ihre Beiträge zu überdenken: „Ist es *immer* so, daß ...“; „Gibt es einen *anderen Standpunkt* zu dieser Frage, der hier mitbedacht werden müßte?“; „Was wäre das *Gegenstück* zu dieser Argumentation?“; „Läßt sich der Begriff *konkreter* fassen oder fällt Ihnen ein *Beispiel* ein, das erhellen kann, was Sie meinen?“

Verschiedene Möglichkeiten, in Gesprächen klärend und lenkend einzugreifen, die Sie vielleicht auch in der Gesprächsübung verwenden, sind hier abschließend zusammen mit Beispiel-Formulierungen in einer Übersicht aufgeführt:

~ STARTEN, STEUERN, ÜBERPRÜFEN

„Ich möchte Sie bitten, mir die Angelegenheit darzustellen ...“

„Ich kann nur einem von Ihnen zuhören ...“

„Ich möchte mal kurz unterbrechen. Habe ich richtig verstanden, daß ...?“

~ DAS THEMA HERAUSFINDEN

„Um was geht es Ihnen?“

„Wir wollten über ... sprechen, oder?“

„Was ist jetzt Ihr Thema?“

~ DIE SICHTWEISE DER EINZELNEN

„Und was ist Ihnen dabei am wichtigsten?“

„Gibt es dazu noch Meinungsäußerungen?“

„Möchten Sie dazu eine Anmerkung machen?“

~ VERSTÄNDNISÜBERPRÜFUNG UND KORREKTUR

„Wenn ich Sie richtig verstanden habe, sind Sie der Meinung, daß ... Habe ich Sie da richtig verstanden?“

„Ist Ihre Aufforderung so richtig verstanden worden?" – „Nein, so habe ich das nicht gemeint. Ich wollte veranlassen, daß …"

~ RÜCKMELDUNGEN UND FRAGEN

„Sie schütteln mit dem Kopf. Heißt das, Sie sind nicht einverstanden?"

„Sie sagen: 'Das kommt gar nicht in Frage.' Können Sie sagen, was dem im Wege steht?"

~ ZUR REAKTION AUFFORDERN

„Was denken Sie dazu?"

„Wußten Sie das schon?"

„Können Sie dieser Darstellung zustimmen?"

~ ZUR AUSSAGE AUFFORDERN

„Gut, dann ist der Ball wieder bei Ihnen, Frau H. Wie sieht man die Angelegenheit in Ihrem Projekt?"

„Wie kamen Sie auf diese Idee?"

„Wie verlief das konkret?"

„Was bewirkte dieses Vorgehen? Würden Sie uns das bitte erläutern."

„Welche Aspekte spielten eine besondere Rolle?"

~ ORDNEN, ZUSAMMENFASSEN, STRUKTURIEREN

„Wir haben also drei Dinge zu besprechen: Erstens … zweitens … drittens …"

„Augenblick bitte, ich möchte daran erinnern, daß wir beschlossen hatten, erst Herrn P. anzuhören, bevor wir weiterdiskutieren …"

„Ich habe den Eindruck, wir sind alle einer Meinung. Nur die Verteilung der unterschiedlichen Arbeiten haben wir noch nicht besprochen …"

~ STOPPEN, ERGEBNISFORMULIERUNG, ABSCHLIEßEN

„Wie wollen wir verbleiben?"

„Ich glaube, damit haben wir alles besprochen. Oder gibt es noch etwas zu klären?"

„Ich fasse zusammen: Sie übernehmen die Organisation der … Und Sie waren bereit, das Schreiben aufzusetzen an …"

3.5   Das letzte Wort

Viele alltagssprachliche Wendungen beschreiben, wie Gesprächsverläufe beeinflußt werden durch Interessenkonflikte. Sie enthalten oft sogar Erklärungsver-
suche, wie deren Ausgang – das Gesprächsergebnis – durch das Verhalten von
Beteiligten zustandekommt: Wer das letzte Wort hat, so sagt man, setzt sich
durch. Hat er darum Recht? Wenn er anscheinend das letzte Wort haben *muß*, gilt
er zunächst einmal als rechthaberisch. Wer dagegen anderen 'um den Bart geht'
oder sie 'über den Tisch zieht', der vertritt seine Interessen auf eine *verdeckte* Art
und Weise, aber nur scheinbar fair und verbindlich. Wenn jemand schließlich in
der Lage zu sein scheint, auch schwierige, konfliktträchtige Gespräche zur Zufriedenheit der Beteiligten zu führen oder zwischen Streitenden zu vermitteln, dann
gilt er als diplomatisch.

Die Fähigkeit, Kritik in akzeptierbarer Weise zu vermitteln und sich diplomatisch im Sinne kooperativer Umgangsformen – nicht der Verschleierung oder
der 'Liebedienerei' – zu verhalten, ist im Wissenschaftsalltag unentbehrlich. Dennoch sind Konflikte nicht immer zu vermeiden. Für ihre Austragung allerdings
sind im universitären Rahmen deutliche Grenzen gesetzt, zum Beispiel durch die
formale bzw. konventionelle Regelung vieler Situationen. Und selbstverständlich
sind mit der Maxime der sachorientiert-distanzierten Kommunikation mindestens
explosiv-offensive Konfliktformen nicht vereinbar. Wir werden die Redeschulung
im engeren Sinne hier abschließen mit Ausführungen zu Fragen des kommunikativen Umgangs, die sich auf die Stichworte *Konflikt*, *Kritik* und *Diplomatie* in
Gesprächen beziehen.

Konflikte im Gespräch

Man hat andere ausreden lassen und nicht unterbrochen, hat aufmerksam zugehört
und sorgfältig seine Beiträge formuliert, hat vermieden, vom Thema abzuschwei-
fen, hat auf Fragen geantwortet und ist – wie man meint – durchgehend sachlich
geblieben. Man hat sich außerordentlich bemüht – und irgendwann passiert es

dann doch: Der Konflikt steht offen oder verdeckt im Raum. Die Verständigung mißlingt. Anspannung bestimmt die Atmosphäre der Situation.

Konflikte in Gesprächen sind auch an der Universität an der Tagesordnung. Mit der großen Zahl an Menschen in der Institution treffen höchst unterschiedliche Wertvorstellungen, Perspektiven, Interessen und Kommunikationsstile aufeinander. Des weiteren schafft die Institution selbst Unterschiede, sei es nach Fach und Organisationseinheit, nach Statusgruppen und Aufgabenbereichen oder durch andere Strukturmomente der Arbeitsteilung. Sind damit die Unterschiede das Problem? Gewiß nicht prinzipiell. Das eigentliche Problem von Konfliktsituationen besteht gewöhnlich darin, daß die daran beteiligten Personen außerstande sind, mit der je relevanten Problemstellung umzugehen. Das heißt, es gelingt ihnen nicht, kooperativ nach einer für alle akzeptablen Lösung zu suchen, beziehungsweise es gelingt auch nicht, sich zumindest über *die Art und Weise* zu verständigen, in der man miteinander über die strittige Angelegenheit verhandeln könnte.

Der Begriff Konflikt läßt sich ableiten vom lateinischen Verb 'confligere', das zusammenstoßen, in Kampf geraten, kämpfen meint. Im Deutschen ist am gebräuchlichsten entweder die Verwendung in der Bedeutung von Streit, Zerwürfnis und bewaffneter Konflikt oder die im im Sinne von Zwiespalt und Widerstreit der Interessen. Man unterscheidet also sprachlich den Umstand, daß *Interessen* verschiedener Personen – oder auch einer Person – kollidieren, von dem, daß die *Personen* selbst aneinandergeraten. Insofern spricht man einerseits von *Interessenkonflikten* (Inhaltsebene), andererseits von *Personenkonflikten* (Inhalts- *und* Beziehungsebene).

Es muß ja keinesfalls jeder Interessenunterschied, der in einem Gespräch von tragender Bedeutung ist, dazu führen, daß man einen Machtkampf zwischen Personen austrägt. In vielen wissenschaftlichen Gesprächen stehen sich zwar die Argumentationen der Beteiligten unversöhnlich gegenüber, aber die Personen selbst überwerfen sich nicht. Überdies entscheidet man in Diskussionen oft nicht einfach mit Ja/Nein zwischen Argumenten, sondern entwickelt neue auf der Basis der vorhandenen. Natürlich bleibt es häufig nicht aus, daß man die Personen unangenehm findet, deren Argumente man zutiefst ablehnt. Das bedeutet aber nicht zwangsläufig, daß man darum im argumentativen Gespräch zu keiner sachlich-kooperativen Verständigungsform finden könnte. Gewöhnlich ist es nicht einmal im Sinne der jeweiligen Kontrahenten, wenn sie sich in einen Personenkonflikt begeben. Mit im Streit benutzten Machtmitteln kann man sich zwar oft durchsetzen, aber nicht *überzeugen*. Überzeugung entsteht nur, wenn jemand sich eine Idee, Entscheidung, Argumentation oder Problemlösung *aus freier Entscheidung* zu eigen macht.

Freilich: In vielen Situationen, die man als konflikthaft erfährt, läßt sich die Unterscheidung zwischen Personen- und Interessenkonflikt kaum so scharf vornehmen wie in der abstrahierenden Beschreibung. Solange Konfliktgespräche *überhaupt* geführt werden, taucht gewöhnlich immer wieder ein Moment der Kooperation auf, man verständigt sich punktuell, dann reißt die Verbindung wieder ab. In diesem Hin und Her von Rückzug auf das Einzelinteresse und dem Bemühen sich zu verständigen, spielen sich manchmal situative Rollenverteilungen ein: Einer beruhigt, der andere betont sein Beharren auf der umstrittenen Position, einer beschuldigt, der andere rechtfertigt sich etc. Interessant im Falle von Konflikten ist also nicht zuletzt die Dynamik ihres Ablaufs auf der Beziehungsebene. Selbst wenn man ein vordergründig rein sachbezogenes Gespräch führt, kann man 'verdeckt' miteinander um die Rollenverteilung Sieger/Verlierer verhandeln. Zudem tritt auch nicht in jedem Streit der Interessenkonflikt, um den es geht, offen zutage.

Fast immer stehen mehrere Möglichkeiten offen, mit Konflikten umzugehen. Recht häufig geschieht es ja zum Beispiel, daß sie *überhaupt nicht* thematisiert werden. Über die Haltung, die jemand zu einer Nicht-Übereinstimmung einnimmt, entscheidet ganz besonders, welche Relevanz er ihr beimißt. Man kann ja meinen: „Das ist nicht so wichtig." Oder man hofft, eine Lösung werde sich schon 'irgendwie ergeben'. Manchmal setzt man vielleicht auch einfach auf die Zeit: Die Sitzung wird bald zuende sein oder der Konfliktpartner könnte ja vergessen, was er vorgetragen hat, solange man selbst darüber schweigt oder gesprächsweise das heikle Thema 'umgeht'. Im Grunde ist es sehr schwer, andere zu einem Streitgespräch zu bewegen, wenn sie es nicht wollen. So oder so kann es im Fall einer grundlegenden Entscheidung, wie man sich zu einem Konflikt verhalten will, bedenkenswert sein, welche Neben- oder späteren Folgen sich ergeben könnten. Spuren hinterlassen alle Erfahrungen, die man mit anderen macht, aber Konflikte oft besonders. Dies gar nicht nur, weil vielleicht jemand 'nachtragend' wäre. Anders herum können auch zur Zufriedenheit aller gelöste Konflikte die gegenseitige Wertschätzung erhöhen.

Die Unzahl 'schwieriger' oder konflikthafter Situationen zu untersuchen, die jemandem an der Universität begegnen können, ist hier natürlich nicht möglich. Es lassen sich aber Hinweise darauf geben, wie Konflikte eventuell kooperativ gelöst werden können und weiter, wie man eine Konfliktsituation verstehen und sich darin orientieren kann. Zunächst zur kooperativen Lösung von Konflikten. Die zentrale Frage jeder Konfliktsituation ist die nach dem Kern des Konfliktes, also: *Was ist das Problem?* Wer an einer Verständigung über die divergierenden Interessen oder das 'Problem' interessiert ist, bemüht sich um Klärung der *Gesprächsinhalte* – wie in anderen Situationen auch: Was ist mein Thema? Was ist das Thema der anderen? Auch wenn ein Interessenkonflikt zu einem Personenkonflikt führt, bleibt die Frage nach dem Thema relevant.

Dann allerdings erhält eine weitere Frage Dringlichkeit, nämlich die: Was will oder kann ich in dieser Auseinandersetzung erreichen? Ist es möglich, etwa durch Kompromisse, Zugeständnisse oder klärende Neuansätze den Konflikt zu beenden? Ist eine Konfliktlösung im Gespräch möglich? (Wie? Wann?) Oder aber: Was ist mein Ziel und das der anderen? Immer geht es um die Frage, welcher Art zwischenmenschliches Verhältnis und welche Umgangsweise die Konfliktpartner jeweils anstreben. Will jemand ein Unentschieden erreichen, um eine neue Gesprächsbasis zu finden? (Kooperation) Will jemand seine Überlegenheit (welcher Art?) 'beweisen' und erwartet somit deren Bestätigung durch den anderen? (Hierarchie) Will jemand einen Anspruch durchsetzen und damit den des anderen ausklammern? (Sieg/Niederlage) Will jemand einen anderen dazu bewegen, etwas zu tun, das dieser nicht tun will, und erwartet, daß der andere seine Interessen dafür aufgibt oder zurückstellt? (Beeinflussung)

Mit jeder Absicht auf *einer* Seite des Konfliktes ist eine Erwartung verbunden, die die *andere* Seite betrifft. Es macht also Sinn, die Dynamik – den Prozeß – *zwischen* den Personen zu beobachten und sich nicht auf die Wahrnehmung der eigenen Ziele und Motive zu beschränken. So lassen sich am ehesten Wege finden, wie man selbst und auch die anderen den Konflikt möglichst 'unbeschadet' bewältigen können. Der markante Unterschied von Konfliktgesprächen besteht vor allem darin, daß bei der kooperativen Verständigung ein Gruppeninteresse an der Klärung in der Sache bereits besteht. Im Falle von Personenkonflikten dagegen muß diese Basis zur konstruktiven Zusammenarbeit erst hergestellt werden.

Es ist also gleichgültig, ob Konflikte in Gesprächen sich auf die behandelten Sachfragen, die Verständigungsformen, den Sprachgebrauch oder die Rollen der Beteiligten beziehen, man kann *gemeinsam* den Weg der Problemlösung gehen. Vorausgesetzt freilich: Man sieht sich in der Verfassung dazu. Wenn man nicht nur 'irritiert' oder 'verärgert' ist, sondern 'wutentbrannt', kann es sehr angebracht sein, ein Gespräch zu vertagen oder kurz aufzuschieben. Geht man aber den Weg der Verständigung, heißt das: Man einigt sich auf eine Problembeschreibung, untersucht sie, diskutiert Perspektiven und Lösungswege und findet einverständig zur Ergebnisformulierung. Manchmal kann es von Nutzen sein, das Thema und den Zeitrahmen für ein solches Problemlösungsgespräch festzulegen, die Klärungsschritte genau zu bestimmen und auch Teilergebnisse oder Ergebnisse festzuhalten.

Das verwirrende an Konfliktsituationen aber ist oft, daß – u.a. durch gefühlsmäßige Verwicklungen – kein klarer Blick auf das Problem und eventuelle Lösungswege möglich scheint. Feindselige Empfindungen verschärfen die Wahrnehmung und die Denkwege gewöhnlich sehr einseitig. In Hinsicht auf die intellektuelle Klarheit, Offenheit und Kreativität, die erforderlich wäre, um eine für *alle* Beteiligten akzeptable Lösung zu finden, sind solche Regungen häufig nicht sehr förderlich. Es kann also sinnvoll sein, sich aus einer distanzierteren Haltung heraus ein Bild vom Ablauf eines Gespräches zu machen. Was bedeuten kann, z.B. darauf zu achten, welcher Art Äußerungen auf welchen Gesprächsebenen einander folgen. Wir haben diese Möglichkeit zur Orientierung in Gesprächen in den Kapiteln 3.2 (Sich Durchblick verschaffen) und 3.4 (Verhandeln) ausgeführt. Ein Beispiel soll hier verdeutlichen, wie diese Beobachtungsweise zur Orientierung in Konfliktsituationen verhelfen kann.

Die vorstellbare Situation nimmt ihren Anfang mit einem Interessenkonflikt zwischen Dozent A und Dozent B um die Belegung eines Raumes für ihr jeweiliges Forschungsprojekt. Beide sagen: „Ich möchte diesen Raum belegen." (sachbezogen) Es folgen die jeweiligen Argumentationen: Der erste argumentiert für sein Interesse mit einem Rechtsanspruch, der durch die Universitätsverwaltung abgesichert sei: „Ich habe das genehmigt bekommen." Der andere bestätigt diesen Anspruch als legitim. Er habe selbst diese 'Sicherheit'. Er sagt: „Ich auch, selbstverständlich …" Dann fügt er jedoch eine qualitative Begründung für seinen Anspruch hinzu, das Renommee seines Forschungsvorhabens: „ … denn unser

Projekt ist von allergrößter Bedeutung für das Fachgebiet." Nun gerät die Beziehungsebene des Gesprächs aus der Balance. Der andere erwidert: „Meinen Sie etwa, unser Projekt ist *nicht* wichtig?" (verständigungs- und sachbezogen) Person B bemerkt dies vielleicht und reagiert ausgleichend: „Um Gottes Willen, nein, aber ..." (verständigungsbezogen)

Darauf kehrt man zur Behandlung der Sachfrage zurück. A beruhigt sich und argumentiert nun: „Sie brauchen doch für Ihr Projekt bestimmt nicht so einen großen Raum. Sie haben doch nur zwei Mitarbeiter und auch sonst keine großen Apparaturen außer den PCs." Nun ist B empfindlich berührt und antwortet: „Was heißt denn 'nur'?" (sprach-, verständigungs- und inhaltsbezogen). A reagiert entsprechend offensiv und wiederholt sein Argument: „Ja, ich meine, Sie brauchen doch nicht soviel Raum nur für die zwei Leutchen ..." (verständigungs- und sachbezogen) Seine Äußerung wird durch ihre Formulierung („zwei Leutchen") zum Auslöser dafür, daß der Konflikt nun eskaliert. Ein solcher Balanceverlust wird häufig veranlaßt durch einen saloppen Argumentationsstil oder die mit einer Formulierung – beabsichtigt oder nicht – verbundenen Wertungen, die die Gegenseite nicht akzeptieren kann. Wenn man eine gemeinsame Konfliktlösung anstrebt, empfiehlt es sich von daher, etwaige 'Reizwörter' zu meiden: Der Hund der Mitstudentin etwa ist kein 'Köter', dieselbe kein 'Weib' und ihr Thesenpapier kein 'Geschreibsel'.

Zurück zur Beispielszene der verstimmten Dozenten A und B. Nun unterschieben sie sich möglicherweise gegenseitig 'unfeine' Motive, etwa durch Äußerungen, die sich auf die institutionellen Rollen beziehen: „Sie meinen wohl, Sie haben als Professor Sonderrechte gegenüber einem Assistenten?" Je stabiler das 'Feindbild' und je vorurteilsbelasteter das Bild es anderen und seiner vermuteten Interessen ist, desto hartnäckiger mag ein Konfliktpartner im Verhalten des anderen Bestätigungen dafür sehen. Die durch stereotype Deutungen geprägte Unterschiebung von Motiven auf der Ebene der rollenbezogenen Äußerungen nährt sich auch gern von traditionellen Rivalitäten: Dann mißtraut der Naturwissenschaftler dem Geistes- und Sozialwissenschaftler, der Studierende beargwöhnt Vorschläge von seiten der Lehrenden, die Frauen zweifeln an der Kooperationsbereitschaft der Männer – und umgekehrt.

Wenn sich ein Konflikt zuspitzt, kann es auch zu Äußerungen kommen, mit denen entweder das Interesse des Gegenübers, eine damit verbundene Sache oder gar die Person entwertet wird. Etwa in der Weise, daß in der skizzierten Bei-spielsituation ein Kollege zur Kollegin sagt: „Für so einen Frauen-Club trete ich doch nicht zurück!" Ebenso ist es möglich, daß jemand in Aussicht stellt, den Streit abzubrechen und bedrohliche Folgen andeutet: „Mit Ihnen kann man ja nicht reden. Dann regele ich das eben auf meine Weise. Sie werden schon sehen ..." Oder er tut die Absicht kund, eine Autorität zur Durchsetzung seines Interes-ses heranzuziehen, bzw. eine Person, von der er annimmt, daß sie seinen An-spruch bestätigt: „Das wäre ja noch schöner, wenn hier die Universitätsverwaltung nichts mehr zu sagen hätte. Ich werde mich an den Präsidenten wenden."

Der Einbezug Dritter ist in Konflikten nicht selten. Sei es, daß sie als Zeugen angerufen werden, daß man sie als Solidarpartner im Sinne der Durchsetzung ei-gener Interessen ansieht, oder aber, daß man sie zum Richter beruft: „Herr Meier soll das entscheiden ..." Nicht jede Anfrage an Dritte um ihren Standpunkt läßt sich als Vereinnahmungsversuch beurteilen. Doch wer als Dritter in eine solche Lage zwischen 'Streithähne' gerät, tut gut daran, vorsichtig zu sein, wenn er nicht – was auch geschieht – selbst zum Konfliktpartner werden möchte. Manchmal gelingt es aber einer dritten Person (oder Position), zwischen 'feindlichen Lagern' zu vermitteln und zur sachgemäßen Verständigung über die verhandelten Streit-punkte anzuregen. Zuschauer sehen oft mehr Möglichkeiten einer Konfliktlösung als diejenigen, die in eine Szene verwickelt sind – vorausgesetzt, daß sie nicht allzu parteilich sind und sich eine distanzierte Haltung bewahren konnten.

Wenn allerdings die Konfliktpartner vom hinzugezogenen Dritten *beide* Par-teinahme für ihr Interesse erwarten oder ihm ernsthaft gar keine Kompetenz bei der Klärung zubilligen, dann hat er ein unangenehmes Amt. Manchmal einigen sich sogar zwei, die sich vorher vehement bekämpft haben, indem sie nun *gemein-sam* gegen den Dritten – den 'Buhmann' – vorgehen. Selbstverständlich kann man aber als Konfliktpartner auch die Einbeziehung Dritter ablehnen. Andererseits ist gelegentlich tatsächlich nur auf dem Wege über universitäre Instanzen – den Ver-waltungs- bzw. Rechtsweg – eine Streitsache beizulegen.

Die Konfliktpartner unserer Beispielszene steuern – wie dargestellt – relativ schnell auf eine Sieg/Niederlage-Entscheidung zu. Wie viele Menschen, die in Konflikte geraten, halten sie vielleicht nur dieses Verhalten für möglich und vergessen, daß man in den meisten Situationen durchaus Entscheidungsspiel-räume hat. Es wäre ja auch denkbar, daß die Konfliktpartner unseres Beispiels sich *gemeinsam* um eine Lösung ihres Problems bemühen. Etwa, indem sie *beide* Einzelinteressen gelten lassen und in einem sachlichen Verständigungsmodus bleiben. Sie stellen fest: „Der Raum ist anscheinend irrtümlich doppelt vergeben worden. Doch unser beider Ansprüche darauf schließen sich nach der bisherigen Einschätzung der Sachlage aus. Was können wir tun?" Sie können zum Beispiel in der Universitätsverwaltung anrufen, ob noch andere Räume zur Verfügung stehen. Vielleicht hat einer der beiden auch bereits einen Raum, der aber zu klein geworden ist, und er sagt: „Wenn Sie mit unserem *alten* Projektraum zufrieden wären, dann hätten wir schon eine Lösung." Und selbst, wenn sonst kein Raum zur Verfügung steht: Vielleicht ist der umstrittene Raum auch sehr groß und man versucht zu klären, ob es möglich ist, eine Trennwand einzuziehen: Der Phantasie sind bezogen auf mögliche Problemlösungen selten so enge Grenzen gesetzt, wie Streitende meinen.

Lösungen, die beide Konfliktpartner akzeptieren können, werden aber oft erst dann sichtbar, wenn *beide* von der Einschätzung abrücken, daß die Verwirklichung der Interessen des *einen* notwendig die Ausklammerung der Interessen des *anderen* bedeuten müsse. Manchmal haben nicht nur beide Recht, es könnten auch von der Sachlage her beider Interessen gleichermaßen zur Geltung kommen. Wenn jemand 'nachgibt', muß das noch lange nicht eine 'Niederlage' oder gar das Eingeständnis einer 'Schuld' bedeuten. Nicht alle Dinge sind es jemandem wert zu streiten. Und darüber hinaus liegt nicht jedem daran, sich stets 'um jeden Preis' durchzusetzen.

Auch das Umgekehrte geschieht: Daß jemand sich sehr wohl im Unrecht weiß, aber es dennoch nicht zum Ausdruck bringt oder denkbare Zugeständnisse seinerseits unterläßt, weil sein erstes – und manchmal einziges – Ziel im Konflikt der 'Sieg' darstellt. Doch im Grunde werden in Konflikten oft die unterschiedlichsten Themen miteinander verquickt bzw. so verschiedene Rechts-, Richtigkeits-, Fairneß- oder Wahrheitsmaßstäbe gehandelt, daß eindimensionale Beschreibungen dieser Art häufig nicht zur Analyse geeignet sind. Manchmal haben *beide* Recht und Unrecht *zugleich*. In anderen Fällen läßt sich das Thema des Konfliktes nach dem Recht/Unrecht-Muster gar nicht behandeln. Und nicht selten setzen die Streitenden in diesem Sinne auf eine untaugliche Methode, z.B. indem sie jeder Zustimmung zu ihrem Standpunkt vom anderen erwarten, obgleich der ihn (noch) gar nicht *versteht*.

Um sich in den Konfliktsituationen des universitären Alltags zu orientieren, kann es von daher hilfreich sein, die eigenen Haltungen ebenso wie die anderer Beteiligter unter dem Gesichtspunkt einer verständigungsorientierten Kooperation genauer zu betrachten. Gar nicht ungewöhnlich ist es etwa, daß einer glaubt, die Feindseligkeit des anderen zu spüren, eine entsprechende sprachbezogene Rückmeldung gibt und sich dann ins Unrecht gesetzt sieht: „Das habe ich nie gesagt. Wie kannst du mir das unterstellen?" Oder der Gesprächspartner reagiert auf die Äußerung entsprechender Vermutungen mit: „Ich streite doch gar nicht." Dann fehlt es zunächst einmal an einer Übereinkunft, in welcher Art Verhältnis man sich zueinander befindet. Derjenige, der sich im Konflikt glaubt, kann natürlich daraufhin seine Einschätzung der Situation noch einmal überprüfen. Eventuell läßt sich auch gemeinsam ein Mißverständnis aufklären. Bleibt allerdings jeder bei seiner Einschätzung 'Krieg' bzw. 'Frieden', dann kann das weitere Gespräch ein schwieriger Balanceakt werden, falls nicht *beide* Beteiligte sich bemühen, zu einer gemeinsam getragenen Beschreibung der Situation zu kommen.

Häufig werden Konflikte durch paradoxe Kommunikationsweisen veranlaßt. Etwa, wenn die Dozentin am Montag zu einem Studierenden sagt, die vorgelegte Gliederung zu seiner Hausarbeit sei sehr gut. Am Freitag aber kritisiert sie *dieselbe* Gliederung als untragbar. Es kann sinnvoll sein, einander widersprechende Beurteilungen bzw. Anweisungen konkret zu benennen und um Aufklärung zu bitten. Viele Menschen neigen, auch wenn sie den Betroffenen wohlgesonnen sind, zu solchen Widersprüchlichkeiten. Wer dem Zickzackkurs paradoxer Anweisungen gefolgt ist, wird allerdings auch schon einmal sehr erschöpft und verärgert ausrufen: „Ob ich es so mache oder so, falsch ist es sowieso." Damit ist die Dilemma-Situation recht gut beschrieben. Bedenkt man dann, daß es gewöhnlich einen *dritten* Weg *jenseits* der schlechten Alternativen gibt, hat man vielleicht schon den Ausweg aus der Zwickmühle gefunden.

Eventuell fühlt man sich aber auch in einer Konfliktsituation, obgleich sich die andere Person offensichtlich freundlich und entgegenkommend verhält. Man stellt nur immer wieder im Gesprächsverlauf fest, daß die eigenen Interessen nicht zur Geltung kommen. Das kann verunsichern, aber auch ärgerlich stimmen: „Der zieht mich zuckersüß über den Tisch." Natürlich kann man versuchen, dieses Problem offenzulegen: „Ich habe den Eindruck, daß meine Interessen hier in Vergessenheit geraten. Darum sage ich noch einmal, ich möchte ..." Nicht immer läßt

sich jedoch das Gegenüber auf einen solchen Klärungsversuch ein. Es gibt viele
Möglichkeiten, sein Gegenüber im Gespräch daran zu hindern, seine Interessen zu
verfolgen: Ausweichend antworten und die eigenen Absichten weiter verfolgen,
den anderen mit Heftigkeit oder durch das Sprechtempo im Gespräch überrollen,
ihn durch Nebensächliches von der Verfolgung seiner Anliegen ablenken, ihn ins
Leere laufen lassen und seine Einwände oder Anliegen einfach 'übersehen', ihn
und/oder seine Argumentationen entwerten, mit doppeldeutigen Formulierungen
eine Entwertung durchklingen lassen oder eben, ihn durch Lob und Anerkennung
bzw. durch 'diplomatische' Unklarheit darüber verwirren, was man wirklich
denkt. (Zum Beispiel: „Das war aber kein glücklicher Einfall." – „Sie meinen also
ein 'schlechter'? Inwiefern?")

Wenn Gesprächspartner in dieser Weise miteinander verfahren, läßt sich von
einem gemeinsamen Gruppen- und Sachinteresse oft nicht reden. Dennoch kann
es notwendig sein, diese Gespräche zu führen. Und häufig gelingt es dann, im
Sinne der eigenen Interessen zu handeln, wenn man sich über seine Ablenkungen
klar wird: Ist es das Tempo, die Brillianz der Formulierungen, der forsche Ton,
der herablassende Gestus oder die anheimelnde, 'aalglatte' Freundlichkeit des anderen? Fühlt man sich vielleicht durch die ständigen Fragen 'in die Enge getrie-
ben'? Oder sind es undurchschaubare Themenwechsel, unverständliche Formulierungen? Ist es die Beharrlichkeit, mit der das Gegenüber trotz aller Einwendungen
stets seinen Standpunkt unverändert vorträgt? Oder reagiert der andere vielleicht
auf Einwände mit Zugeständnissen und Versprechungen, die er dann im weiteren
'klammheimlich' zurücknimmt?

Gewöhnlich ist es schon hilfreich, wenn man sich nüchtern auf die zu behan-
delnden Sachthemen konzentriert und versucht, das Gespräch *selbst* in Richtung
einer strengen Themenbehandlung und klarer, definitiver Aussagen und Ergebnisformulierungen zu steuern. Darüber hinaus ist es für das Gelingen von Konflikt-
lösungsgesprächen aber auch meist förderlich, wenn die Partner einander mit
Takt und Diplomatie begegnen. Etwa, indem jeweils Übereinstimmungen betont
werden: „Ich freue mich, daß wir in diesem Punkt Konsens erzielen konnten."
Oder auch, indem man sorgfältig Signale der Zustimmung beachtet und etwaige
Zwischenergebnisse als gemeinsamen Erfolg anerkennt. Freilich erspart auch
dieser Weg nicht grundsätzlich Konflikte: Gegenüber einer streng-sachlichen
und verbindlichen Gesprächssteuerung mag ja zum Beispiel dann ein vormals

freundliches, aber sehr wendiges Gegenüber deutlicher werden lassen, daß es an der Berücksichtigung der Interessen des anderen gar nicht interessiert ist. Oder aber jener, der bisher durch Forschheit und Beredsamkeit das Gesprächstempo bestimmte, läßt nun erkennen, daß ihn der Standpunkt des anderen zu seinen Monologen überhaupt nicht interessiert. Und schließlich macht auch manches andere Verhalten einzelner ein verständigungsbezogenes, sachliches Verhalten gelegentlich unmöglich: Auf Unterstellungen und explizite Beleidigungen läßt sich beispielsweise angemessen oft nur mit scharfen Zurückweisungen antworten.

Beleidigungen stellen auf der Ebene des verbalen Umgangs wohl die deutlichste Form einer Grenzüberschreitung dar. Aber auch andere Konflikte entstehen, weil Grenzen verletzt werden oder man sich über Grenzziehungen nicht einig ist, eben 'zu nahe tritt'. Manchmal muß man Vereinnahmungen – etwa für ein vermeintliches Gruppeninteresse – zurückweisen:

> „Wir im Fach Biologie sind der Meinung ..." – „Moment mal, *ich* bin *nicht* dieser Meinung ..."

Oder es müssen distanz- bzw. respektlose Übergriffe abgewiesen werden:

> „Wieso unterstützen Sie Prof. Warner? Sie sind wohl seinem Charme verfallen." – „Ihre Phantasien über andere gehören nicht hierher, Kollege."

Man muß eventuell Ratschläge zurückgeben, um die man nicht gebeten hat:

> „Überlassen Sie Ihren Sohn doch mal dem Ehemann, dann wird das schon mit der Prüfung." – „Danke, aber in Sachen Familienorganisation brauchen wir keine Beratung."

Oder es müssen ganz einfach – und manchmal ganz schwierig – Zuständigkeiten geklärt werden, die sich z.B. aus den unterschiedlichen Ämtern und Rollen in der Institution ergeben:

> Ein Lehrender im Kopierraum sagt: „Kopieren Sie mal schnell dieses Buch mit." – Die Studentin antwortet: „Moment mal, ich bin nicht *Ihre* Hilfskraft, sondern die von Professor M."

Ein wahrscheinlich besonders häufiger Auslöser für Konflikte sind auch Haltungen, die man unter den Begriff der Arroganz faßt, kurz: Hochmut, Selbstgerechtigkeit, Herablassung. Sind nur die 'oberen Ränge' davon betroffen? Leider nein. In Seminardiskussionen findet sich immer wieder jemand, der in seiner Gewißheit, er könne nicht irren, darauf beharrt, nur *seine* Sicht auf die Dinge sei richtig.

Oder jemand, der jeden Veränderungsvorschlag ablehnt, weil er die Überzeugung pflegt, von ihm vertretene Ideen seien nicht mehr verbesserungsfähig. Oder jemand, der auf einem bestimmten Kriterium als Maß aller Dinge besteht. Zum gemeinsamen bewegten Denken der Vielen in der Wissenschaft bedarf es aber der Bereitschaft, andere Auffassungen zuzulassen und mitzuverfolgen. Und von daher ist nicht 'Einbildung' sondern Vorstellungskraft vonnöten, um über den eigenen Tellerrand hinaus interessante Perspektiven für möglich zu halten.

Kritik und Diplomatie

In den meisten Fällen hängt es, wie man beobachten kann, nicht zuletzt an den Reaktionen auf Mißverständnisse, Grenzprobleme oder Interessenkonflikte anderer Art, ob sich ein Konflikt entwickelt oder nicht. Insofern läßt sich so manches klären, geraderücken oder in der Wirkung abmildern, wenn man diplomatisch reagiert. Impulsive Sprecher können wissenschaftliche Diskussionen sehr beleben. Es wäre ärgerlich, wenn jeder kleine 'Griff daneben' zu Konflikten führen müßte. Zumal es zum Alltag wissenschaftlicher Auseinandersetzung gehört, daß Standpunkte, Argumentationen und Arbeitsergebnisse kritisch diskutiert werden. Wobei Kritik in diesem Sinne sich nicht auf die Person eines Redners, sondern auf die Sache bezieht. Und sie meint auch nicht – wie im Alltagssprachgebrauch – pauschal Entwertung, sondern Reflexion. Es wird nachvollzogen, abgewogen, differenziert und gefolgert. Prämissen, Definitionen, Methoden, Folgerungen und alle anderen Aspekte des wissenschaftlichen Tuns und Denkens können einer solchen Prüfung unterzogen werden.

Da sich natürlich Forschende mit ihren Arbeiten und Sprecher mit ihren Äußerungen in gewisser Weise identifizieren, gehört neben dem Bemühen um klare, sachliche Stellungnahmen oft auch diplomatisches Geschick dazu, Kritik so zu formulieren, daß sie der Betroffene als annehmbar akzeptieren kann. Auch ein mißverständlicher Kommentar und ein zweifelhaftes Lob können Mißstimmung hervorrufen. Wenn jemand aber Kritik als konstruktiv erfährt, kann sie für ihn von großem Wert sein, eben „eine wertvolle Anregung", „ein interessanter Denkanstoß", „eine spannende Perspektive" oder „eine hochinteressante Frage, die einzubeziehen wäre." Auch grundsätzliche Bewertungen anderer Standpunkte, Arbeiten, Äußerungen sind oft erforderlich. Etliche Formeln sind darum gebräuchlich, die besonders Abwertungen mildern sollen: „Das ist einfach mise-rabel!" hört man seltener als: „Ich kann dem nichts abgewinnen." Eher sagt man: „Meines Wissens ist die Forschung da schon etwas weiter" statt: „Das ist ja der Forschungsstand von vorgestern." Und auf einen Vortragsredner regiert man gewöhnlich auch nicht mit: „Sie spinnen ja", sondern etwa mit: „Ich verstehe nicht, worauf Sie hinauswollen."

Intensive Kritik, die man erfährt, *kann* bedeuten: Die Arbeit wird abgelehnt. *Zwangsläufig* ist das aber nicht. So kann ein Lehrender auch sagen: „Meinen Sie, ich würde meine Zeit mit dieser ausführlichen Kritik verbringen, wenn ich nicht glauben würde, daß es sich lohnt? Ich bin gespannt auf Ihre weiteren Arbeiten." So oder so bedeutet Kritik zumindest, daß eine Arbeit ernstgenommen wurde und sich jemand damit intensiv auseinandergesetzt hat. Sie bedeutet eine Chance zu lernen, auch wenn man der Sichtweise des anderen nicht zustimmen mag. Daß man natürlich unangebrachte Kritik oder unangemessen Formuliertes zurückwei-sen kann, ergibt sich. Daß aber auch akzeptierbare Formen der Anerkennung, der Bitte und der Entschuldigung im Repertoire des Umgangs gebraucht werden, gerät oft in Vergessenheit. Selbstverständlich aber gehören sie zur Diplomatie des universitären Alltags und können auch mehr als eine Form der Höflichkeit dem Gesprächspartner gegenüber darstellen. Die 'Laudatio' oder Lobrede, die begrün-dende Zustimmung zu Äußerungen und die Argumentation zugunsten von For-schungsansätzen spielen ja eine ganz wesentliche Rolle im wissenschaftlichen Leben. Auf solchen Formen der Würdigung gründet die wissenschaftliche Dis-kurskultur und sie leisten unter anderem in der wissenschaftlichen Auseinander-setzung die unentbehrliche Verknüpfung des Vielfältigen, Verschiedenen und Getrennten.

Vielleicht ist es gerade auch in Abhängigkeitsverhältnissen – wie z.B. als Studierender – hilfreich, sich moderater Formen des Umgangs in diesem Sinne bedienen zu können. Sie erleichtern den 'aufrechten Gang'. Man kann klar für die eigenen Interessen eintreten, ohne unnötige Konflikte zu veranlassen. Und man kann auf eventuelles Ja-Sagen gegen die eigenen Überzeugungen verzichten, zu dem man vielleicht aus der Furcht heraus, in Konflikte zu geraten, geneigt wäre. Natürlich kann aber Diplomatie auch sehr fehl am Platze sein: Etwa, wenn die notwendige Klarheit von Aussagen zugunsten von Beschönigungen aufgehoben wird oder wenn Absichten zum Nachteil einer 'Partei' verschleiert werden sollen.

Oft ermöglicht sie jedoch, über Differenzen in einem Gespräch hinweg die Kommunikation aufrecht zu erhalten. Dann signalisiert sie: „Ich will mit dir im Gespräch bleiben." Es ist insofern naheliegend, daß ein moderater Umgangston in der innerinstitutionellen Kommunikation den sachlich-anonymen Umgang miteinander verträglicher machen kann. Zum Abschluß dieses Kapitels finden Sie hier darum drei Übungen, die sich auf den diplomatisch-höflichen Umgangston beziehen.

> ➤ *ÜBUNG*
>
> *AUFWERTEN*

1. Dank, Lob oder Anerkennung bedürfen Formulierungen, die deutlich eine Positivbewertung bzw. Aufwertung vornehmen. Versuchen Sie, die folgenden Sätze in diesem Sinne umzuformulieren. Ein Beispiel: „Das Mensa-Essen schmeckt." ⇒ „Das Mensa-Essen war phantastisch, ein Feinschmeckermahl."

    Beispielsätze: Das Auto fährt. / Die Professorin grüßt. / Das Buch ist lesbar. / Der Student besucht die Bibliothek. / Das Gespräch interessiert mich. / Der Hinweis hat geholfen. / Das Experiment klappt. / Die Zeichnung ist gelungen. / Das Konzert war schön. / Der Prüfer hat fair benotet. / Das Büro ist aufgeräumt. / Die Rosen blühen. / Der Dackel macht Männchen. / Die Sekretärin war hilfsbereit. / Der Dozent unterrichtet. / Der Computer funktioniert.

2. Versuchen Sie, einmal ausführlicher als mit der Formel „Das finde ich gut" die Qualitäten eines fachwissenschaftlichen Textes zu benennen, den Sie sehr schätzen.   ◄

> ➤ *ÜBUNG*
>
> *MODERATE REAKTION*

Um unnötige Konflikte zu vermeiden oder um anderen zu signalisieren, daß man ihre Formulierungsweise als mehr oder weniger unangebracht beurteilt, kann man z.B. Rückmeldungen geben, die eine Aussage abmildern. (Vgl. Sie eventuell zur Rückmeldung Kapitel 3.2) Formulieren Sie in diesem Sinne moderate Reaktionen an ein gedachtes Gegenüber zu den folgenden Äußerungen. Ein Beispiel: „Dieses Seminar ist total bescheuert." ⇒ „Dieses Seminar gefällt Ihnen also nicht?"

Beispielsätze: In der Mensa ist die Hölle los. / Der hat mich total verarscht. / Unser Fach ist doch ein Irrenhaus. / Ich habe keinen blassen Schimmer davon. / Der kriegt doch absolut nichts auf die Reihe. / Was ist das denn für ein Schwachsinn? /

Das Referat war eine Katastrophe. / In der Veranstaltung sind nur Idioten. / Die haben doch alle keinen Durchblick. / Der Dozent sieht einfach wahnsinnig toll aus. / Ich werde nie mehr auf einen grünen Zweig kommen mit dem. / Ich finde Sie einfach überwältigend komisch. / Sie können wirklich alles! / Ständig rufen tausend Leute an, man kommt zu nichts, und jeder, aber auch jeder, will was von mir! / Das ist doch reine Schikane, diese Ansprüche, die der hat.   ◄

> *ÜBUNG*
> ### *AKZEPTIERBARE KRITIK*

Kritik am Verhalten anderer oder an ihren Aussagen, Arbeiten etc. kann der Würdigung, aber auch der Abwehr, der Relativierung, der Infragestellung oder der Abwertung dienen. Je nach Gegenüber und Situation kann sie mehr oder weniger akzeptierbar formuliert sein. Versuchen Sie, verschiedene Möglichkeiten der Formulierung für die folgenden Aussagen zu finden, die je nach Situation angebracht sein könnten. Ein Beispiel: „Rücken Sie mir nicht so auf die Pelle!" ⇒ „Könnten Sie bitte einen Schritt zur Seite treten?"

Beispielsätze: Das ist doch total unlogisch! / Sie haben ja überhaupt keine Ordnung in Ihren Gedanken! / Ihr Buch hat mich umgehauen, echt klasse. / Ich würde mich schämen, sowas vorzuschlagen! / Ihnen kann es doch sowieso keiner Recht machen! / Was für eine unsinnige Behauptung! / Das muß man wohl erst mal gründlich hinterfragen! / Das ist das Klügste, was ich je gehört habe. / Dagegen kann man nichts sagen. / Das glauben Sie doch selber nicht, daß das hinhaut! / Beweisen können Sie wohl nichts? / Das ist doch keine Definition! / Das Gute an diesem Aufsatz ist, daß ihn sogar Erstklässler verstehen. / Ich wüßte gern, welcher Idiot das Gerät hier ruiniert hat. / Mit der Schlußfolgerung begeben Sie sich aber aufs Glatteis. / Dieser Ansatz ist aber plump. / Sie Trottel vergessen aber auch jeden Scheiß! / Und für so einen Mist kassieren Sie öffentliche Gelder. / Sie haben ja das Buch nicht mal verstanden. / Verantwortung ist für Sie wohl ein Fremdwort. / Das geht Sie einen feuchten Kehricht an! / Ihr Gequatsche kann ja kein Mensch verstehen! / Was soll das denn jetzt wieder heißen? / Sie müssen aber auch alles in den Dreck ziehen!   ◄

4 Gefühl und Konvention

„Wie bist du darauf gekommen, es so zu machen?", fragt einer. Und der andere antwortet: „Ich weiß nicht. Ich hatte so ein Gefühl." In vielen Situationen handelt man intuitiv und kann oft auch im Nachherein nur mühsam rekonstruieren, wie man zu seiner glücklichen Eingebung gekommen sein könnte. In anderen wiederum ist man sich mehr oder weniger bewußt, gesellschaftlich vereinbarten Regeln – Gesetzen und Konventionen – zu folgen. „Ich muß mich noch bedanken!", denkt man, oder: „Zum Prüfungstermin darf ich nicht unpünktlich erscheinen." Vielleicht erlebt man auch das Verhalten anderer als irritierend oder unangenehm konventionell, etwa wenn junge Leute mit „Gnädige Frau" und „Mein Herr" angesprochen werden. Und schließlich gibt es auch solche Situationen, die von der individuellen Gefühlslage stark beeinflußt werden: Jemand wird in einer Diskussion angesprochen, errötet und antwortet mit einer recht zittrigen Stimme. Später sagt diese Person: „Ich bin so erschrocken, daß ich angesprochen wurde. Ich rede nicht gern vor so vielen Leuten." Von solchen Phänomenen handelt dieses Kapitel.

Menschliches Handeln und also auch sprachliches Handeln wird beeinflußt von bewußten Entscheidungen ebenso wie durch halbbewußte oder unbewußte Gewohnheiten und Gefühlslagen. Es ist geprägt durch das individuell Besondere unserer Erfahrungen und deren Deutung. Ebenso jedoch auch durch die Teilhabe der einzelnen an gesellschaftlich allgemeinen, für Felder oder Gruppen spezifischen Konventionen, das heißt bewußten oder auch Gewohnheit gewordenen Haltungen im mitmenschlichen Umgang und dessen Beurteilung. Auch Sprache ist zugleich individuell und konventionell. Und somit bewegt man sich als Sprechender stets in einem Spannungsfeld: Man verhält sich zu den eigenen Denkweisen und dem individuellem Selbstgefühl ebenso wie zu den konventionellen Bedingungen der Handlungsfelder, in denen man sich bewegt. Wenn jemand den Schritt in die Universität als Institution der gesellschaftlichen Öffentlichkeit unternimmt, wird er sich von daher – im Sinne des Mottos „Andere Räume, andere Sitten" – von den Besonderheiten dieser Umgebung ein Bild machen oder auch notgedrungen machen *müssen*: Dann nämlich, wenn er bei anderen durch sein Verhalten ‚aneckt'. Einiges über die universitäre Etikette soll hier also gesagt sein.

Des weiteren gehen wir der heute vielerorts diskutierten Frage nach, ob und inwieweit das Gesprächsverhalten mit der Geschlechtszugehörigkeit der Sprechenden zusammenhängen könnte. Während man ja Schrifttexten nicht ansehen kann, ob ein Mann oder eine Frau sich äußert, verhält es sich mit Gesprächs- und Vortragssituationen anders. Daß wiederum persönliche Unsicherheiten und Ängste, aber auch Ärger und andere Gefühle auf das Sprechverhalten Einfluß nehmen, ist mehrfach angesprochen worden. In der Universität fühlen sich viele Studierende gerade durch Unsicherheitsgefühle behindert. Darum wird hier zum Abschluß diese Thema aufgegriffen.

4.1 Über die Etikette

Im engeren Sinne bezeichnet der Begriff der Etikette Verhaltensvorschriften für ein – z.B. bei Staatsakten – vorgesehenes Zeremoniell. Was Wunder also, daß er heute manche an steife Benimm-Regeln der Vergangenheit erinnert und möglicherweise altertümlich anmutet. Allgemeiner gefaßt bezeichnet 'Etikette' aber die Gesamtheit der angemessenen gesellschaftlichen Formen in einem bestimmten Rahmen. In dieser Weise wird er hier verwendet: Als Sammelbegriff für sowohl regelhafte – mehr oder weniger unumgängliche – als auch konventionelle – d.h. übliche – Verhaltensmuster oder entsprechende Erwartungen.

Auf dem öffentlichen Parkett der Universität begegnen sich vor allem füreinander fremde, unvertraute Personen. Sie müssen zueinander aus unterschiedlichen sachlichen Gründen *notwendig* in Kontakt treten. Anders als in privaten Freundschaften sucht man sich sein Gegenüber nur bedingt aus. Ein persönlicher, privater Kontakt wird in der Regel nicht angestrebt. Man verhält sich somit zuerst einmal der Sache bzw. den jeweiligen institutionellen Funktionen und Rollen gemäß. Man befolgt Vorschriften, etwa zur Durchführung von Prüfungen. Doch auch die in hohem Maße durch Formvorgaben geregelte Kommunikation bleibt undefiniert, was die je individuelle und situative Gestaltung betrifft. Und darüber hinaus sind ein Großteil der Gesprächssituationen im universitären Alltag eher wenig vorstrukturiert. Man folgt also konventionellen Übereinkünften. Wobei der Kern des in der Universität herrschenden Verhaltenskodex in der Erwartung besteht, daß *sachbezogen, distanziert und distanzierend* kommuniziert wird.

Wir haben in diesem Buch immer wieder in Einzelaspekten darauf hingewie-
sen, welche konkreten Erwartungshaltungen an das kommunikative Verhalten der
einzelnen mit dieser Maxime verbunden sein können, beziehungsweise welches
soziale und sprachliche Verhalten aus diesem Rahmen der Angemessenheit her-
ausfallen könnte. Was leisten diese konventionellen Rahmen nun generell? Zum
einen entlasten sie den einzelnen. Er kann in Sachangelegenheiten mit anderen
kooperieren, ohne daß seine 'ganze' Persönlichkeit zur Diskussion stünde. Private
und emotionale Selbstoffenbarungen werden nicht erwartet und können sogar in
etlichen Situationen als unerwünscht angesehen werden. Die Universitätsmitglie-
der beschränken ihre Selbstdarstellung gewöhnlich auf den an der Universität interessierenden Bereich: ihre wissenschaftliche und institutionelle Arbeit. Die
Konvention begrenzt insofern Konflikte dadurch, daß sie sachliche und sachbezogene Verständigungsformen zur Regel erklärt. Freilich: Die Spielräume für die
Ausnahmen sind groß und müssen es wohl auch sein: 'Unsachliche' Freundlichkeiten, Verbindlichkeiten und Plaudereien etwa sind ja auch – oder vielleicht gerade – im universitären, anonym-sachlichen Alltag unentbehrlich.

Neben diesen aber dienen Vorschriften, Rituale, Konventionen und Höflich-
keitsformen dazu, den Umgang miteinander unbekannter oder unvertrauter Personen zu vereinfachen. Sie sichern den sozialen Frieden und schaffen überhaupt die
notwendigen Voraussetzungen zur sachbezogenen Kooperation. Etwa, indem sie
das erforderliche Maß an Übersichtlichkeit im komplexen System der Institution
herstellen: Nicht alles, was geschieht, bleibt unwägbar, sondern die Ereignisse und
Abläufe sind in gewisser Weise regelhaft und kalkulierbar. Nicht nur in typischen
Situationen, die gewöhnlich auch formell geregelt werden, sondern *grundsätzlich*
erleichtern Konventionen damit die Orientierung der einzelnen. Ohne diese Rahmen wäre es äußerst schwierig, den universitären Alltag so zu organisieren und zu
gestalten, daß man tatsächlich zur Sache kommen kann.

Konventionen betreffen Umgangsweisen, das heißt zum einen den Umgang
mit sich selbst. Sie betreffen den Umgang zwischen den unterschiedlichen Statusgruppen an der Universität, also in der Hierarchie höher und niedriger Gestellter,
und sie betreffen den Umgang *innerhalb* der Gruppen, denen man angehört. Sie
betreffen bestimmte Situationen, Aufgaben und Anliegen. Und damit beziehen sie
sich selbstverständlich auf sprachliches Verhalten in allen seinen Dimensionen.
Jeder, der sich neu in einem Fachbereich oder einem Kreis orientieren will, erfragt

und/oder beobachtet die dortigen Gebräuche. Und selbst ein wenig aufmerksamer Beobachter besitzt entsprechendes Konventions-Wissen von den Räumen, in denen er sich bewegt. Es stellt sozusagen ein unabdingbares 'Handwerkszeug' bei der alltäglichen Orientierung dar.

Aus diesem Grunde schreibt auch der Freiherr von Knigge im 18. Jahrhundert in seinem berühmt gewordenen Buch „Über den Umgang mit Menschen": „Man muß die Gemüthsarten der Menschen studieren, insofern man im Umgange mit ihnen auf sie wirken will." Keineswegs wollte er dabei sinnlose Formzwänge festschreiben, wie man ihm heute gern nachsagt. Vielmehr lag ihm daran, Maßstäbe für einen reflektierten zwischenmenschlichen Umgang vorzuschlagen, die den einzelnen achten und ein friedliches – vernünftiges – Miteinander ermöglichen könnten. In seinem Sinne allgemeine Höflichkeitsregeln, die man beim Gemüsehändler und beim Finanzamt, in der Freizeit- und Berufswelt gewöhnlich beachtet, gelten selbstverständlich auch an der Universität.

Das bedeutet konkret: Wenn jemandem ein Buch herunterfällt, hebt man es wahrscheinlich auf, bricht aber gewiß nicht in schallendes Gelächter aus. Sprechen zwei miteinander und ein dritter kommt hinzu, der einem der beiden nicht bekannt ist, dann stellt man den neu Hinzugekommenen eventuell vor, grüßt aber mindestens. Gibt es Schwierigkeiten am Kopierer, bietet man – soweit man dazu in der Lage ist – seine Hilfe an, ganz sicher aber, wenn etwa jemand auf der Treppe stürzt, oder wenn Kinderwagen und Rollstühle durch ungeeignete Türkonstruktionen behindert werden. Will man sich an einem Tisch in der Cafeteria hinzusetzen, fragt man, ob der Platz noch frei ist. Man erscheint nicht betrunken zum Vortrag. Im Fahrstuhl rückt man auf, wenn jemand eintritt. Und wenn man in einen Raum kommt, grüßt man, ebenso wie man sich bei Verspätungen entschuldigt, usw.

Aber bitte, so könnte man mit dem streitlustigen Philosophen Schopenhauer einwenden: Ist solche Höflichkeit nicht eine „schwere Aufgabe", weil „sie verlangt, daß wir allen Leuten die größte Achtung bezeugen, während die allermeisten keine verdienen"? Im universitären Alltag scheinen einige diese Haltung in bestimmter Weise interpretiert zu haben. Parolen wie „Sei du selbst!" oder „Ich bin, wie ich bin!" formulieren den Maßstab ihres vermeintlich 'authentischen' Selbstausdrucks. Bitten, man möge Rücksicht nehmen und sich an Gruppeninteressen orientieren, werden als Einschränkung individueller Rechte abgewiesen:

„Kann man hier nicht mal tun und lassen, was man will?" Oder sie werden als indirekte Aufforderung zu Verstellung und Heuchelei verstanden, die die 'Ganzheit' der Persönlichkeit schmälere und einer Verzichtserklärung auf 'autonome' Selbstbestimmung gleichkomme. Manche Sozialwissenschaftler sprechen angesichts solcher Trends auch von einer Gesellschaft 'narzißtischer Persönlichkeiten'. Wobei die Benennung an eine Gestalt aus der griechischen Mythologie erinnert: Den Jüngling Narziß, der auf der Wasseroberfläche eines Teiches eines Tages zum ersten Mal sein Gesicht sah und sich darauf unsterblich in sein eigenes Spiegelbild verliebte.

Ganz gewiß läßt sich sagen, daß die Unverwechselbarkeit und Einzigartigkeit einer Person nicht verloren geht, wenn sie sich – unter anderem in ihrem Kommunikationsverhalten – um Übereinkunft mit anderen bemüht. Das Bemühen des zeitgenössischen Narziß um 'Selbstbewahrung' geht jedoch nicht selten einher mit Gesten der Unverbindlichkeit, die die Verständigung außerordentlich erschweren, wenn nicht unmöglich machen: Wie etwa soll die Kooperation in den Arbeits- und Lernzusammenhängen der Universität gelingen und fruchtbar sein, wenn die Beteiligten die Haltung pflegen: „Damit habe ich nichts zu schaffen"? Und wie soll man miteinander nachdenken, wenn die Gesprächspartner die Äußerungen anderer kaum aufnehmen, weil sie denken: „Das geht mich nichts an"? Oder wie kann man organisatorische ebenso wie sachliche Fragen klären, wenn die Beteiligten zueinander nichts zu sagen haben als: „Das ist dein Problem"?

Im Sinne der Aufgaben, die die Universität und alle ihre Mitglieder in der Gesellschaft haben, ist es nicht *beliebig*, wie sich der institutionelle Umgang gestaltet. Die Universität ist ja im besonderen eine Institution, die Wissenschaft betreibt und organisiert. Und Wissenschaft wiederum ist ihrem Anspruch nach Diskurskultur. Ein differenziertes System von Gesten der Höflichkeit und der Respektbildung ist für sie unverzichtbar. Zum Beispiel, damit kontroverse Argumentationen ausgetragen werden können, damit sich die notwendigen Verständigungsformen etablieren, damit die Kontinuität und der Zusammenhang der Forschung gewährleistet werden kann und damit Kooperation im Einzelfach und zwischen den Fächern ermöglicht wird.

Um dem Anspruch dieser Diskurskultur Rechnung tragen zu können, müssen Kritik und Anerkennung in den Formen des höflichen Respektes auftreten, die sie zu akzeptierbaren Äußerungen machen. Kritik in diesem Sinne wendet sich ja nicht an die 'private' Person des Fachwissenschaftlers, sondern sie bezieht sich auf seine Arbeit, mit der er öffentlich in Erscheinung tritt. Nur diesem Teilaspekt gilt die Kritik. Ob er darüber hinaus einen annehmbaren Charakter hat, gilt gewöhnlich – außer bei groben Verstößen gegen Gesetz und Etikette – als nicht von öffentlichem Interesse. Der Philosoph Hans-Georg Gadamer hat die dem zugrundeliegende Idee so beschrieben:

> Das Gespräch ist ein Vorgang der Verständigung. So gehört es zu jedem echten Gespräch, daß man auf den anderen eingeht, seine Gesichtspunkte wirklich gelten läßt und sich insofern in ihn versetzt, als man ihn zwar nicht als diese Individualität verstehen will, wohl aber das, was er sagt. Was es zu erfassen gilt, ist das sachliche Recht seiner Meinung, damit wir in der Sache miteinander einig werden können. Wir beziehen also seine Meinung nicht auf ihn, sondern auf das eigene Meinen und Vermeinen zurück.

Aus diesem Anspruchsrahmen wissenschaftlicher Diskurskultur ergibt sich, daß auch die *Inhalte* des öffentlich Geschriebenen und Gesagten nicht *allein* in das individuelle Belieben gestellt sind. Wenn Auseinandersetzung als Austausch beabsichtigt ist, wirken populäre Statements wie „Dann siehst du das eben anders", „Das ist halt deine Meinung" oder „Jeder hat da eben seinen Standpunkt" als wenig förderlich. Mindestens, was die Anliegen der Fächer angeht, ist Denken in der Universität keine 'Geschmackssache'. Daß wissenschaftliche Problemlösungen sich ergeben könnten, wenn man nach der Devise „Jedem Tierchen sein Pläsierchen" dem Gesprächsmuster von *Meinung – Gegenmeinung – Beliebigkeit* folgt, kann getrost bezweifelt werden.

Eher schon eine Geschmacksfrage scheint es heute zu sein, welche Anredeformeln man an der Universität bevorzugt. Mehrheitlich wird heute wohl zwischen Lehrenden und Studierenden das 'Sie' und unter Studierenden das 'Du' benutzt. Das war nicht immer so. Noch in den 60er Jahren siezten die Studierenden nicht nur die Professoren, sondern auch einander. Lehrende wurden mit vollem Titel angesprochen – also etwa „Herr Prof. Dr." –, und auch Studierende hatten einen akademischen Kandidatenstatus, indem sie 'cand. med.' oder 'cand. phil.' vor ihren Namen setzten. Darüber hinaus machte sich der Status der Studierenden als Anwärter auf die höheren akademischen Weihen auch in Kleidervorschriften – nicht nur für Prüfungen – bemerkbar. Die Assistenten wiederum waren

tatsächlich oft Kofferträger ihrer Professoren und damit Sinnbilder für jenen Ge-
horsamsgestus, der für die gesamte Studentenschaft verbindlich galt.

Gegen dieses akademische Regelwerk lief die Studentenbewegung Ende der
6oer Jahre Sturm mit ihrer Parole: „Unter den Talaren der Muff von tausend Jahren." Und mit Erfolg. Für eine Weile galt es dann unter 'Fortschrittlichen' geradezu als Muß, daß sich Studierende und Lehrende mindestens durch den Anredege-
stus des 'Du' auf eine Stufe stellten. Unterdessen ist aber das vormals verteufelte
'Sie' zwischen Lehrenden und Studierenden zurückgekehrt und wieder gesell-
schaftsfähig. Zumal es – wie viele meinen – durchaus den realen Statusdistanzen
und den unpersönlichen Beziehungen entspricht. In der Studentenschaft hat sich
das 'Du' jedoch etabliert. Daß vor dreißig Jahren heftige politische Debatten um
die universitären Anredeformen entbrannten, mag heute schon manchen befremdlich erscheinen. Wenn Verhaltensweisen konventionell und also selbstverständlich
geworden sind, werden uns meist nur die Abweichungen von der Regel auffällig.
Doch das Beispiel zeigt: Umgangsformen sind verhandel- und wandelbar. Alte
und neue Etikette lösen einander nicht nur ab, sondern sie können auch *gleichzeitg*
Gültigkeit haben, so wie gegenwärtig die Regeln der herkömmlichen und der re-
formierten Rechtschreibung. Beides aber, Neues wie Altes, ist dem Prüfmecha-
nismus des sozialen Lebens und dem Wandel der Geschichte unterworfen.

So setzte in den 70er-Jahren die Neue Frauenbewegung auch eine andere –
mindestens von der Symbolkraft her bedeutsame – Veränderung des Sprachgebrauchs durch. In der Frage der Anrede wird das Recht der Frauen auf Gleichstellung nun fast allgemein beachtet: Unverheiratete Frauen als 'Fräulein' zu betiteln
– wie es bis vor kurzem üblich war –, gilt nun den meisten als ebenso unpassend
wie die Bezeichnung lediger Männer als 'Herrlein'. Daß allerdings auch Frauen
akademische Würden erwerben und damit ein Recht, mit Titel angesprochen und
angeschrieben zu werden, muß man offensichtlich noch etwas bekannter machen.

Heute wird politische Sprachkritik, die neue konversationelle Konventionen
durchzusetzen wünscht, vor allem mit der umstrittenen Forderung nach 'political
correctness' im öffentlichen Sprachgebrauch laut. Das hat eine Vorgeschichte:
Seit den 70er und 80er-Jahren gingen in der BRD viele Impulse zum sozialen
Wandel von den neuen sozialen Bewegungen aus, der Ökologie- und Friedensbe-
wegung, der Frauen- und der antirassistischen Bewegung. Unter anderem als Er-
gebnis der ausgelösten gesellschaftlichen Diskussionen entwickelte sich ein Trend

zur öffentlichen Sprachkritik, der gerade auch in den Universitäten – in den Geistes- und Sozialwissenschaften am auffälligsten – Beachtung fand.

Der Grundgedanke der Sprachkritik läßt sich so zusammenfassen: Da Sprache, Sprachgebrauch und Sprachregelungen konventionell sind, wiederholen sie gesellschaftliche Macht- und Mißverhältnisse. Sie sind aber, weil Sprache individuell gebraucht wird und dem historischen Wandel unterworfen ist, auch veränderbar. Dieser Überlegung folgend appellierte man an die gesellschaftliche Öffentlichkeit, Aufmerksamkeit für die Ausgrenzung z.B. von Frauen oder ethnischen Minderheiten im sprachlichen Bereich zu entwickeln. Das heißt, man argumentierte dafür, das in der demokratischen Gesellschaft verbürgte Grundrecht auf Gleichheit und auf Unantastbarkeit der Menschenwürde jedes einzelnen auch in der Sprachpraxis anzuerkennen. Kurz: Man stellte die allgemeine Gewohnheit diskriminierenden und ausgrenzenden Sprachgebrauchs in Frage.

Mit manchem Erfolg: Man spricht – mindestens in der akademischen Welt – gewöhnlich nicht mehr von 'Negern', sondern von Schwarzen. Statt abfällig von 'Zigeunern', spricht man von Sinti und Roma. Und Frauen müssen sich bei öffentlichen Redeanlässen nicht mehr durch die Anrede „Liebe Kollegen" ausgeschlossen sehen. Man wählt die Doppelform: „Liebe Kolleginnen und Kollegen". Eine sensiblere Wortwahl ist zudem bezüglich der deutschen nationalsozialistischen Vergangenheit üblich geworden. Kaum jemand wird vom Holocaust noch ohne Signale der Distanzierung als 'Endlösung' sprechen, der nicht auch antidemokratische Gesinnungen hegt.

Freilich: Der Erfolg der Sprachkritik scheint, wie das neuere Auftreten mit der Zauberformel der 'political correctness' vermuten läßt, nicht zu genügen. Unter diesem Titel lassen sich nun verschiedene Momente einer nicht nur universitären 'neuen Etikette' versammeln. Wobei der aus dem Amerikanischen übernommene Begriff nicht allein reihenweise die schwerfälligen deutschen Zungen stolpern läßt: Seine Etablierung markiert auch eine vielleicht unscheinbare, aber markante Veränderung im Umgang mit der Frage der Sprachverwendung, indem nicht mehr Sensibilität, sondern 'Korrektheit' im Sprachgebrauch eingefordert wird. Wenig erstaunlich also, daß viele Sprecher – selbständig denkend und mit jeweils individuellem Sprachgefühl ausgestattet – mit Unmut reagieren. Mancher Kritiker sieht in der Forderung schon die Waffe eines neuen politischen 'Tugendterrors'.

Was ist das Problem? Gewöhnlich nicht die angesprochenen politischen Selbstverständlichkeiten: Daß man die Diskriminierung und Benachteilung von Frauen, Behinderten, ethnischen Minderheiten, Menschen anderer Nationalität und Religion etc. ablehnt. Von der Kritik zurückgewiesen werden zwei Ansprüche, die man in der Forderung nach 'political correctness' mitliest: Erstens der Anspruch, man möge die Verantwortung für den individuellen Sprachgebrauch an beliebige andere delegieren, die die Rolle des Zensors beanspruchen. Und zweitens der, daß jeder jederzeit seinen Sprachgebrauch als Bekenntnis zu den entsprechenden politischen Einstellungen zu gestalten habe. Ob diese Aufregung der Sache gemäß ist? Im Grunde kann kein Mensch umhin, durch seinen Sprachgebrauch auch in seinen Einstellungen erkennbar zu werden. Und die Verantwortung für sein Sprechen und Schreiben kann wohl auch niemand an andere delegieren.

Vielleicht ist es sinnvoll, im Wortschatz auch Begriffe wie z.B. 'Mohrenkopf' und 'Negerkuß' mit roten Fähnchen zu markieren. Und vielleicht lassen sich wünschenswerte Denkanstöße vermitteln mit der Forderung, daß nicht nur in Deutschland ansässige Dänen und Schweden, sondern ebenso Türken und Kurden als 'ausländische Mitbürger' anzusehen sind. Ob sprachbezogene Korrektheit allerdings nicht ebensogut gesellschaftliche Mißverhältnisse – also etwa Fremdenfeindlichkeit – verschleiern helfen könnte, wie sie zur Veränderung anstoßen mag, bleibt darüber hinaus zu bedenken. Auch das wäre im Sinne einer Ethik des Sprachgebrauchs einzubeziehen.

Als Einwände gegen eine *allein* auf 'Korrektheit' bezogene Diskussion der Sprachpraxen sind zwei zu nennen, die hier am Beispiel der geforderten Umverwandlung der Sprache im Sinne der Gleichstellung der Geschlechter konkretisiert werden sollen: Nimmt man an, daß das Deutsche im Sinne seiner KritikerInnen noch als eine 'Männersprache' zu bezeichnen ist, bleibt die Frage, ob sich die Spuren nicht nur der Geschichte, sondern auch der Gegenwart weiblicher Ungleichstellung herauszwingen lassen. Auf jeden Fall müssen Alternativen, um sich einbürgern zu können, auch dem, was sie ersetzen sollen, gleichziehen können in Hinsicht auf Aussagekraft und Handhabbarkeit. Und sie dürfen wohl auch dem ästhetischen Sprachempfinden nicht zu sehr widerstreben.

So wird beispielsweise die vielfach verlangte Nennung beider Geschlechter – etwa in Schrifttexten durch Konstruktionen mit großem I wie StudentInnen; KünstlerInnen; KollegInnen – nicht jeder und jedem gefallen. Andere Vorschläge wie die Paarformeln – Sprecherinnen und Sprecher oder Rednerinnen und Redner – erweisen sich mindestens als raumgreifend und unpraktisch, ohne daß sie ein bedeutsames Mehr an Informationen zu einem Text beisteuern müssen. Manchmal kann ihre Anwendung durch einen längeren Text hindurch eher unnötige Unübersichtlichkeit produzieren. Wir haben sie darum in diesem Buch nur im Auftakt verwendet. Dann benutzen wir, so es möglich ist, beispielsweise neutrale Formen wie 'die Studierenden'. Die Bezeichnungen 'die Sprechenden' oder 'die Redenden' bieten allerdings – so meinen wir – für das verallgemeinernde, abstrahierende 'Sprecher' und 'Redner' keinen geeigneten Ersatz.

Überhaupt nicht berücksichtigen wir die häufig im Sinne sprachpolitischer Korrektheit geäußerte Forderung, man solle das verallgemeinernde neutrale 'man' ersetzen. Die Doppelung 'man/frau' ist zwar populär geworden, aber wir können sie weder als schön noch als praktisch empfinden. Echte Alternativen stellen auch weder die Doppelung 'eine/einer' noch gar die permanente Leseranrede mit 'Sie' dar, die uns außerhalb der Übungen und einiger anderer Passagen des Textes unangebracht erscheint. Wir denken jedoch, daß die Geschlechtszugehörigkeit dort, wo sie von Bedeutung ist, ausreichend ausgewiesen wird. Zum Beispiel im weiteren.

4.2   Die Sprachen der Geschlechter

Von Redeunfähigkeit auf seiten der Frauen sprechen ernsthaft heute wohl nur noch ihre passionierten Verächter. Der Neuen Frauenbewegung ist es seit den 70er-Jahren gelungen, die gesellschaftliche Öffentlichkeit unter anderem an einen kritischen Blick auf Frauen behindernde Redeverbote, geschlechtsspezifische Verhaltensregeln und stereotype Vorurteile zu gewöhnen, die etwa in Leid-Sätzen zum Ausdruck kommen wie: „Das Weib schweige in der Gemeinde", „Mädchen, die pfeifen, Hähne, die krähn, denen soll man beizeiten den Hals umdrehn", oder „Frauen sind emotional und unlogisch". Dennoch: Der 'kleine Unterschied' und also auch die Verschiedenheiten in den Kommunikationsformen der Geschlechter sind nach wie vor in der Diskussion.

Etliche sprachwissenschaftliche Untersuchungen gehen heute davon aus, daß sich die gesellschaftlich geprägten Geschlechterrollen in einem je unterschiedlichen Redeverhalten von Frauen und Männern niederschlagen. Nicht besser die einen, nicht schlechter die anderen, nur anders. Und meist nimmt man an, daß der beobachtete Unterschied der Interaktionsstile in Zusammenhang steht mit der gesellschaftlich bedingten 'Arbeitsteilung' der Geschlechter: Männer und Frauen setzen andere Akzente, wann, wo und zu welche Themen sie sprechen, und auch, wie sie sich dann jeweils im Gespräch verhalten. Von besonderer Bedeutung scheinen generell drei Faktoren zu sein: der Öffentlichkeitsgrad der Situation, ihr Formalitätsgrad und das verhandelte Thema. Ein Gespräch über aktuelle politische Ereignisse kann in gemischten Gruppen zur reinen Männerangelegenheit, das über familiäre Probleme und Kinder reine Frauensache werden. Und in beiden Fällen kann es geschehen, daß das jeweils andere Geschlecht mithilfe verschiedener steuernder Verhaltensweisen ausgeschlossen wird oder auch sich selbst ausschließt.

Manche konstatieren allerdings, daß *generell* das männliche Gesprächsverhalten durchsetzungsfähiger sei als das weibliche und somit Männer Frauen grundsätzlich dominieren. Man argumentiert, daß Männer im Gegensatz zu Frauen öfter das Wort ergreifen, längere Beiträge geben, die Redebeiträge von Frauen öfter unterbrechen und die Themenbehandlung kontrollieren würden. Frauen dagegen hätten kürzere Wortbeiträge, würden seltener unterbrechen, müßten um ihr Rederecht kämpfen und seien vorwiegend damit befaßt, das Gespräch als gemeinschaftliches Unternehmen allererst herzustellen. Die Sprachwissenschaftlerin Deborah Tannen folgert in diesem Sinne: Der sogenannte 'Genderlekt' – der geschlechtsspezifische 'Dialekt' – weiblicherseits ist ausgerichtet auf eine Sprache der Bindung und Intimität. Er setzt auf Verstehen, Gemeinschaft und Konsens und sucht damit unterschiedliche Auffassungen oder Konfrontationen im Gespräch zu vermeiden. Die männliche Sprechhaltung dagegen gibt sich ergebnisorientiert, positionsbewußt, konkurrenzbereit und durchsetzungsstark. Somit wäre behauptet, daß die männliche Sprechhaltung konfrontativ das *Was* – die Inhaltsseite – des Gesprächs verfolgt, während Frauen sich kooperativ um das *Wie* – die Beziehungsebene – des Gesprächs bemühen würden. So einfach ist es wahrscheinlich nicht.

Die Sprachwissenschaftlerin Helga Kotthoff und andere machen plausibel, daß für Frauen keineswegs in jeder Situation gleichermaßen Unterlegenheit produziert wird. Kotthoff hat – und das ist hier von Interesse – unter anderem Gespräche an Universitäten untersucht. Sie stellt fest: Zum einen spielt im Rahmen der Universität der Status der Gesprächsbeteiligten eine herausragende Rolle: Dozentin und Dozent erhalten generell mehr Rederechte als Studentin und Student. Sie müssen aber ihren Status nicht zu dominantem Verhalten nutzen, ebenso wie das Gegenüber dem entgegensteuern kann. Gewöhnlich wird die konkrete Gesprächsbeziehung situativ ausgehandelt. Das heißt: Der geschlechts- oder statusspezifischen 'Vorsehung' läßt sich entgegenwirken.

Grundsätzlich läßt sich auch die Qualität von Redeverhalten oder die Funktion einzelner Beiträge ohne genaue Kenntnis der situativen Bedingungen gar nicht bestimmen. Insofern ist das Phänomen der Unterbrechung von Äußerungen anderer nicht prinzipiell geeignet, um über Dominanz und Unterlegenheit in einer Gesprächsbeziehung Auskunft zu geben. Im süddeutschen Raum wird beispielsweise ein lebhafter Gesprächsstil häufig als sehr kooperativ erfahren, in dem die Zuhörer ihr Interesse durch Fragen, Kommentare oder Einwürfe wie „Sag nur!", „Ah ja, verstanden!" zum Ausdruck bringen. Nicht jeder friesische Tourist auf Moselfahrt muß ihn aber in dieser Weise auffassen. Er mag sich behindert fühlen. Das bedeutet: Die Kategorie des Geschlechts, so sehr sie die Situation und ihre Wahrnehmung bestimmen mag, reicht keinesfalls immer aus, um kommunikatives Verhalten adäquat zu verstehen und zu erklären.

Darüber hinaus ist zu unterscheiden, welche Funktion Unterbrechungen haben. Ob sie z.B. Einverständnis oder Widerspruch bedeuten, ob sie sich auf thematische Wechsel beziehen, die das Gegenüber nicht mitträgt, usw. Die Frage ist also nicht zuletzt, inwieweit jeweils um die Beeinflussung des Gesprächsverlaufs konkurriert wird. Diesbezüglich scheint ein offensiverer – offensichtlicher – Stil der Selbstdarstellung bei Männern gebräuchlicher sein. Er läßt sich mit dem bekannten Rollenkonzept 'Männlichkeit' gewöhnlich leichter vereinbaren als mit dem der 'Weiblichkeit'. Unter diesem Aspekt kann sich weibliche Sozialisation gerade in öffentlichen – universitären – Situationen somit als Handicap erweisen. Gegenüber eher monologisierenden Rednern (und Rednerinnen) in universitären Diskussionen können auf Herstellung eines du-bezogenen 'Raumklimas' konzentrierte Frauen (und Männer) Gefahr laufen, zu unterliegen: Dann nämlich, wenn sie ihre möglicherweise gleiche Redezeit mehr auf deren Einbezug in das Gespräch verwenden als auf die Profilierung durch eigene, am Gesprächsziel und -thema orientierte Beiträge.

Noch immer schlägt sich auch bei vielen Frauen die alte Formel der Weiblichkeitserziehung im Redeverhalten nieder: „Bescheidenheit ist eine Zier.“ Sie schwächen ihre Beiträge zur Sache unangebracht ab. Etwa mit den Eingangsformeln „Ich glaube ...“, „Ich meine, daß ...“, mit relativierenden Wendungen wie „eigentlich“, „vermutlich“, „anscheinend“ oder mit Konjunktiven wie „Man könnte sagen, daß ...“ Wenn eine Rednerin jedoch ihre Sache versteht und entsprechende Argumente vorzutragen hat, sollte sie sich nicht scheuen, das erkennbar zu machen. Und wo ihr Redeziel im Grunde in einer Feststellung besteht, warum sollte sie diese in Frageform abschwächen? Formeln wie „Könnte es nicht sein, daß ...?“ oder Frageanhängsel wie „nicht wahr?“, „oder nicht?“ können unter Umständen sogar deplaziert wirken, wenn klare Aussagen vonnöten sind. Daß sie das Publikum für den bescheidenen Charme der Rednerin einnehmen, mag sein. In wissenschaftlichen Gesprächen wird aber vor allem interessieren, inwieweit Beiträge klar, sachlich und der Lösung anstehender Sachfragen zuträglich sind.

Die zudem zu beobachtende Scheu von Frauen, in formell stark geregelten Situationen der universitären Öffentlichkeit – z.B. universitären Gremien – mitzusprechen, mag damit zusammenhängen, daß dort ganz besonders die offensive Darstellung eigener Standpunkte verlangt ist. Und weiter, daß viele Frauen bis heute ihr kommunikatives Handlungsfeld eher in informellen Gesprächssituationen sehen, da dort die Vorliebe für einen 'privateren Stil' mehr zur Geltung kommen kann. Vielleicht auch immer noch mit dem Vorurteil, daß das Politische ein 'Männergeschäft' sei. Ganz sicher aber mit dem Faktum, daß sie dann gewöhnlich auf Männermehrheiten treffen, die sich dort vielleicht nicht 'zuhause', aber doch am Platze fühlen.

Im Grunde eignen sich aber gerade formell geregelte Gesprächssituationen, um in der Öffentlichkeit zur Rede zu kommen, da z.B. durch Redelisten und Geschäftsordnungen die Mitsprache bei der Verteilung von Redezeit oder durch Tagesordnungen die sachbezogen-argumentative Vorbereitung erleichtert wird. Und schließlich ist es nicht zuletzt auch der hochschulpolitische Raum, in dem durchzusetzen wäre, daß Frauen – ob als Studentinnen, Assistentinnen oder Professorinnen – in *allen* Fächern keine Minderheit mehr darstellen.

4.3 Sprechangst und Unsicherheit

Was man gemeinhin Gefühle der Unsicherheit oder Sicherheit nennt, kann sich auf sehr Verschiedenes beziehen. Erstens auf die Ungewißheit des Ablaufs von Situationen in der Vorausschau: Über zukünftige Ereignisse läßt sich nur mutmaßen. Man kann mehr oder weniger plausible Wahrscheinlichkeitsannahmen haben, aber keine 'garantierte' Gewißheit. Zweitens auf den Grad der Vertrautheit und die Routine des Handelns einer Person in bestimmten Situationen: Wer noch nie im Leben auf Schlittschuhen gestanden hat, ist naturgemäß beim ersten Lauf unsicher auf den Beinen. Und drittens können Aussagen über Sicherheits- und Unsicherheitsgefühle auch als allgemeine oder situationsbezogene Beschreibung zur Gemütsverfassung einer Person verwendet werden. „Ich bin sicher" kann dann heißen: „Ich habe Selbstvertrauen, Selbstgewißheit", und „Ich bin unsicher": „Ich habe keine Sicherheit über mich selbst" oder „Ich vertraue mir selbst nicht."

Soweit sich Unsicherheitsgefühle auf mangelnde Routine und Gewohnheit beziehen, kann man davon ausgehen, daß das Gefühl von Sicherheit sich möglicherweise schon einstellt, wenn man andere, Erfahrenere befragt oder sich anders informiert: Wer in etwa weiß, wie eine Prüfung üblicherweise verläuft, muß sich nicht mit unnötigen Phantasien plagen. Er kann sein Handlungsfeld einschätzen. Selbstvertrauen läßt sich auch durch Übung fördern. Was bedeutet, daß die Antwort auf Sprechunsicherheiten und -ängste damit zuerst einmal hieße: reden, reden, reden … Wir haben in diesem Buch eine Vielzahl Vorschläge in dieser Richtung gemacht. Die durch Übung zu gewinnende Einschätzung, man könne Situationen zur eigenen Zufriedenheit bewältigen, ändert zwar nichts an der Tatsache, daß Zukünftiges in gewissem Sinne stets unwägbar bleibt. Aber die Erfahrung zeigt, daß realistische Zuversicht in der Regel eine große Stütze ist, wenn man Neues oder Schwieriges angeht. Und eine solche Zuversicht erwächst vor allem daraus, daß man seine Erfahrungen mit den eigenen Fähigkeiten ernstnimmt. Nicht, indem man sich nun in Umkehrung seiner Verunsicherung nach dem Motto „Ich bin der/die Größte!" Behauptungen von der eigenen Vollkommenheit einzureden versucht, sondern indem man ein *realistisches* Bild – im individuell-menschlichen Maß – aufstellt. Wer im Übermut seine Grenzen *ignoriert*, riskiert ja – wie z.B. Sportlerinnen und Sportler bestens wissen – auch unnötige Verletzungen.

Die Einsicht, daß Sicherheits- und Unsicherheitsgefühle nicht zuletzt durch Erfahrungen und Vorstellungen entstehen, beziehen allerdings viele Menschen *nicht* oder nur *einseitig* auf ihr Bild von sich selbst und anderen Menschen. Was man als Sprechangst bezeichnet, hat oft in sozialen Ängsten seinen Ursprung, auch wenn man diese mit konkreten Körpererfahrungen in Verbindung bringt: der leisen oder zitternden Stimme, der körperlichen Anspannung, den Hitzeanflügen, dem Lispeln, Stottern, Herzklopfen, Erröten oder der Schwierigkeit, überhaupt einen klaren Gedanken zufassen. Und die Hartnäckigkeit, mit der sich Sprechängste und -unsicherheiten 'erhalten', hat nicht selten damit zu tun, wie jemand seine Erfahrungen deutet.

Soziale Ängste entstehen natürlich nicht ohne Grund. Der Angst vor Abwertung oder Herabsetzung durch konkrete Personen können beispielsweise unangenehme Erfahrungen zugrundeliegen. Vielleicht mußte man sich wehren oder massiv behaupten, man war verärgert und fühlte sich den Übergriffen des anderen nicht gewachsen. Wer kränkende oder verletzende Erfahrungen mit anderen gemacht hat, kann verständlicherweise davor zurückschrecken, sie wieder zu erleben. Manchmal aber verselbständigen sich Ängste und beeinflussen die Lebenshaltung insgesamt. Man gewöhnt sich daran, Erlebtes ebenso wie Zukünftiges *grundsätzlich* nach dem Muster der Angsterfahrung zu beurteilen. Schließlich sieht man sich immer wieder neu darin bestätigt, daß man Anlaß hatte, sich zu ängstigen. Zweierlei Glaubenssätze stehen dann oft im Mittelpunkt: „So war es immer" und „So bin ich". Damit verbunden werden häufig Regelannahmen darüber, wie man selbst als Person 'funktioniere', wie Situationen 'eben immer ablaufen', oder wie 'die anderen nun mal sind'. Es gerät quasi in Vergessenheit, daß Menschen sich verändern können und es sogar ohne ihr Wollen ständig tun. Und ebenso, daß die Erfahrungen, die man mit sich und anderen macht, im Grunde sehr unterschiedlich und nicht alle 'über einen Kamm zu scheren' sind. So ist das eben mit den Gefühlen? Ja, aber so *muß* es nicht unbedingt bleiben.

Gewöhnlich beziehen sich die Annahmen und Vorstellungen, die jemanden im Sprechen verunsichern oder daran hindern, nicht auf Naturgesetze, denen man schwerlich entrinnen könnte. Von daher ist auch in aller Regel wenigstens der

Versuch möglich, seine entmutigenden Vorstellungen von der eigenen Unsicherheit in einer Situation oder von deren vermutlich beängstigendem Ablauf zu entkräften. Selbst der Umgang mit Unsicherheitsgefühlen, die auf einem zaghaften Selbstbewußtsein gründen, läßt sich teilweise einüben. Auf manches, was man Persönlichkeit nennt, kann man Einfluß nehmen. Aber wie? Die einfache Beschlußfassung: „Ich will keine Angst haben" genügt erfahrungsgemäß nicht. Dennoch: Man kann auch störrische Gefühle daran hindern, sich so raumergreifend und absolut zu gebärden, wie sie es manchmal tun. Allerdings braucht es dazu Geduld. Jeder Mensch hat Gründe gehabt, in seinem Leben *den* Umgang mit den diversen Gefühlen zu erlernen und zu praktizieren, der nun seine Gewohnheiten prägt. Gefühle sind wie ein Ast, auf dem man sitzt, man kann sie nicht einfach absägen. Aber man kann mitbestimmen, welche Bedeutung und Gestalt sie in den individuellen Lebenshaltungen und -gewohnheiten erhalten sollen.

Ganz gewiß *nicht* hilfreich ist es darum, wenn man sich seine Sprechunsicherheiten oder -ängste verübelt und sich mit Selbstentwertungen peinigt. Gefühle wie Angst und Unsicherheit gehören zu den menschlichen Wesenszügen. Menschen sind keine Sachen und darum nicht immer sachlich. Niemand kann völlig angstfrei leben. Und ist es erstrebenswert, immer 'cool' zu sein? Angst kann vor Gefahren warnen und zur Vorsicht veranlassen, was sehr notwendig sein kann: Somit kann sie helfen, sich oder auch andere vor körperlichen, sozialen oder seelischen Verletzungen zu schützen. Angstgefühle werden allerdings dann zur Behinderung im Umgang mit sich selbst und anderen, wenn sie den Blick auf die Realität versperren. Beispielsweise, wenn jemand in unpassenden Situationen glaubt: „Ich bin nur von Feinden umgeben" oder „Ich bin ausgeliefert, Schreckliches zu erleiden." Oder eben, wenn sie jemanden hindern zu sprechen, wo er sprechen möchte, wozu er grundsätzlich in der Lage wäre und es ohne Gefahr tun könnte. Diese Person mag es für gewiß halten, daß sie selbst sich nicht nur als Opfer *fühle*, sondern tatsächlich auch hilflos und ohne Möglichkeit sei, die Situation mitzubestimmen. Warum sie erstarrt oder 'Haken schlägt' wie ein Hase auf der Flucht. Nur selten ist wohl im universitären Alltag eine solche Einschätzung angemessen. Und insofern kann es sehr sinnvoll sein, wenn man versucht, die in dieser Weise 'blinden' Gefühle sehen zu lehren.

Manchmal haben Angstgefühle offensichtlich sogar eine gewisse Anziehungskraft: Manche meinen zum Beispiel, wenn sie ihnen folgend stillhalten und dort, wo sie sind, nicht mitsprechen, könnten sie sich davor schützen, etwas 'Falsches' zu tun, oder, sie seien so nicht verantwortlich für das, was geschieht. Das kann natürlich eine passende Einschätzung sein. Doch es macht durchaus einen Unterschied, ob jemand sich in einer heiklen Situation aus *bewußter* Vorsicht 'heraushält', oder ob er die Möglichkeit, sich zu entscheiden, gar nicht in Erwägung zieht. Die pauschalisierende Beurteilung zwischenmenschlicher Beziehungen im Sinne von „Wer stillhält, wird nicht getreten" oder „Wer nichts macht, macht auch nichts verkehrt" läßt sich mit Gewißheit als irreführend bezeichnen. Auch wenn man Angstgefühle hat, ist man als Erwachsener nicht der Verantwortung enthoben, dort einzugreifen, wo anderen Unrecht – z.B. üble Nachrede – geschieht. Und sicherlich ist es – nicht zuletzt an der Universität – wohl nur selten angebracht, sich 'kleiner' zu machen, als man ist.

Überdies sind Angst- und Unsicherheitsgefühle für manche auch eine Energie-Resource, die sie positiv nutzen. Das erklären besonders Menschen, die viel vor Publikum zu arbeiten haben. Zahlreiche Schauspieler beispielsweise bezeichnen ihre Nervosität und Unsicherheit vor dem Bühnenauftritt nicht einmal als – möglicherweise hinderliche – Angst, sondern als unentbehrliches Lampenfieber, das selbstverständlich zum Berufsalltag gehört. 'Lampenfieber' beschreibt dann einen besonderen Grad an Wachheit, Anspannung und Intensität der Wahrnehmung. Manche gehen sogar soweit zu behaupten, daß sie ohne Lampenfieber gar nicht die nötige Sensibilität besäßen, auf Unvorhergesehenes spontan und gelungen zu reagieren.

Diese Haltung könnte man als konstruktives Umgehen mit Angst und Unsicherheit bezeichnen. Die Angstgefühle werden nicht geleugnet, sondern ihnen wird die nötige Aufmerksamkeit geschenkt: Ängste wollen ernstgenommen werden. Aber man muß ihnen nicht in allem folgen. Sie lassen sich so wenden, daß sie nicht mehr *allein* und behindernd das Handeln einer Person bestimmen. Das heißt, man lenkt ihren Einfluß und nutzt die Kraft seiner Gefühle im Sinne der eigenen Wünsche und Aufgaben. Den meisten Menschen ist diese Möglichkeit im Umgang mit sich selbst eigentlich aus dem Alltag vertraut, selbst wenn sie dieses 'Können' manchmal vergessen. Wie man aber hören kann, verspüren auch manche gestandenen Professorinnen und Professoren vor Vorträgen oder zu Semesterbeginn noch Aufregung oder träumen unruhig. Und selbstverständlich gibt es auch solche, die einmal gestottert haben oder die vor lauter Prüfungsangst noch im Examen kaum sprechen konnten, aber heute stets überfüllte, großartige Vorlesungen abhalten.

Einige Menschen leiden allerdings nicht allein unter Unsicherheits- und Angstgefühlen, kurz bevor und während sie in bestimmten Situationen sprechen, sondern schon die Befürchtung, sie könnten auftreten – die 'Angst vor der Angst', – hindert sie, sich in diese Situationen zu begeben und sie nach ihrer Vorstellung zu gestalten. Sie meiden all' jene Räume und Gelegenheiten, in denen sie Unsicherheitsgefühle erleben könnten. Zum Beispiel, indem sie sich nicht zu Prüfungen anmelden, obgleich sie sie absolvieren möchten. Oder indem sie nie ein Referat halten und nie in Seminardiskussionen mitsprechen, obgleich sie viele ihrer Gedanken gern mitteilen würden. Ganz gewiß ist es dann empfehlenswert, wenn man versucht, dennoch mit kleinen Schritten den von der Angst so stark eingegrenzten Handlungsspielraum wieder zu erweitern. Nur durch Versuche in dieser Richtung ermöglicht man sich ja die Erfahrung, bisher gemiedene Situationen zu meistern.

Heikel kann es allerdings im Zusammenhang mit Angst- und Unsicherheitsgefühlen sein, wenn man sich zwar in die Unsicherheit veranlassende Situation hineinbegibt, aber dabei der Überzeugung anhängt, daß man 'scheitern' werde. Manche Menschen glauben, daß es sie vor Enttäuschungen schützen könne, 'immer mit dem Schlimmsten zu rechnen.' Ob es Sinn machen kann, sich selbst so der Kraft realistischer Zuversicht zu berauben? Man sollte bedenken, ob man nicht durch eine solche Haltung dazu beiträgt, daß sich die Prophezeiung erst erfüllt. Manchmal ist es ja so: Ein Student ängstigt sich bereits im Voraus, beim Vortrag eines bevorstehenden Referates den roten Faden zu verlieren. Diese Angst verwandelt sich, je näher die Situation kommt, in die feste Überzeugung, daß es so und nicht anders kommen muß: „Sicher werde ich den Faden verlieren!" Die *Möglichkeit*, so – wie er es sieht – zu 'versagen' wird dem Studenten zur unabwendbaren absoluten *Gewißheit*. Diese Erwartungshaltung wird dann – wie könnte es anders sein? – in der Situation des Referatvortrags bestätigt: Er verliert den roten Faden, denn er war auf die Erwartung dieses Ereignisses und nicht auf seinen Vortrag konzentriert.

Daß er sich zudem keinen Gefallen getan hat, es als katastrophales 'Versagen' zu beurteilen, wenn er – wie es tatsächlich auch professionellen Rednern noch oft geschieht – einmal den roten Faden verlieren sollte, versteht sich. In dieser Weise, so kann man sagen, hat er sich zusätzlich durch perfektionistische Ansprüche an sich selbst behindert, denen er 'auf Gedeih und Verderb' meinte entsprechen zu müssen. Wünsche wie etwa der, ein 'perfekter', glanzvoller Redner zu sein, in einer Diskussion von allen bewundert im Mittelpunkt zu stehen oder ein 'Stardiplom' zu absolvieren, sind gewiß verständlich. Ungünstig wirken sie nur, wenn man keine der im menschlichen Maß eben 'relativen' Leistungen, die man vollbringt, anerkennen mag, weil sie dem Ideal nicht vollständig entsprechen, sondern sie als 'Versagen' oder 'Niederlage' nimmt. Die Angst, auch in der nächsten Situation zu 'versagen', erhält dann neue Nahrung sogar dort, wo man seine Erfolge als ermutigend erfahren könnte.

Es wäre wohl um vieles zuträglicher für das Lebensgefühl der einzelnen und auch das gemeinsame Tun an der Universität, wenn man sich mehr an das menschliche Maß erinnerte. Mit ein wenig Selbstdistanz und Humor ist es ja in vielen Fällen durchaus möglich, sich mit der Unvollkommenheit der eigenen und anderer Personen anzufreunden. Daß es in gewisser Weise immer bedeutet, sich lernend zu verändern, wenn man sich in der Kunst der Rede zu schulen wünscht, haben wir in diesem Buch zu erklären versucht. Freilich: In allen Situationen der Rede nie mehr Unsicherheiten und Ängste zu empfinden, das läge außerhalb des Menschenmöglichen. Vielleicht bieten Ihnen die folgenden Übungen aber eine Hilfe zum Umgang damit.

➢ *ÜBUNG*
   SELBSTGESPRÄCH

Führen Sie im Sinne der folgenden Schritte einen Dialog mit sich selbst. Versuchen Sie, die Gedanken ernstzunehmen, die Ihre Unsicherheit oder Angst bestimmen. Schauen Sie sie kritisch, aber nicht verurteilend an. Bedenken Sie, daß alle Gefühle, nicht nur Angst, einen körperlichen Ausdruck haben. Nur, weil sich Ihre Angst merklich körperlich ausdrückt, bedeutet dies aber nicht, Sie könnten nichts verändern. Gedanken, Gefühle und körperlicher Ausdruck hängen miteinander zusammen und beeinflussen einander.

1. Beschreiben Sie nach dem folgenden Muster den Kernsatz Ihrer Angst. Vielleicht denken Sie an eine konkrete Situation, die Ihnen bevorsteht:

    Ich werde *rot werden* und alle werden es *lächerlich* finden.

Setzen Sie statt der kursiv gedruckten Worte die passenden Worte für Ihre Angst ein, zum Beispiel: Ich werde *lispeln*. Alle werden es *kindisch* finden. Usw.

2. Setzen Sie das Wort *vielleicht* ein:

   Ich werde vielleicht ... und vielleicht werden es alle ... finden.

3. Entwickeln Sie aus diesem Satz die mitgesagten alternativen Möglichkeiten:

   Wenn es nur vielleicht alle ... (z.B. *lächerlich*) finden, dann könnten es auch einige anders finden.

   Einige werden es vielleicht gar nicht bemerken.

   Einigen wird es vielleicht gleichgültig sein.

   Einige werden es vielleicht *charmant* finden (Hier können Sie natürlich auch eine andere positive Bewertung einsetzen).

4. Denken sie nun über Ihre Prophezeiung und Ihre Folgerungen daraus nach:

   Ich habe behauptet, daß ich ... (z.B. *rot werde*), wenn ich in einer solchen Situation bin.

   Ich habe behauptet, daß alle Menschen es ... (z.B. *lächerlich*) finden werden. (Was macht Sie da so sicher?)

   Weil es immer so war. (War es immer so? Muß etwas in Zukunft so sein, wie es in der Vergangenheit war?)

   Weil ich so bin. (Sind Sie unveränderlich?)

   Weil Menschen so sind. (Wer sind diese Menschen? Sind sie alle gleich? Sind sie unveränderlich? Kennen Sie die Menschen, über die Sie Ihre Prophezeiung gemacht haben, so gut?)

5. Welche Vorstellungen verbinden Sie mit den folgenden Was-Wäre-Wenn-Gedanken?

   Ich werde ... (z.B. *rot werden*). Niemand wird mich ... (z.B. *lächerlich*) finden.

   Ich werde nicht ... Niemand wird mich ... finden.

   Ich werde ... Eine andere Person aus der Gruppe wird auch ... Dann werden wir uns zuzwinkern. Usw.

6. Erweitern Sie das Gedankenfeld. Bisher dachten Sie nur: „Ich fürchte mich, ... (z.B. *rot zu werden*), weil ich mich davor fürchte, daß andere es ... (z.B. *lächerlich*) finden könnten." Aber: Wie würden andere Sie denn beurteilen, wenn sie nicht ... (z.B. *rot werden*) würden? Es ist anzunehmen, daß Sie selbst *nicht* finden, daß Sie eine ... (z.B. *lächerliche*) Person sind: Wie bedeutsam ist das Urteil der anderen Menschen in dieser Situation dafür, was

Sie tun möchten und wie Sie über sich selbst denken? Wie - stellen Sie sich vor - werden Sie dieses Urteil erfahren? Etwa:

Man wird sagen: „Sie sind ... (z.B. *lächerlich*) weil Sie ... (z.B. *rot werden*)." (Wie reagieren Sie oder wie möchten Sie reagieren?)

Ich werde es auf den Gesichtern lesen, daß man es denkt. (Können Sie diese Gedanken lesen oder *wollen* Sie sie lesen? Wie unterscheiden Sie in diesem Fall Können und Wollen? Und was werden Sie tun/sagen, um herauszufinden, was die anderen *wirklich* denken? Wollen Sie es überhaupt so genau wissen? Welchen Einfluß könnten Sie auf das Verhalten gegenüber Ihrer Person und Ihre eigene Interpretation der Meinungen anderer nehmen: Was könnten Sie tun oder sagen?)

7. Erinnern Sie Ihre Wünsche. Viele Menschen denken, wenn sie Unsicherheit oder Angst empfinden: „Ich habe nichts zu verlieren/zu gewinnen." Welche Ihrer Wünsche würden Sie aufgeben, wenn Sie sich von Ihrer Angst behindern ließen zu tun, was sie möchten?   ◄

➢ *ÜBUNG*

ERFREULICHES

Versuchen Sie, sich die folgenden Fragen zu beantworten:

Wann und in welchen Situationen habe ich gern und längere Zeit zusammenhängend gesprochen? In welchen Situationen und mit welchen Personen/welchem Publikum würde es mir Freude machen z.B. einen Vortrag über das Thema ... zu halten bzw. engagiert das Thema ... zu diskutieren? Welchen Satz oder welche Gedanken würde ich furchtbar gern in welchem Kreis einmal laut aussprechen und dann ein Gefühl von Zufriedenheit empfinden? Weshalb könnten sich meine Zuhörer oder Gesprächspartner über meine Rede/meine Äußerungen freuen?   ◄

➢ *ÜBUNG*

ERSTE HILFE

In konkreten Situationen, in denen Sie Unsicherheit oder Angst empfinden und fürchten, daß dieses Gefühl Sie behindert, zu tun, was Sie sich wünschen, können Sie die folgenden Erste-Hilfe-Maßnahmen versuchen:

1. *Bewegung*

    Versuchen Sie, ruhig durchzuatmen und sich nach Ihren Bedürfnissen zu bewegen, bis Sie ruhiger sind.

2. *Gedankenstop*

Versuchen Sie, den Gedankenkreis der Unsicherheit/Angst zu beenden (Ich werde *rot werden* etc.). Zum Beispiel, indem Sie die Hände um den Bauchnabel herum auf den Bauch legen und langsam und konzentriert in den Bauch hineinatmen. Sie versuchen, sich darauf oder auch auf etwas anderes zu konzentrieren (Zählen: 21, 22 … / ein Bild an der Wand/ Ihre Nasenspitze …).

3. *Widerrede I*

Sprechen Sie sich selbst in Gedanken zu. Etwa im Sinne von: „Also, Heinz, nun hör' mal zu. Was soll das denn, daß du dich hier die ganze Zeit entmutigst? Du weißt, daß du Fähigkeiten hast, die dir helfen können, diese Situation zu bewältigen. Zum Beispiel kannst du …" (Zählen Sie Qualitäten auf, die in der Situation bedeutsam sein können).

4. *Widerrede II*

Sprechen Sie direkt mit Ihrem Gefühl, z.B. so: „Hör mal zu, Angst! Nett, daß du mich warnen willst vor dem Ungewissen. Aber du mußt nicht so mit den Flügeln schlagen, das behindert mich. Du weißt doch, daß ich ganz gut auf mich aufpassen kann und ich weiß, was ich tue, okay? Also, beruhige dich! Wenn du mir so in den Ohren liegst, kann ich mich gar nicht konzentrieren …" Oder: „Nett, daß du mir helfen willst, mich zu schützen. Aber hier ist es nicht lebensgefährlich …" usw.

5. *Aussprechen*

Wenn Sie meinen, es ist der Situation angemessen, können Sie auch formulieren, was Sie fühlen, z.B.: „Ich habe im Moment Angst, weil ich denke, daß ich vielleicht …" Und natürlich können Sie z.B. um eine Gesprächspause bitten, um wieder in die Balance, vielleicht zu ruhigerer Atmung und Konzentration zu kommen.

6. *Keine Empfehlung*

Manche Menschen raten Ihnen vielleicht, im Falle von Angst andere herabzusetzen: „Die sind sowieso blöd!" Diese Methode beruhigt vielleicht Ihre Angst für einen Moment, aber nur auf der Grundlage, daß Sie tatsächlich daran glauben können, den anderen überlegen zu sein. Und natürlich beeinflußt dieser Glaube Ihr Verhältnis zu den anderen in der Situation, also Ihre Wirkung. Es ist bestimmt nicht immer in Ihrem Sinne, daß Ihr Gegenüber nun – und nicht ohne Ihr Zutun – den Eindruck hat, Sie würden von oben herab sprechen. Zwischen den Scheinalternativen einer ängstlichen oder einer hochmütigen Haltung liegt noch ein weites Feld von Möglichkeiten. ◄

5   Schlußbemerkungen

Die Rede von der Krise der Universität ist derzeit in- und außerhalb der Hochschulen populär. Da gibt es Rang- und Mängellisten zuhauf, Evaluationen in verschiedensten Varianten, also Kritik, Problembeschreibungen, Lösungsvorschläge, Kritik der Vorschläge und so weiter. Wir haben hier dazu nicht ausdrücklich Stellung genommen und es mag geschehen, daß dem einen oder anderen die Beschreibung von Universität und Wissenschaft, wie wir sie geben, beschönigend erscheinen will. Darum ein abschließendes Wort zur Darstellungsweise.

Dieses Buch hat zum Anliegen, Studierende dabei zu unterstützen, sich aktiv am Universitätsleben zu beteiligen und selbständig ihren wissenschaftlichen Weg zu finden. Es will Orientierung ermöglichen und für die einzelnen gangbare, konstruktive Wege zu einer rhetorischen Praxis *im Bestehenden* erkennbar machen. Alle Wege, auch der zu einer möglicherweise veränderten 'besseren' Universität, beginnen ja im Gegenwärtigen. Und darum ist die Hauptfrage unserer Darstellung immer die: Wo läßt sich im aktuellen Alltag – gedanklich verstehend und praktisch handelnd – sinnvoll anknüpfen?

Wenn wir also beispielsweise den Sinn und die Kommunikationsmuster von Seminarveranstaltungen oder Gremiensitzungen der hochschulischen Selbstverwaltung beschreiben, dann geschieht dies darauf bezogen einseitig und verallgemeinernd. Wir stellen die Grundmuster der *üblichen* Praxis und ihrer Sinngebung dar, an denen sich aus unserer Sicht individuelles Verhalten orientieren kann. Das kritikwürdige Besondere wird darum nicht geleugnet. Natürlich gibt es z.B. Mängel in der Lehrbefähigung einzelner Hochschullehrer, manchmal finden in Gremien mehr groteske Schaukämpfe als demokratisch geführte Debatten statt, und gewiß ist mancherlei weiteres an den Verhältnissen und Strukturen der Universität überholungsbedürftig. Doch ist unseres Erachtens die Klage darüber für die Zwecke dieses Buches von keinerlei Nutzen. Und selbst wenn die Universität vielen als undurchsichtiges Chaos oder gar als Katastrophenszenario erscheint, dem der einzelne ohnmächtig gegenübersteht: Sie muß es für niemanden sein. Das möchten wir vermitteln.

Natürlich sind in dieses Buch etliche Erfahrungen eingegangen, die wir, die Autorinnen, an verschiedenen Universitäten – als Studierende und Lehrende – gemacht haben. Und möglicherweise sind einige Leserinnen und Leser überrascht, welche Anmerkungen zum Verhalten von Studierenden an der Universität uns notwendig erscheinen. „Es ist doch überflüssig zu sagen, daß man sachlich und höflich sein sollte!", mag jemand denken oder auch verärgert ausrufen: „Was denken die denn von uns Studierenden?!" Nun, die gelegentlich von Lehrenden gepflegte Schelte über 'die Studenten von heute' liegt nicht in unserer Absicht. Es geht uns nicht darum, pauschal einer Gruppe 'Schuld' zuzuweisen für unglückliche Situationen und mißratene Kommunikation an der Universität. Im Gegenteil. Wir möchten zeigen, wie Studierende dort zum *Gelingen* von Kommunikation beitragen können.

Gewiß, eine „Praktische Rhetorik für Hochschullehrende" würde *deren* Verhalten mehr Beachtung schenken als dem der Studierenden. Das Unternehmen einer „Praktischen Rhetorik für Studierende" bedeutet allerdings notgedrungen: Man muß auch jenes Verhalten von Studierenden thematisieren, das *nicht* konstruktiv und angemessen im Sinne ihrer eigenen Interessen und gelingender Kommunikation ist. Als gelegentlich weniger schmeichelhafte Darstellung mag das für manche das Bild von der eigenen Gruppe – dem kollektiven 'Wir' der Studierenden – irritieren. Vielleicht ist manche Bemerkung für studentische Leser aber vor allem darum erstaunlich, weil sie z.B. meist nur erleben, wie *sie selbst* sich in Sprechstunden und Prüfungen verhalten. Im Unterschied zu Lehrenden haben sie wenig Gelegenheit, ihre Kommilitonen in diesen Situationen zu beobachten. Und zumindest die Perspektive des Berufsalltags von Lehrenden, aus der heraus diese handeln, ist ihnen gewöhnlich fremd.

Daß unsere Beobachtungen repräsentativ seien für das Verhalten *aller* Studierenden, behaupten wir keineswegs. Wir stellen jedoch fest: Dies und jenes kommt mit einer gewissen Regelmäßigkeit im kommunikativen Alltag der Universität vor. Jeder kann es vorfinden. Absolut ungewöhnliche – lustige, tragische oder auch makabre – Einzelfälle haben wir von vornherein nicht berücksichtigt. Daß aber alle anderen Beobachter – seien sie Studierende oder Lehrende – sich unseren Beurteilungen anschließen, ist nicht zu erwarten. Manche mögen sich auch weit weniger als wir an kommunikativen Mißverhältnissen stören oder gar nicht erst die Meinung teilen, daß Achtsamkeit im Alltag der Verständigung von großem

Belang sei. Wir denken, daß das unsere Überlegungen und Vorschläge keineswegs entkräftet.

Wir haben uns bemüht, Verständnis für die Perspektive unserer studentischen Leserschaft zu gewinnen, ohne die 'andere Seite' der Lehrenden aus den Augen zu verlieren. Der Wunsch, zur Kommunikation *zwischen* den Gruppen in der Universität beizutragen, bedeutet für uns, ein Überschreiten der jeweiligen – parteilichen – Perspektiven zu versuchen, ohne die unterschiedliche Lage auszublenden. Was uns davon gelungen ist, danken wir vor allem der Gesprächsoffenheit und Kritikbereitschaft mancher Studierender, Kolleginnen und Kollegen. Sie haben durch ihre Erzählungen und gemeinsames Nachdenken dazu verholfen, daß Einsichten und Erfahrungen sehr verschiedener Menschen einbezogen werden konnten. Und sie haben uns nicht zuletzt des öfteren vor schulmeisterlicher Selbstgerechtigkeit bewahrt, die sich nun einmal leider bei der Verfassung von Lehrbüchern allzugern einschleicht. Ganz zu vermeiden war diese Haltung sicherlich nicht.

Die Dichter und Philosophen haben wir mit besonderem Vergnügen befragt und zudem selbstverständlich von den Schriften anderer Wissenschaftler profitiert. Einsichten und Anregungen verdanken wir – neben vielen anderen, die hier nicht genannt werden können – besonders den folgenden:

Philippe Breton, Der Niedergang der Streitkultur, in: taz,
   Le monde diplomatique, 2.3.97

Florian Coulmas, Gewählte Worte. Über Sprache als Wille und Bekenntnis,
   Frankfurt/New York 1996

Helga Kotthoff, Interaktionsstilistische Unterschiede im Gesprächsverhalten
   der Geschlechter, in: Eva Neuland/Helga Bleckwenn (Hrsg.), Stil, Stilistik,
   Stilisierung, Frankfurt/Bern/New York/Paris 1991

Niklas Luhmann, Universität als Milieu, Bielefeld 1992

Peter von Polenz, Deutsche Satzsemantik, Berlin/New York 1988

Deborah Tannen, Du kannst mich einfach nicht verstehen, München 1993

Gert Ueding/Bernd Steinbrink, Grundriss der Rhetorik,
   Stuttgart/Weimar 1994

Zu danken haben wir weiter unserem Lektor, Herrn Weigert, für seine Ermutigung und allen anderen Helferinnen und Helfern für ihre Unterstützung. Darüber hinaus war vor allem eines zur Koproduktion dieses Buches notwendig: Unverdrossenheit und Ausdauer im Bemühen um Verständigung. Wir hoffen, daß sich unsere Leserinnen und Leser davon anstecken lassen.

6   Register